微格教学
>>> 理论及实践

陆建生 高 原 陈 展◎编著

科学技术文献出版社
SCIENTIFIC AND TECHNICAL DOCUMENTATION PRESS

·北京·

图书在版编目（CIP）数据

微格教学理论及实践 / 陆建生，高原，陈展编著. —北京：科学技术文献出版社，2018.8（2025.11重印）
ISBN 978-7-5189-4525-2

Ⅰ.①微… Ⅱ.①陆… ②高… ③陈… Ⅲ.①微格教学 Ⅳ.① G424.21

中国版本图书馆 CIP 数据核字（2018）第 120089 号

微格教学理论及实践

策划编辑：张　丹　　责任编辑：王瑞瑞　　责任校对：张吲哚　　责任出版：张志平

出 版 者	科学技术文献出版社
地　　址	北京市复兴路15号　邮编　100038
编 务 部	（010）58882938，58882087（传真）
发 行 部	（010）58882868，58882870（传真）
邮 购 部	（010）58882873
官方网址	www.stdp.com.cn
发 行 者	科学技术文献出版社发行　全国各地新华书店经销
印 刷 者	北京虎彩文化传播有限公司
版　　次	2018年8月第1版　2025年11月第9次印刷
开　　本	710×1000　1/16
字　　数	307千
印　　张	19
书　　号	ISBN 978-7-5189-4525-2
定　　价	58.00元

版权所有　违法必究

购买本社图书，凡字迹不清、缺页、倒页、脱页者，本社发行部负责调换

前　言

微格教学（Micro-teaching）是一种利用现代化教学技术手段来培训师范生、类师范类学生和在职教师教学技能的教学实训方法。微格教学为教学技能的训练提供了一种全新的模式，它广泛吸收了现代学习理论、教育学和心理学等教学理论，现代教育技术理论及系统科学理论的最新成果，将现代科学技术手段有效地应用于教学技能的研究、开发及训练实践中，将课堂教学所需要的各种技能进行微型化处理，简化了复杂的教学过程，实现了高效低耗的个别化教学，使得课堂教学和个别训练达到完美的结合。

微格教学自20世纪80年代传入中国以来，以简约的教学方式、训练方式和及时有效的训练效果赢得了广大受训者的欢迎，受到了各级教育主管部门的重视，先后在中国的各类师范院校和普通高校的学生教育实习训练等方面得到了广泛的应用，促进了中国教育的发展。微格教学通过把复杂的课堂教学或说课活动细分为易于掌握的单项教学技能，在校内有控制的教学环境中开展训练—评价—再训练的过程，从能力层次增强师范及类师范类学生的教学水平，不断提高学生的从教素质，为走上教学工作岗位打下坚实的基础。

为了满足教育类专业的学生和在职教师训练教学能力的需要，给他们提供更多选择，本书从受训者的思维逻辑出发，系统地介绍了微格教学的基本概念与基础理论、课堂教学能力与训练案例、微格教学设计与教案实例、微格教学硬件系统与现代多媒体教学手段等涉及微格教学的技能与理论、要求与方法，读者可用"对号入座"的方式进行学习，以便"据图寻根"地学习相关知识，通过本书的学习和微格训练，掌握教师教学基本技能。

本书的特点有如下几个方面。

（1）逻辑性强，体例完整，浅显易懂。本书全面解析了微格教学及其相关知识内容。在体例结构编排上从受训者学习的角度出发，充分体现了认知、学习新鲜事物的逻辑性；本书涉及的内容浅显易懂，采用的体例完整，非常适合初学者学习。

（2）案例翔实，覆盖面广。本书不但充分考虑了国内现有教学体制下各个教学阶段学生的特点，选取了从中学到大学阶段的微格教学案例，而且针对现代国际化教育的特点，考虑了留学生这一特殊的学生群体，在本书中加入了面向外国留学生的微格教学案例，使本书的读者覆盖面更加广泛。

全书由陆建生总体规划，安排章节、整合内容、统一风格、统稿审稿；由高原编写书中第一、第二、第三（除第五节）、第四、第五、第六章；由陈展编写第七、第八、第九、第十章和第三章第五节；杜韦编写书中第十一章第四和第五节；张丽霞（云南开放大学）编写书中第十一章第一、第二、第三节，并承担全书的校核文字、统一格式等工作。

在本书的编写过程中，参阅和引用了大量专著和文献资料，在此深表谢意。由于编者理论水平、实践经验及资料所限，虽经努力，但书中定有许多疏漏和不足，敬请读者批评指正。

编著者

2018 年 1 月 16 日

目 录

第一章 微格教学概述 ·· 1
 第一节 微格教学的概念 ··· 2
 第二节 微格教学的特性 ··· 3
  一、微格教学的价值 ··· 3
  二、微格教学的意义 ··· 4
  三、微格教学的作用 ··· 4
 第三节 微格教学与传统"教学试讲"方式的比较 ················· 5
 第四节 微格教学发展史 ··· 7
  一、微格教学的诞生及传播 ····································· 7
  二、微格教学在中国的推广 ····································· 8
 本章作业 ·· 10

第二章 课堂教学能力 ·· 11
 第一节 教学能力概述 ·· 11
 第二节 教学能力特性 ·· 12
  一、教学能力的特点 ··· 12
  二、教学能力的分解 ··· 13
  三、教学能力的类型 ··· 14
 第三节 课堂教学基本能力 ·· 16
  一、语言能力 ·· 16
  二、提问能力 ·· 18
  三、板书能力 ·· 21
  四、演示能力 ·· 23
  五、变化能力 ·· 25
  六、强化能力 ·· 26

　　第四节　课堂教学调控能力 …………………………………………… 28
　　　　一、导入能力 …………………………………………………… 28
　　　　二、讲解能力 …………………………………………………… 31
　　　　三、组织能力 …………………………………………………… 33
　　　　四、结束能力 …………………………………………………… 34
　　第五节　课堂教学扩展能力 …………………………………………… 36
　　　　一、手工能力 …………………………………………………… 37
　　　　二、示范能力 …………………………………………………… 37
　　　　三、PPT 制作能力 ……………………………………………… 38
　　本章作业 …………………………………………………………………… 40

第三章　微格教学基础 ……………………………………………………… 41
　　第一节　微格教学的基础理论 ………………………………………… 41
　　　　一、教育学理论 ………………………………………………… 41
　　　　二、心理学理论 ………………………………………………… 42
　　　　三、系统论 ……………………………………………………… 43
　　　　四、现代教育技术 ……………………………………………… 44
　　第二节　微格教学的应用要点 ………………………………………… 44
　　第三节　微格教学的基本思路 ………………………………………… 45
　　　　一、微格教学的程序 …………………………………………… 45
　　　　二、微格教学的阶段 …………………………………………… 46
　　　　三、微格教学的特征 …………………………………………… 47
　　　　四、微格教学的变化 …………………………………………… 47
　　第四节　微格教学的基本步骤 ………………………………………… 48
　　第五节　微格教学的设计理论 ………………………………………… 51
　　　　一、认知学习理论 ……………………………………………… 51
　　　　二、信息传播理论 ……………………………………………… 56
　　　　三、系统科学理论 ……………………………………………… 57
　　　　四、教学艺术理论 ……………………………………………… 61
　　本章作业 …………………………………………………………………… 62

第四章　微格教学系统 ·· 63
第一节　微格教学系统概述 ··· 63
一、微格教学系统的概念 ··· 63
二、微格教学系统的构成 ··· 63
第二节　微格教学系统设计 ··· 65
一、硬件设备的设计 ··· 66
二、软环境的设计 ··· 67
三、实施的注意事项 ··· 67
第三节　现代微格教学系统 ··· 68
一、初级的微格教室 ··· 69
二、数字化微格教室 ··· 69
三、现代微格教学系统 ··· 69
第四节　现代微格教学系统设计 ····································· 70
一、现代微格教学系统的设计原则 ································· 70
二、现代微格教学系统的硬件配置 ································· 72
三、现代微格教学系统的设计实例 ································· 73
第五节　微格实验室建设与管理 ····································· 75
一、实验室功能定位 ··· 76
二、实验室组织结构 ··· 76
三、实验室设备选取 ··· 76
四、实验室人员配备 ··· 77
五、实验室管理评价 ··· 77
六、微格教学系统实例 ··· 80
本章作业 ··· 86

第五章　基础教学能力训练 ·· 88
第一节　训练教学能力的程序 ······································· 88
一、预习相关知识 ··· 88
二、观摩示范录像 ··· 88
三、准备微格教案 ··· 88
四、进行模拟训练 ··· 89

第二节　教学能力的分项训练 …………………………………… 89
　　　　一、语言能力训练 ………………………………………………… 90
　　　　二、提问能力训练 ………………………………………………… 93
　　　　三、板书能力训练 ………………………………………………… 97
　　　　四、演示能力训练 ………………………………………………… 104
　　　　五、变化能力训练 ………………………………………………… 108
　　　　六、强化能力训练 ………………………………………………… 110
　　本章作业 ……………………………………………………………… 113

第六章　辅助教学能力训练 ……………………………………………… 114
　　第一节　教学调节能力训练 …………………………………………… 114
　　　　一、导入能力训练 ………………………………………………… 114
　　　　二、讲解能力训练 ………………………………………………… 125
　　　　三、组织能力训练 ………………………………………………… 133
　　　　四、结束能力训练 ………………………………………………… 138
　　第二节　教学扩展能力训练要点 ……………………………………… 145
　　　　一、扩展能力训练要点 …………………………………………… 145
　　　　二、扩展能力评价列举 …………………………………………… 146
　　本章作业 ……………………………………………………………… 147

第七章　微格教学基本模式 ……………………………………………… 148
　　第一节　教学模式概述 ………………………………………………… 148
　　　　一、教学模式的概念 ……………………………………………… 148
　　　　二、教学模式的特点 ……………………………………………… 151
　　　　三、教学模式的作用 ……………………………………………… 152
　　第二节　教学模式沿革及发展 ………………………………………… 153
　　　　一、教学模式的历史 ……………………………………………… 153
　　　　二、教学模式的发展 ……………………………………………… 154
　　第三节　微格教学模式 ………………………………………………… 156
　　　　一、微格教学模式概述 …………………………………………… 156
　　　　二、微格教学模式分类 …………………………………………… 159

第四节　中国的微格教学模式 ……………………………………… 163
  一、微格教学模式的内涵 …………………………………………… 164
  二、导生制微格教学模式 …………………………………………… 165
  三、导生制模式设计原则 …………………………………………… 167
  四、导生制模式基本结构 …………………………………………… 168
  五、导生制模式教学案例 …………………………………………… 169
本章作业 …………………………………………………………………… 171

第八章　微格教学设计 …………………………………………………… 172
第一节　微格教学设计基础 ……………………………………………… 172
  一、微格教学设计的优点 …………………………………………… 172
  二、微格教学设计的要求 …………………………………………… 173
  三、微格教学设计的原则 …………………………………………… 175
第二节　微格教学目标设计 ……………………………………………… 178
  一、微格教学目标的设计 …………………………………………… 178
  二、目标设计常见的问题 …………………………………………… 185
第三节　微格教材分析 …………………………………………………… 189
  一、教材分析的目的 ………………………………………………… 189
  二、教材分析的关键 ………………………………………………… 190
  三、教材分析的步骤 ………………………………………………… 192
  四、教材分析的实例 ………………………………………………… 194
第四节　学生学情分析 …………………………………………………… 197
  一、学情分析的意义 ………………………………………………… 198
  二、学情分析的要求 ………………………………………………… 198
  三、学情分析的内容 ………………………………………………… 199
  四、学情分析的方法 ………………………………………………… 201
  五、常见的学情问题 ………………………………………………… 203
  六、学情分析的实例 ………………………………………………… 206
第五节　教学方法分析 …………………………………………………… 208
  一、教学方法的概述 ………………………………………………… 208
  二、选择教学方法的依据 …………………………………………… 210

　　三、教学方法的优化 …………………………………………… 213
　本章作业 ………………………………………………………… 215

第九章　微格教学教案 …………………………………………… 216
　第一节　微格教案的特征 ………………………………………… 216
　　一、微格教案设计的要点 ……………………………………… 216
　　二、微格教案设计的内容 ……………………………………… 217
　　三、影响微格教案的因素 ……………………………………… 220
　第二节　微格教学的模式 ………………………………………… 223
　　一、微格教学的典型模式 ……………………………………… 224
　　二、微格教学设计的模式 ……………………………………… 226
　第三节　微格教案的设计 ………………………………………… 230
　　一、微格教案设计的概念 ……………………………………… 230
　　二、微格教案设计的意义 ……………………………………… 231
　　三、微格教案设计的原则 ……………………………………… 232
　　四、微格教案设计的步骤 ……………………………………… 234
　第四节　微格教案编写的要求 …………………………………… 236
　　一、微格教案编写的内容 ……………………………………… 237
　　二、微格教案编写的过程 ……………………………………… 239
　　三、微格教案批改的事项 ……………………………………… 241
　　四、典型微格教案的列举 ……………………………………… 242
　第五节　微格教案编写的实例 …………………………………… 243
　本章作业 ………………………………………………………… 255

第十章　微格教学的实施 ………………………………………… 256
　第一节　实施微格教学的现状 …………………………………… 256
　　一、微格教学实施的情况 ……………………………………… 256
　　二、微格教学存在的问题 ……………………………………… 258
　第二节　实施微格教学的策略 …………………………………… 260
　　一、微格教学的注意事项 ……………………………………… 261
　　二、微格教学的实施策略 ……………………………………… 263
　本章作业 ………………………………………………………… 266

第十一章　现代多媒体教学手段 …… 267
第一节　课堂教学现代化综述 …… 267
一、现代化教学手段的发展 …… 267
二、现代化教学手段的影响 …… 268
三、积极应对教学的现代化 …… 268
四、加强现代化教学的策略 …… 269
第二节　计算机及网络教学 …… 270
一、计算机多媒体教学 …… 270
二、移动互联网的教学 …… 273
第三节　云平台智慧教学系统 …… 274
一、云平台智慧教学系统 …… 274
二、云平台智慧教学系统的组成 …… 278
第四节　雨课堂智慧教学系统 …… 281
一、雨课堂智慧教学系统 …… 281
二、雨课堂智慧教学系统的功能 …… 281
第五节　虚拟现实技术的应用 …… 286
一、虚拟教学系统 …… 287
二、虚拟教学的应用 …… 287
三、虚拟教学的方式 …… 288

参考文献 …… 290

第一章　微格教学概述

随着教育理念的不断深入研究和科学技术手段的发展进步，逐渐形成了针对教师教学和学生学习全过程进行设计、开发、应用、管理和评价等各环节的一系列理论，并将声音、图像、文字、教学程序、教学反馈系统等融为一体，以便达到优化整个教学过程和提高教学效果的目标。这些理论和教学方法被逐渐引入教师培训过程和师范生培养阶段，以解决教育实习不足，难以快速适应课堂教学环境，对指导意见缺乏直观感受，难以进行客观的自我评价和改进等问题，通过研究者的不断努力，逐渐形成了微格教学的概念和微格教学训练法。

微格教学是受训者在一定条件下进行学习和训练，集中解决某个特定问题的教学行为，是建立在现代教学理论和现代教育技术的基础上，借助现代的视听技术，采用可控的教学环境，对微格教学的教学模式进行设计，组织教学的实施、讨论、分析和评价，将所需训练的教学能力恰如其分地运用于课堂教学过程当中，以便培训和提高受训者的课堂教学技能。

近年来，微格教学的应用成为教师培训和师范教育的重要手段，微格教学已成为师范院校或专业教学实践研究的主要内容之一。但是，受研究者的教学观念和主张制约，即使同一节微格课，研究者从不同角度也会对微格教学，做出不同的评价，因此，对微格教学的研究应该更趋于科学化和多样化。随着教学理论的深入发展，微格教学的研究还会打破常规，不基于固定套路，总结更多的、实用的微格教学的培训方式，从而使微格教学的组织指导达到最优化，取得教学技能培训的最佳效果。所以，应该学习与微格教学相关的教育理论和教学方法，掌握教学能力分解、教学模式选择、微格教学设计和教案编写等基础知识，了解现代教育技术的发展和微格教学系统的构成与发展。

第一节 微格教学的概念

微格教学（Micro-teaching）是一种教学方法，它产生于美国，传入中国后又译为"微型教学""微观教学""小型教学"等。微格教学就是把整个综合的复杂教学过程进行分解，分解后的单一技能较容易掌握，受训者对这些单一技能分别进行训练，在训练过程中，用现代视听设备记录受训者的现场表现，结束后将声像记录通过回放设备进行回放，便于受训者及时接受指导、反馈和客观评价，并对自己的教学过程进行纠正和重新演练，通过不断循环反复直到熟练掌握该项技能的一种方法。从本质上说，微格教学就是一种"细化"教学，它的"微"体现在课堂容量小，持续时间短，训练技能单一，"格"表示可以将整体像划分格子一样细分，并可将教学的过程通过影像帧格播放。微格教学结合了教育学、心理学、系统工程、现代教育学、现代教育技术等基本理论，并借助现代化的视听技术手段，是一种可控制的微型化教学及实践训练体系。

《教育大辞典》（1990年版）将其解释为："微型教学是指师范生或受训教师用15分钟左右的时间运用某种教学技能进行小规模的教学活动，录像后由教师和同学讨论、分析，是改进教学行为的有效方法。"中国学者孟宪恺认为："微格教学的理论利用培根的自然哲学思想，将复杂的宏观层次上的教学活动进行分解。采用'任务分析法'和'活动分析法'技术，可在微观教学活动上建立稳定的教学技能模式，对教师的教学行为进行分类，每项教学技能是由一类在教学功能上有某种共性的教学行为构成的，它有理论阐述和对具体教学行为的模式描述，使教学行为成为可观察、可示范、可操作、可反馈评价的训练模式。"中国学者黄晓东认为："微型教学法是在有限的时间和空间内，利用现代录音、录像等设备，训练某一技能、技巧的教学方法。"

（1）微格教学的概念可以定义为：微格教学是利用一个有控制的实践系统，使师范生或在职教师有可能集中解决某一特定的教学行为，或在有控制的条件下进行学习。它是建立在教学理论、视听理论和技术基础上，系统培训教师教学技能的方法。

（2）微格教学训练可以概括为：把教学的完整过程细分为微型课题，针对性地练习基本单一技能，遵守规范的标准，及时进行反馈和评估。微格教学为受训者提供了一个模拟教学环境，受训者在这个环境中可以进行教学能力训练，不但可以训练分解细化后的每一项教学技能，还可以及时获得大量的反馈和评估信息，从而切实提高自身的课堂教学能力。它是借助现代技术条件培养和训练教学能力的有效方法和手段。

第二节　微格教学的特性

一般教学论和各科教学论的内容通常涉及课程论、学习论、教学过程、教学原则、学生非智力因素对教学的影响、教学测量与评价等。这些内容是在宏观教学活动层次上对一般教学系统或学科专业教学的一般规律的研究。涉及教师素质的内容往往是对教师所应具有的教学能力进行原则要求式的论述，缺乏对教学能力结构的深层次研究和培养途径的研究。微格教学对课堂教学技能的研究填补了教学论和各科类别教学法研究的空白。微格教学的研究成果，说明了基本的教学技能是形成综合教学能力的基础，并对各学科课堂教学中应有哪些教学能力，各项教学能力分别是什么，以及教学能力的形成规律问题进行了较深入的研究，填补了对教学能力深层次问题研究的空白，为教学论向深层次和更实用的方向发展创造了条件。

一、微格教学的价值

微格教学具有重要的价值，其主要体现在以下两个方面。

（1）技能训练方面。微格教学最重要的目的之一就是训练师范生、类师范生、在职教师教学能力。微格教学改变了传统的教师培训模式，将被动接受为主的方式变为主动参与的方式，提高了课堂活跃度，激发了受训者的学习积极性，不仅提高了受训者的教学知识和理论水平，而且提高了受训者的教学能力，在受训者进行课堂教学时，能够极大地提高课堂教学质量。实践表明，同样是作为训练教学能力的方法，微格教学比传统的、模拟整节课程的"教学试讲"教学实习方式，具有鲜明的特点，即目标单一、针对性强、过程简短、反馈及时和效果明显等优势。

（2）教学研究方面。微格教学除了可以用于训练师范生、类师范生教学能力之外，还可以用于在职教师教学能力科学研究，研究者利用教学录像反

馈机制，可以多次地、更加细致地对教学情境做深入研究，这比传统的靠模糊印象来开展教学研究的方式，要更加精准和高效。李颖在《中学语文微格教学教程》一书中指出："微格教学放弃了以思辨性、经验性和个体性为特征的传统研究方法，将以客观性、系统性、具体性为特征的科学方法论和现代科学技术手段有效地应用于教学技能的研究开发和训练实践中。微格教学借鉴了自然科学中的研究方法，找到了一个合适的研究层次，并实现了对复杂教学活动变量的控制和训练过程的系统控制，使基础理论对实践的指导达到了可操作的水平。"

二、微格教学的意义

微格教学的价值决定了微格教学的意义，微格教学的最大意义在于培养了受训者的各项教学能力，这里的受训者有师范生、类师范生、在职教师，对于师范生和类师范生，他们都可能会走上教学岗位，为了在以后的教学活动中顺利完成教学目标，他们必须要掌握一些教学技能；对于在职教师，要不断提高自身专业水平和教学能力，就要不断开展教学研究活动，而通过微格教学训练，受训者不但能够提高运用各种教学技能的能力，还可以按照标准来规范自己的各种教学技能，并且对各种新的教学技能进行探索和研究，所以微格教学训练是师范生、类师范生掌握基本教学技能，形成综合性教学能力的重要途径，也是在职教师提高自身业务能力的重要渠道。

三、微格教学的作用

微格教学对提高课堂教学质量和促进教学研究活动将有以下几个方面的重要作用。

（1）微格教学有利于提高课堂教学质量：现代课堂教学的研究基本都是关于教学内容和整体性教学方法的研究，评价研究分析大都是针对整个课堂教学过程，局限于宏观层面，让教学者难以更加深入了解。而微格教学则是把整体性课堂教学中的综合性技能细分为多项单一教学技能，这样有利于教学者对每项技能深入分析和研究，做出的评价更具针对性，让课堂教学研究的层次和程度更加深入，有利于课堂教学质量的提高。

（2）微格教学有利于提高教学活动质量：微格教学的一大特点就是改变

了传统教学的一些模式，例如，微格教学改变了传统教学中的教师讲解为主、师生互动较少的方式，而采用录像回放、及时点评等方式加强了课堂的师生互动性。另外，微格教学改变了传统的评课方式，通过录像回放，可以观察被评价对象的各种教学技能掌握和运用能力，而不仅仅是局限于知识结构、程序环节等宏观面的特征，这样不但可以提高课堂教学的质量，而且可以使得教学科研活动更具有目的性，科研目标更加精准。

微格教学既可以用于师范类和类师范类学生教学能力的培养，也可以用于在职教师的教学科研活动和教学能力的提高，要充分认识微格教学的意义，在日常的教学科研中就要充分结合微格教学的特点，将微格教学切实运用于日常的教学和科研活动中，让微格教学成为真正提高教学科研能力的手段。

第三节　微格教学与传统"教学试讲"方式的比较

微格教学是训练师范生、类师范生、在职教师教学能力的一种方法。实践表明，同样是作为训练教学能力的方法，微格教学与传统的模拟整节课程的"教学试讲"教学实习方式相比，微格教学这种目标单一、针对性强的教学能力训练方法效果是较明显的。微格教学的特点可用一句话概括，即完整课堂碎片化，训练课题微型化，技能动作规范化，记录过程声像化，观摩评价及时化。微格教学训练与传统"教学试讲"方式相比，在微格教学过程中，充分体现出以下 5 个重要特点。

(1) 注重单一能力训练。传统的培养教学能力的方式是"教学试讲"，这种方式强调的是培训者按照正常的整节课方式进行"试讲"，其中由于涉及多种教学能力的运用，往往让学习者难以找到重点。而采用微格教学方式，则是将这些复杂的多个教学能力和过程进行细分，每次微格教学只针对某一个细分项进行重点训练，待训练后彻底掌握这项技能后再训练下一技能，这种逐项训练的方式，便于学生明确重点的同时，更扎实地训练和掌握各项教学能力，为最终掌握综合性的教学能力打下基础，并运用到实际教学中形成实际的教学能力。

(2) 采用直观反馈形式。在训练教学能力的过程中，及时得到反馈是非常重要的一个环节，这能够让受训者进行必要的调整而完善自身，进而更好地训练和掌握各种教学能力。传统的"教学试讲"方式，授课者获得反馈意见的渠道只能是向听课者征求意见，由于听课者和授课者的身份角色不同，听课者反馈的意见是从自身的角度出发的，在语言表达上的确切性也要欠缺一些，这就导致授课者听到的反馈意见是间接的，明确指向性也要差一些。而在微格教学中，采用的是摄像记录和录像回放方式，这样就允许授课者更直观地观察自己在教学过程中的"表现"，授课者的体会也是从自己的角度出发的，而且录像记录的一言一行和一举一动，都不会有任何细节的遗漏，这就使得授课者得到的反馈更加直接，指向性更加明确，覆盖范围更加全面，得到的印象也更加深刻，改进完善的效果也更加明显。

（3）经历多重角色转换。传统的"教学试讲"方式中，受训者只有两重角色，在进行理论学习和获取反馈时是学生角色，在试讲时是教师角色。但在微格教学过程中，受训学生除了以上的两重角色身份，还要对自己及小组成员的教学录像进行评价，这时又有了评价者的角色，而且学生—教师—评价者三重角色是不断交替变化的，例如，针对某一教学能力的训练达不到要求时，受训者就必须重新进行训练，这样又从评价者变为教师角色，在反馈阶段，又变回学生角色，这种三重角色的不断转换，可以给受训者提供多重身份体验，提高他们的兴趣，增强训练的效率。

（4）训练是唯一的目的。对于师范生、类师范生、新入职在职教师，传统的"教学试讲"方式一般是在"教学实习"阶段进行的，在该阶段，受训者在完成"试讲"的同时，达到了两个目的：一是训练了自身的教学能力，满足了训练的目的；二是完成了一定的教学任务（经常是面对真实环境，要完成一定的教学任务），具有实用性目的。而在微格教学中，受训者纯粹只是训练和掌握各种教学能力，没有任何需要完成的教学任务，这种纯粹单一的目的，可以让受训者集中精力到训练上，而不用考虑任何的教学任务，从而更好地安排训练。

（5）操作更加简便快捷。传统的"教学试讲"方式，是按照真实的40分钟左右的整节课程来安排的，试讲台下的学生也有几十人，教学中各个环节安排也是按照真实课程来设计的，这种模拟真实课程课堂教学的训练方式，因为程序复杂，时间长，要关注的对象多，往往让初次接触教学的受训者很难处理。而微格教学模式有每个小组成员少、反馈机制灵活高效、反馈信息简短、针对性强等特点，大大简化了分析反馈点评过程。因为微格教学的典型模式是将完整的一节课教学划分为数个5分钟左右的教学小段，使教学过程"碎片化"，4～5名成员组成一个小组，小组成员听完课后或观摩完录像后立即点评,避免了传统"教学试讲"方式人多量大的信息反馈导致受训者难以记忆的问题,所以能让初次接触教学的受训者更容易操作这些程序和步骤。

第四节 微格教学发展史

在人们的生产和生活中有很多复杂的综合性技术,如舞蹈、体操、武术、骑车、滑冰等,是由很多分项技能组成的统一整体,涉及的环节很多,受训者难以一一掌握全部细节,所以在训练时的效果并不理想,人们就将原有的这种整体性综合训练方式进行分解,先让受训者学习每个单一技能,当掌握熟练后再进行系统性的整合训练,最终达到了预期的效果。这种训练方式就是微格教学的前身,因此微格教学最初产生于体育界,它是教练为了尽快提高运动员能力,就将复杂的技术动作进行分解,并让运动员训练各个分解后的技术动作,当分解动作都熟练后,再进行系统性的整合,形成综合性技术,再进行训练直到达到训练目标。

一、微格教学的诞生及传播

1963年,美国斯坦福大学最早将微格教学用于培训师范生。爱伦(Dwight W. Allen)教授和他的同事借鉴了角色扮演法在教师教学行为培训方面的特点,提出了让师范生自己选择教学内容,并用摄像机记录整个教学过程,再通过分析与评价所记录的行为,提高和改善师范生教学质量的方案,微格教学由此诞生。

微格教学自1963年提出后,美国及一些欧洲国家的师范教育首先接受了这一新的培训方法。在英国,微格教学被安排在4年制的教育学士课程内,共用42周,每周5学时,共210学时。接受微格教学训练后,这些教育学士师范生再到各中学进行教育实习。香港中文大学教育学院从1973年开始,采用微格教学的方法来训练学生,为了加强真实性,1975—1978年实行以真实学生当作角色扮演中的听讲对象,用录像的方法记录训练的过程。1983年在进修的在职教师中进行了实验,证明了微格教学对在职教师培训也有很大帮助。微格教学在日本和澳大利亚也得到了认真的研究和发展。悉尼大学和新

南威尔士大学教育学院开设的课程每周 4 学时，13 周课，共 52 学时。对于在职教师的进修培训也开设微格教学实习课，时间是每周 2 小时，共 13 周。其中，悉尼大学的教育工作者们，经过了近 10 年的研究和实践开发的微格教学课程是移植、改进最成功的一例，获得了世界声誉。他们编著的一套微格教学教材和示范录像已在澳大利亚 80% 的师资培训机构及英国、南非、巴布亚新几内亚、印度尼西亚、泰国、加拿大、美国和中国香港地区的一些师范院校采用。

微格教学诞生后很快在美国得到推广、应用和研究，并先后传入欧洲、日本、澳大利亚、新加坡等国和中国香港地区，20 世纪 80 年代开始传入中国内地、印度、泰国、印度尼西亚及非洲国家。

二、微格教学在中国的推广

改革开放初期的 20 世纪 80 年代中期，微格教学引入中国，首先在北京教育学院展开了学习研究，并进行了实践。在此基础上，按照原国家教委师范司的意见和要求，先后举办了 7 期全国部分教育学院教师参加的"微格教学研讨班"。微格教学作为培训教师教学技能的有效方法，很快受到广大教师的欢迎，微格教学的研究和实践已经扩展到中等师范学校、许多中小学和部分高等师范院校。1993 年全国各省级教育学院在原国家教委的世界银行贷款的资助下，分别建立了具有先进设备的微格教学实验室，为这些院校和地区开展微格教学做了必要的物质保证。1988 年 10 月至 1989 年 3 月，北京教育学院在联合国教科文组织的支持下开展了微格教学效果的对比实验研究。实验分为微格教学实验组和教学实习对照组，以分析微格教学效果与实习效果的差异。在实验前，对两组学院都进行了听课、录像、评价，以保证初始的基本水平相同。在实验阶段，实验组用微格教学的培训方法，对照组用传统的教学实习方法。最后的实验结果表明，用微格教学对在职教师进行培训的效果明显优于传统方法的效果。类似的实验在国外和国内的一些学校都进行过，多数的结果都表明微格教学的培训方法效果显著。

微格教学引入中国后，虽然经历了一个逐渐完善发展的过程，但始终对中国的教育教学领域产生着深远的影响。微格教学改变了传统的教师培训模式，将被动接受为主的方式变为主动参与的方式，提高了课堂活跃度，激发了受训者的学习积极性，不仅提高了受训者的教学知识和理论水平，而且提高了受训者的教学能力，在受训者进行课堂教学时，能够极大地提高课堂教学质量。由于微格教学不论是在师范类学生、类师范类学生培养领域，还是在在职教师培训领域，都有着重要的应用价值，因此得到了教育部的认可，并将微格教学作为中、高等师范类院校和普通高校类师范类专业，以及在职教师职业培训的达标条件之一，让微格教学在中国得到了飞快的发展，丰富了国内教师教学技能和能力的培训途径。

中国在引入微格教学的同时，也注意对微格教学的不断研究，提升微格教学的理论和实践水平，让微格教学在中国不断完善和发展，中国的相关学者在这方面做了很多的工作，例如，与英国、澳大利亚、日本、南非等国的相关专家和研究者进行了交流合作，将中国微格教学应用领域进行扩张；邀请国际知名学者进行微格教学相关讲座，提升理论和实践水平，组织开发相关教材；吸取别国经验，尽快促进中国微格教学发展建设；紧跟国际微格教学水平和潮流，完善中国微格教学的各项理论指标等。随着中国各地逐渐成立了各级别的微格教学相关学术研究组织，微格教学研究的相关工作不断完善。首先，他们始终关注国际上微格教学的相关研究，积极与世界各国微格教学研究者进行学习交流，不断取长补短，结合中国的国情，形成与中国基础教育情况相符的微格教学培训方式。其次，这些组织结合当地的实际环境和具体情况，通过不断的研究探索，逐渐形成了一系列具有地方特色的微格教学方法。

随着现代社会信息技术和教育技术的不断发展，受益于中国改革开放以来综合国力的提高，中国现在使用的微格教学相关设备不断完善，为微格教学更好地服务中国教育和教育改革奠定了坚实的基础。另外，伴随着微格教学在中国的不断发展，相关研究的不断深入，微格教学的适用范围在不断扩大，为中国的现代化建设培养了大量的劳动者。现在，微格教学可以用于师范类、类师范类学生教学技能培养，在职教师教学技能培训，教学法研究等领域，还可以用于职业院校的技能类职业教育培训中，如酒店管理、美容美发、礼仪服务、休闲体育服务等专业学生的培养。

随着微格教学研究的不断深入，相关的理论和实践都会有长足的发展，针对新课程、新领域的微格教学将不断出现，例如，微格教学与远程教育的结合，微格教学设备的革新和技术进步，这些变化都将丰富微格教学的内涵，并为社会带来更大的贡献。

>>> 本章作业

一、问答题

1. 什么是微格教学的概念和定义?
2. 微格教学有哪些特点?
3. 微格教学法与"教学试讲"法的异同有哪些?

二、思考题

1. 微格教学的意义体现在哪些方面?
2. 怎样学习和参与微格教学?

第二章 课堂教学能力

课堂教学能力是从事教育教学工作的实际能力，可简称教学能力。教学能力是教师运用专业知识和教学理论进行教学设计、实施课堂教学、进行教学评价等活动所采取的一系列熟练的教学行为方式。教学能力是教师素养的重要组成部分，也是教师的职业化、专业化的重要内容和标志。一位教师只有具备一定的教学能力，才能随心所欲地从事教学工作。什么是教学能力？教学能力是怎样构成的？教学能力是怎样分类的？教学能力有什么特点？教学能力包含什么主要内容？这一系列问题是未来教师们应该首先认识和理解的，也是本章讲述的重点内容。

第一节 教学能力概述

课堂教学能力是教师运用专业知识和教学理论进行教学设计、实施课堂教学、进行教学评价等一系列熟练的教学行为方式的能力。教学能力绝不是仅仅通过读书思考就能获取的，而是要经过一系列科学而有计划的训练才能逐渐提高。如果师范类专业或类师范类专业一味注重学生的理论学习而轻视对学生教学能力的培训，就会使得部分毕业生想当教师却苦于不能通过教学能力考核，即便有的学生勉强被录用，也要经过一段长时间的摸索才能站稳讲台。可见训练教学能力是确保师范生和类师范生从师任教的必修内容，这也是教育改革的重点所在。

为了加强高等师范学校和类师范类专业学生的教师职业能力训练，早在1992年原国家教委就颁布了《高等师范学校学生的教师职业技能训练基本要求》，1994年原国家教委又印发了委托首都师范大学起草的《高等师范学校学生的教师职业技能训练大纲》。此后教育部对各师范学校的教学评估中，尤其注重对毕业生的教学能力的检查和督促。各基础教育学校也都把教学能

力考核作为录用毕业生的重要标准。因而，近年来各高等师范学校和类师范类专业对学生教学能力的培训都加强了力度，在传统的教育理论课程与实习课程之间，陆续新增加了教学能力训练课程。

教学能力的训练需要用一定的方式方法指导。源于美国的微格教学早在20世纪80年代中后期就传入中国，这是建立在教育教学理论、科学方法论和现代视听技术基础上的一种小型而可控的训练教学技能的理论和方法。微格教学开始在中国教育界不被看重，随着对高等师范学校和类师范类专业学生从教能力训练工作的日益重视，这种新型的能力训练形式在国内师范院校逐渐推广，成为训练师范生、类师范生教学能力的主要手段。

微格教学就是把整个综合的复杂教学过程分解为较容易掌握的单一技能，受训者对这些单一技能分别进行训练，在训练过程中对自己的教学过程进行纠正和重新演练，通过不断循环反复直到熟练掌握该项技能的一种方法。微格教学广泛应用于师范类和类师范类学生教学能力的培养，采用微格教学可以培养受训者的各项基本课堂教学能力，最终让受训者形成完整的教学能力体系。

第二节　教学能力特性

怎样认识教学能力，教学能力有些什么特点？怎样分解教学能力，教学能力有些什么类型？这是本节要学习的主要内容。

一、教学能力的特点

课堂教学能力在这里简称教学能力，它是指教师在整个教学中，根据预定教学目标，充分考虑教学对象和教学资源的情况下，运用教育学及相关的各种教学理论，按照教与学相关知识最大限度协调教与学的关系，最终达到促进学生产生学习行为方式，从而达到预定教学目标。教师的教学能力有内在心理层面的，也有外在的表现，这种教学能力是从事教育工作者必须具备的职业能力，可以通过学习和实践训练的方式来培养，同时在实践中不断完善和发展。教学能力有如下几个特点。

（1）教学能力具有目标性的特点，它必须符合预定的教学目标。在教学的不同阶段，都有不同的教学任务和教学目标，教师要按照不同阶段的情况来选择不同的教学能力,如果脱离了教学目标,教师就无法确定要让学生达到何种状态,就无法选择合适的教学能力促使学生学习,教师无法选择使用哪几种教学能力,也就无法决定各种教学能力的主次关系,这样就会造成教学混乱。所以只有严格按照教学目标教学,教师才能充分发挥各种教学能力的优点,提高教学效率和教学质量。

(2)教学能力具有针对性的特点,它必须考虑不同的教学对象。教学是在教师与学生这对主客体之间进行的活动,教学也是一个互动的双向信息流过程。教师不但要有广博的社会文化知识,还要有扎实的专业知识,这样才能保证教学主体的"教"的行为。另外,作为客体的学生,也要充分发挥自我能动性,产生主动"学"的行为,只有教学的主客体双方做好配合,才能更好地完成教学过程。而要充分地激发学生的学习兴趣,教师就要采用合理的教学能力,如课前的导入能力让学生带着问题去学习,课堂组织能力中可以适当运用小组讨论等方式活跃课堂氛围等,通过这些方式,启发学生的思维,激发学生的学习兴趣,引导学生学习。

(3)教学能力具有条件性的特点,它必须满足已有的教学硬件。教学能力的使用要有相关的硬件条件作为支撑,教师在选用教学能力前要充分地结合现有教学资源,要考虑每一种教学能力的使用条件,这样才能做到最大限度地发挥所选用教学能力的作用。

教学能力是理论和实践的结合,是职业教育者的必备能力,要加强师范生、类师范生和在职教师教学能力的训练,训练时要遵循教学能力的规则和程序,也要注意模范优秀教师的示范,让教学能力的训练规范化、系统化。

二、教学能力的分解

微格教学首先要把整个综合的、复杂的教学过程进行分解,分解后的单一技能较容易掌握,受训者对这些单一技能有针对性地分别进行训练,以达到提升相应能力的目的。怎样才能科学合理地分解教学能力,以便有针对性地、有效地进行训练是做好微格教学的关键。一般而言,对课堂教学能力进行分解时,应遵循以下原则。

(1)通用性原则:按照教学各个过程和步骤,分解后所产生的各种教学能力不但适用于大多数学科,而且容易被广大的受训者一致认可。

(2)目标性原则:影响课堂教学的要素有很多,这些要素要以实现教学者（角色）的中心地位和主导地位为中心，要以完成教学目标和任务为目的，这些要素才可以作为划分教学能力的标准。

（3）重现性原则：教学能力必须是可视的，可重现的，只有这样，教师才能够以此为模板将这些教学能力向受训者进行示范，同时，也方便指导教师对受训者进行切实有效的指导，并评价受训者对能力掌握的程度。

（4）可行性原则：确定的教学能力应该针对明确的目的，要有简明和规范的操作流程，要便于受训者理解和学习掌握，要便于指导教师、受训者及相关研究人员之间进行交流探讨。

（5）度量性原则：每一个能力都要有明确的、具体细化的要求，只有这样，受训者在对模板进行模仿后才能将自己的实践结果与教学能力的要求进行比照，从而查缺补漏。受训者经过多次的反复实践、对照，从而不断形成反馈，并根据每一次的评价结果不断修正自己的实践，从而做到不断提高，直至掌握该项教学能力。

三、教学能力的类型

在中国，专家学者们对课堂教学能力及其分类有一个基本的共识，即根据课堂教学能力的表现形式和特点，可把课堂教学能力分为两大类（图2-1）。一类是内部的隐藏能力（也称内隐能力），这是研究教材和了解学生特点的

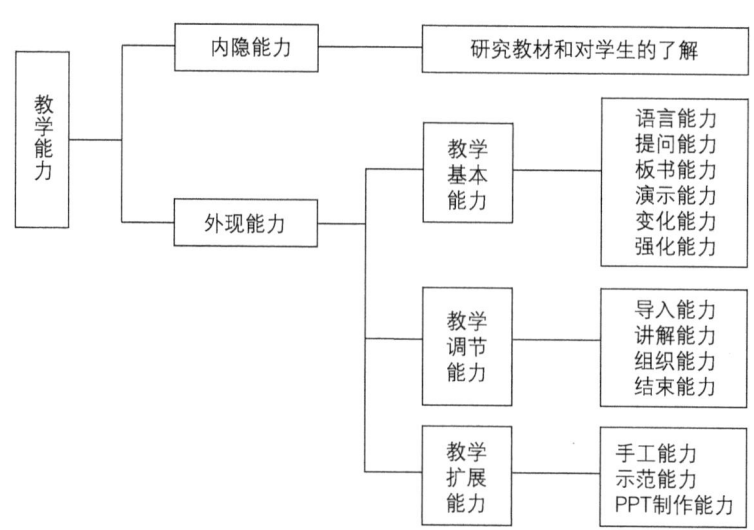

图 2-1　教学能力体系及分类

能力，这些能力都不直接表露在课堂上，但是却是整个课堂教学的首要环节，因为只有在掌握了教材和了解了学生的基础上，才能有的放矢地设计出相适应的各个教学环节；另一类是外部的显现能力（也称外现能力），这是直接作用于课堂上，在教师和学生交流中直接显露出的能力，这是所设计的各个教学环节能够顺利实施的保证，是有关教学流程方面的。这里只讨论外现能力，而有关内隐能力的问题，在相关教学类书籍中都有介绍（读者可自行查阅）。

外现能力是按教学的不同程序模块和活动方式模块划分的，图 2-1 的教学能力体系及分类可以适用于大多数专业的教学，如中文、物理、化学等，但对英语、艺术、体育等专业的教学，除了上述的教学能力外，还可以分为视听教学能力、语言教学能力等。根据课堂教学能力的分类，教师就可以在明确培训目的基础上，根据不同的教学环节和流程模块，选用不同的教学能力进行教学组织。同时，明确了分类体系的教学能力，就有了统一和规范的要求，便于示范交流，观察评价。最后，受训者可以根据自身条件选择基本的教学能力，有利于他们将自身的特点扬长避短，形成各自独立的教学风格和教学特色。

同时，随着计算机技术、各种多媒体技术与网络通信技术等信息技术的发展和教育教学改革的不断深入，整个社会在产业结构、工作及生活方式、思想观念等方面产生了极大的改变，信息化社会已逐渐展现在世人面前。同时，信息化社会的发展也对教育提出了新的、更高的要求，教育对推动社会信息化建设和发展将起着重要的作用。在现代教学中，学生不再仅仅是被动接受知识，而是要主动进行信息加工和知识的建构，教师也不再仅仅是知识的传播者，不但要具有课堂上的权威，更要指导和促进学生学习，并对各种教育信息进行组织。因此，传统的教学观念、教学和办学模式都面临着更加深刻的变革。另外，随着中国教育改革的不断推进，也对教师的素质和教学能力提出了更高要求，进而促使教学能力的细化分类不断变化和发展。因此，现代社会要求现代教育者要具备一定的信息素质，即敏锐的信息识别意识、较强的信息工作能力、良好的信息规范、熟练的计算机及信息检索能力和较高的英语水平。

需要强调的是，传统教学将课堂结构分为 5 个环节：组织并实施教学环节、复习和提问环节、讲解课程环节、巩固课程环节、总结及布置作业环节。这些只是以课程的程序和各自阶段的外部特征来划分的，是属于教学方式的范畴，不属于教学能力范畴，要注意加以区别。

第三节　课堂教学基本能力

为了便于读者对课堂教学能力的理解与掌握，本节将微格教学中的课堂教学能力逐一展开阐述如下。

一、语言能力

在教学活动中，教师始终是教学中的主体，必须将教材内容加以组织和改造，并根据学生认识规律及其他特点，用准确生动、启发性强的语言表达出来，便于学生对于内容的理解和接受。教师在进行课堂教学时选用的语言表达及其体系就是教学语言，也称教学用语。

（一）教学语言能力的定义

语言能力是指教师为了完成教学任务，在课堂上运用语言讲解教材、进行知识传授、组织课堂教学各环节、通过语言激发学生的学习情绪等而采用的一种教学行为方式。

（二）教学语言能力的特点

教师在教学中采用的语言表达方式与特点是由教师自身的特点和所从事的教学工作的特点等共同决定的，其主要特点如下。

(1) 特定性：教学是一个严谨的过程，教师在教学中必须使用本学科专用术语来阐述本学科的特有概念及理论。

(2) 科学性：教学语言的用词必须准确，必须符合事物发展和变化规律，必须符合人们在认识事物中普遍采用的逻辑规律。

(3) 教育性：教师根据所教内容，在教学过程中穿插教育，把做人原则一并教给学生，要求教师教学语言要文明规范、积极向上，语言中要多使用尊重、鼓励、爱护等字眼，要用正能量感染学生，对学生的情感与思想、行为及习惯、思维方式等产生潜移默化的影响。

(4) 启发性：教师向学生传授知识的同时，还要注意培养学生独立发现问题的能力、激发学生分析问题的兴趣、要注意提高学生的整个思维能力。

可以通过在教学过程中创设情境、巧妙设置疑问，促进学生在知识能力、过程方法、情感态度与价值观等方面的全面发展。

（5）针对性：教学语言选用的词、句、语气、语调、语速等，要根据学生已有的知识经验范围进行选择，让他们能够容易理解，要符合学生语言特点和学生的年龄特征，让他们能够容易接受。

（6）明了性：教师的话可以不多，但是要让学生一听就明白，这就要求教师要对表达内容进行认真提炼、认真推敲和组织语言，严谨地选用句式及词语。

（三）教学语言能力的分类

根据不同的分类方法，语言能力的分类结果可以不同。一般而言，常根据语言能力的用途和表达方式进行分类，具体如下。

一是按语言能力的用途分，语言能力可分为基本语言能力和特殊语言能力两类。基本语言能力就是人们在社会交际中使用的语言能力，具体地说就是规范的语音和正确的吐字，恰当的音量和适宜的语速、语调及节奏，正确的词汇和语法逻辑。特殊语言能力是为了适应教学要求而产生的，它是指课堂上教师从教学目的出发、结合教学内容、考虑教学对象的特点来组织语言而形成的能力。

二是按语言表达方式分，常见的教师教学语言可分为如下几类。

（1）说明性语言：这是教师课堂常用语言，这种语言以客观、公正的角度向学生进行讲解，让学生对事物形成客观的理解。教学过程中，这种语言适用于讲解和分析事物的概念、特点、形态、性质、构造、成因、来源、种类、功能等，是向学生说明事物或解释的语言。

（2）叙述性语言：这类语言是教师用叙述的方式向学生传递信息。叙述性语言是轻松活泼、具有亲和力的，这种语言较容易引起学生对于事物的兴趣。教师在课堂使用叙述性语言时，宜以陈述事物的方式来进行，注意语气要平和，用一种娓娓道来、引人入胜的叙述使学生在轻松的环境中对需要了解的内容有初步认识。

（3）描述性语言：这种语言要使用一定的修辞手法，以期达到描述事物时或创造某种情境形象时的生动有趣。这种语言方式要求选用优美的、生动形象的语句，并且要做到所说语言和所要表达情感的紧密结合，达到语言和情感二者合一的境界。

(4)论证性语言：这是指教师要按照一定的逻辑顺序，运用合适和恰当的数据、事实等来证明某个观点或得出某个结论的语言。论证性语言强调的是严密的逻辑，论证语言简单精确即可。

(5)抒情性语言：在日常学习过程中，很多教学内容是包含情感的，为了让学生增强对这些情感的体验，教师就要以一种抒情的方式来向学生传递信息，从而让他们对内容情感有充分的体验，更好地形成相应的认识。教师在运用抒情性语言时，注意要选用恰当的词汇、平和的语气及语调，充满感情地表达。另外，还可以使用身体语言，利用音乐、图片等外界因素来弥补和增强语言表达的不足，达到更好的效果。

二、提问能力

在教学活动中，教师通过有的放矢的提问，引起学生的学习和认知兴趣，激发学生不断探究的愿望，也就是通过教师的提问，造成学生的心理紧张，促使他们产生学习兴趣，并引起他们好奇心，积极主动地参与到学习活动中，并通过对问题的探究来促进学习。

（一）教学提问能力的定义

提问能力是以教师提出问题、学生解决问题的方式出现的，目的是启发学生进行思考，促使学生积极主动参与学习，从而推动教学进程不断发展的一种基本教学能力。提问能力是师生间的互动，是检查教与学的效果、增强课堂活跃程度、促进学生思维、巩固新旧知识、更好地保证实现既定教学目标的教学行为方式。提问的最终目的是要培养学生的思维能力，让学生形成创新意识，培养学生的创造能力，因此，可以说提问能力是教师在日常教学中使用最多的能力之一。

（二）教学提问的特点

这里所说的教学提问指的是教学活动中的提问，这与日常生活中的提问是有区别的。一般而言，教学提问时应遵循以下原则或体现出以下特点。

(1)目的明确：提问要围绕实现教学目标达成而展开，要求设问、提问及回答都结合教学目标，一些日常中的口头化提问方式尽量不要使用，如"是不是""好不好""对不对"等形式的提问方式。

(2) 激发兴趣：提问的整个环节必须要以"提出问题—回馈解决答案"的形式出现，一定要让学生进行答案反馈，只有这样才能让学生产生问题的意识，引起他们的兴趣和好奇心，进而促使他们主动去探索问题。

(3) 适量原则：要注意问题的数量和难度都要适当，要便于学生在有限的课堂时间里正确地理解和解决问题。

（三）教学提问的分类

日常的教学中，学生需要学习的知识有各种类型，如事实结果、现象过程、原理概念等，对这些知识点的学习方法有多种，如记忆、理解、综合分析等。另外，学生也有各自的学习特点和思维方式，所以要求教师提问不能死板僵硬，要根据实际情况提出多种类型的问题。常见的问题类型分类有按提问的目的分类和按提问的方式分类，具体分类如下。

一是按提问的目的分类，可分为以下6种。

(1) 回忆类：这是对学生已有知识水平进行的提问，教师用提问的方式来了解学生对前导学习内容的掌握程度，通过提问让学生回忆已学过的一些事实结果、概念定义等，建立起新旧知识之间的联系，从而便于学生接受新知识，对于讲授与旧知识相关程度高的新内容，这种提问方式较适合。但相应的缺点是，回忆性提问因为还是回忆相关的知识，可能会减少学生进行独立思考的机会，没有能够让他们充分表达自己思想，限制了他们独立思考的能力，因此这种提问方式多用于课程刚开始时的回忆复习、课中论证某一问题时的初期阶段，但不宜过多使用。

(2) 理解类：这是对学生理解水平进行的提问，是用提问的方式让学生主动参与学习过程，增强对所学内容的理解，形成知识迁移扩展的一种方式。例如，让学生用自己的话来概括段落大意、中心思想，对事物进行对比和分析等。这里的理解有两个层次：一是普通理解层次，仅仅只是让学生对事件及老师提出的要求进行描述；二是深入理解层次，这就要求学生更深入一步，组织话语说明事件的关键和重要信息，或者将事实和事件进行本质分析对比等，而针对深入理解层次的提问才能让老师了解学生对于一个事物的真正理解程度。

(3) 应用类：教师通过提问，让学生在解决问题的过程中，将所学的知识运用到一些实际问题的解决过程中，如可以让学生将某些原理或公式运用到实际问题中。

（4）分析类：这种提问方式要求学生对一个事件的条件、原因和结果进行综合分析，结合自己已有的知识经验，经过严密的逻辑推理，最后才能得出问题答案。这类问题要求学生在现有的知识条件下进行独立思考，是一种较高级的思维活动，如让学生阐述某一文章作者的写作意图、要表达的观点和态度等。

（5）评价类：这种提问方式要求学生根据特定的标准对事件及其解决思路进行判断和思考，并最终提出自己的见解，这种提问方式可以培养学生正确的价值观和世界观。

（6）综合类：这种提问方式要求学生运用回忆、理解、分析等各种方法，并将它们进行整合，才能得到问题的解决，这种提问方式可以激发学生的创造力和想象力，能够培养他们独立思考、创新解决问题的能力。

二是按提问的方式分类，可以分为以下2种。

（1）低级认知提问：这种提问方式只是要求学生基于简单的事实进行回答，不需要进行深层次的思考，教师也可以简单地根据唯一的正确答案进行对错判断，这种提问方式适用于教师检查学生对知识的掌握程度，回忆类、理解类和应用类提问属于此种。

（2）高级认知提问：这种提问方式要求学生在回忆过往知识经验的基础上，对新的对象进行综合分析、判断概括等形式的"加工"，才能得到最终的解决方案。教师要根据学生回答的有无道理，是否有独创性来判断哪个解答更好，没有唯一的答案，这种提问方式适用于培养学生的思维，增强他们独立解决问题的能力，分析类、评价类和综合类提问属于此种。

在实际使用的过程中，要综合运用各种提问方式，力求做到高级提问包含低级提问，各个水平层次的提问穿插共存。

（四）教学提问的步骤

（1）问前铺垫：教师要先对问题产生的知识基础、涉及的相关背景、与现实教学情境的关系等进行铺垫。

（2）提出问题：教师提出问题，并向学生明确需要思考和解答的内容。

（3）解决问题：教师要给学生足够的时间和空间，并适时地给予相应的指导，帮助学生通过自己独立思考、小组合作讨论或实践实验验证等方式来研究和解决问题。

（4）沟通交流：学生得到问题的解决方案后，教师要让学生将解决方案进行表达及交流，教师此时要及时给予学生评价和反馈意见，并将问题及解决方案进行总结归纳、概括升华，要让学生理解和掌握思考解决问题的基本方法，从而达到发展他们思维能力、培养他们创新意识和创造能力的目的。

（5）扩展延伸：由于课堂时间和空间的限制，课堂内一些无法解决的开放性问题，可以要求学生进行扩展延伸，在后续的学习和生活中继续关注，主动思考。

教学提问的目的不仅是要让学生集中精力，更重要的是要让学生切实掌握已学过的知识，在新旧知识间建立某种联系，不但要有利于学习新的知识，还要利用旧知识解决实际中的新问题，使教学迈向更深层次。为了合理地利用提问来达到预期的目的效果，教师也要掌握一些基本的规则：问题的表述要清晰，意思要连贯，在问题的难易点做停顿，根据实际情况选择语速，并适当地给予学生相关的暗示，恰当地引导学生清楚表达等。

三、板书能力

教师上课离不开板书，板书能力是普遍使用的一种教学能力，即使在当今现代化多媒体技术发展的今天，板书仍然占有重要的地位，教学板书也被称为课程"导游图"，因为其以浓缩的方式体现了教学内容的结构安排和教师教学思路，学生根据板书才能够按照逻辑思路更好地进行知识的学习，一个教学板书的好坏将直接影响最后的教学效果。

（一）教学板书的定义

板书是教师采用文字、图表、相关公式符号，将教学内容进行概括后书写在黑板或投影片等多媒体课件上的教学行为方式，对教师课堂口语表达起到辅助作用，促进教学目标的实现，是教学活动的重要组成部分，是教师多元化教学行为之一。相对于教师语言、动作、表情传递的单纯信息，板书利用各种符号及其有效组合能表达更多的综合性信息，如教学内容的重点和难点、内容及框架、思维的方式等。因此，在教学过程中，教学板书也是教师表达的一种重要的形式。

（二）教学板书的分类

教学板书可按照板书的位置、板书的表现形式分为两大类。

一是按照教学板书的位置分类：教学板书可分为正板书和副板书。正板书要写在黑板的正中，是教师在课前备课过程中已经完成设计并事先写好，通常作为教案的一部分存在，是建立在对教学内容和结构高度概括的基础上的，是教师反映教学内容和结构的概括性的书面语言；副板书一般写在黑板的两侧，是正版书的补充或注解，是为了解决课堂教学中学生即时产生的疑难问题而存在的，可以是文字等。这里主要阐述的是正板书。

二是按照教学板书的表现形式分类，板书可分为以下几种。

（1）大纲型：教师将一节课（或一篇课文）的教学内容和学习顺序经过综合性分析，概括归纳出相关的要点，把学习重点和难点用简洁的文字进行概括，并以大纲形式反映在板书里，进而达到突出教学主要脉络的目的。这种板书适用于绝大多数的学科，是使用较多的一种板书形式，可以包含文字、图表等信息，特点是条理逻辑性强，便于学生对内容和结构进行理解和记忆。

（2）图表型：对于相互之间有较强联系和对比性的内容，为了让学生能够进行更好的思考、比较，进而切实掌握其本质，加深对特点和属性的认识，我们可以采用这种板书形式，具体就是把相关内容以表格的形式表现出来，在表格中可以对内容进行异同点的归纳和对比，进而突出它们的联系和区别，这种板书形式的特点是表现形式鲜明，可以一目了然地了解事物的本质特点，一般多用于有教学内容对比的情况下。

（3）图形型：用语言文字、数字与符号、线条及框图来表现板书的一种形式，采用这种方式先要将零散的内容进行归纳总结，然后用线条框图等方式将总结的内容进行相互间联系，从而体现内容间的联系性、逻辑推理性和系统性。

（4）公式型：用数学算式、物理公式和化学程式等方式来表达内容，这种板书要求以公式为主，少用文字描述，强调表现内容间的逻辑性，这种板书多用于理科课程，如数学、物理、化学。

（5）图画型：以图画为主，以直观形象的特点表现事物各个发展过程阶段，这种板书多用于对象为小学低年级学生的场合。

（6）综合型：根据具体情况，将以上所介绍的几种形式按一定的方式组合起来，达到互补的效果。

（三）教学板书的要求

为了更好实现教学板书效果，加深学生认识教学内容的程度，教学板书应遵循以下要求。

（1）直观性：教学板书必须使用易于辨认的文字、符号、图表等形式，将那些抽象和复杂的教学内容用直观方式呈现给学生，丰富学生以视觉为主的课堂感知。所以，要求教师的板书明确抓住教学内容中的关键，并使用各种图表和线条，以直观形象的方式呈现在黑板上，便于学生接受。

（2）简明性：教师首先要吃透教材，进而进行高度的概括，目的是要让学生通过极端精简的板书，掌握教学内容及其本质联系。

（3）启发性：设计板书时，要通过恰当的设问和适时的答疑，引导学生进行积极的思考，发展学生的智力与解决问题的能力。要求板书不能仅仅是教学内容的概括式呈现，更要是教学问题逐步解决的过程。

（4）规范性：教师在书写板书时，要注意文字、图表、标点符号的规范性，例如，书写汉字时要注意笔画顺序正确，不能自己创造文字等，总之在书写板书时要注意对学生所起到的潜移默化的作用，不能任性而为。

（5）艺术性：书写板书时要注意板书的整个结构要构图巧妙，字体工整俊美，图表清晰，就像一件艺术品一样让人愉悦，在更大程度上激发学生学习的兴趣，容易让学生接受教学内容。

（6）针对性：教学中使用教学板书是要更好地促进学生主动参与学习，但因为学生的不同年龄（学生来自不同年级段情况），导致他们在心理、认识、求知、兴趣等很多方面的发展程度不一，存在诸多差异，这时教师就要根据学生的不同特点来选择不同的板书形式。例如，小学生易接受的板书形式要图文版式规整，多使用形象直观的图，字体要用规范的正楷体来书写；中学生有了一定的逻辑思维，教师可以更加注重板书的系统逻辑性，以此来培养学生进行抽象思维的能力；对于思维能力更高的高中学生，则可采用内容大纲式的板书，也可以采用草体文字。

四、演示能力

教师在教学中，在向学生导入新课程内容时，需要用一种形象直观的方式，让学生有感知意识的情况下进行课程的导入，可以达到良好的效果。或者是讲解课程过程中，有些内容（如概念、原理等）过于抽象晦涩，学生难以理解时，也需要一种直观的方式帮助学生进行理解学习，这时，演示的作用就尤其显得突出。

（一）教学演示能力的定义

教学演示能力就是指教师根据教学内容及教学需要，在课堂上使用多种教学媒体方式（如实物样品、模型标本、图形图表、幻灯录像、视频片段等），为学生进行实际的表演和示范性操作的能力。演示的目的是以直观形象的方式表现和说明事物，演示其变换发展过程，向学生传递感性经验，进而传递教学信息。

（二）教学演示方法的分类

课堂教学演示的方法主要可分为以下几种。

(1) 实物标本及模型演示法：让学生通过实物标本及模型形成感性认识。

(2) 实验演示法：让学生通过实验，产生和形成科学的观点来分析知识。

(3) 多媒体演示法：利用图文声合一的形式，全方位地向学生进行演示，让学生有一种身临其境的感觉，这也是现代多媒体教学法的重要组成部分，这种方法的一项重要工作是制作多媒体教学课件（常用的软件有PowerPoint、Authorware、Flash等）。

(4) 静态视图演示法：向学生展示各种相关的图片照片、图表图画、幻灯片等。

(5) 动态视图演示法：使用投影、计算机等设备播放视频资料进行演示。

（三）课堂教学演示的要求

在运用演示能力时，要让学生通过直观形象的方式来获得感性素材要注意以下几点要求。

(1) 针对性：演示针对的是教学内容中的重点和难点，是为教学服务的。

(2) 恰当性：演示要操作方便，内容合适，便于学生进行观察。

(3) 安全性：演示一定要保证师生的安全，特别是实验类演示。

(4) 一致性：教师演示的内容要与其讲授的内容密切联系，这样才能做到让学生及时将获得的感性认识转化为思维活动。

教师演示的目的是引导学生进入学习，可以采用以下两种方法来进行，一是分析归纳法：将演示内容进行分析和归纳总结，得到新概念、新结论；二是疑问法：结合演示内容，提出思考问题，让学生讨论后寻求答案。总体来说，不论采用哪种演示方法，目的都是要让学生通过直观形象的方式来获得感性素材和认识，进而激发出学生的学习兴趣，达到集中学生注意力，培养学生观察力,锻炼学生思维能力的效果,最终达到预期的教学目的。

五、变化能力

为了能够让课堂气氛活跃,调动学生积极性,提高学生学习效果,完成教学任务的目的,教师在授课的过程中不能死板僵硬,千篇一律,而是应该不断采用一些故意的"变化",来对学生产生外在刺激,集中学生的注意力,并将这种注意力引导到学习上,这时就要使用变化能力。

(一)变化能力的定义

变化能力指的是教师在课堂上进行变化的能力,包括教师教学形式变化、教学方法变化、师生间各种信息传递方式的变化等,这种故意的"变化"是教师根据实际课堂情况而进行的,目的是通过各种变换,持续地吸引学生的注意力,促进学生进行学习的一种教学能力,恰当地使用变化能力能够让教学过程充满生气,也是教师个性与风格的具体体现。

(二)变化能力的分类

课堂教学中的变化是很多的,涉及教学中的方方面面,根据不同的分类标准有不同的划分,通常划分为三类:教学态度变化、信息传递变化和教学方法变化。

(1)教学态度变化:指的是教师在语言和肢体上的变化,体现的是教师对教学的热情和教学感染力。教学态度变化是一种最简单和常用的变化方式,因为这种方式不需要借助任何的外在工具,仅凭教师自身就可以进行,具体的要求是:教师在课堂上使用的语言要多变,不能只有平铺直叙式的讲解,讲解的语言不能机械死板,可以适当地通过语气、语调、语速和音量等的变化来活跃课堂气氛。在讲解的中间,要短暂地进行停顿,起到有效引起学生注意、切实增强教学效果的作用。在语言讲解为主的同时,还要使用肢体变化来进行补充,充分利用肢体语言的暗示作用,起到强化语言表现效果的作用,恰当地与学生进行目光接触,运用自己的头部和面部的动作表情,运用手势和身体的位置移动,这些都可以表达教师对学生的情感,起到对学生的暗示作用。

(2)信息传递变化:在教学过程中,信息在师生间进行传递,所以信息传递的效率也是影响教学效果的重要因素,按照相关的理论,每一种信息传递方式的效率都是不同的，进而信息接收者产生的疲劳程度也是不同的，因此为了更好地实现信息传递，教师在课堂上要对信息传递的方式进行适当的变化，使用不同的信息媒体来传递信息，除了常用的语言、板书、表情和肢体等方式外，还可以使用模型、实物标本和现代化的多媒体传递方式，充分调动学生的视觉、听觉、嗅觉、触觉等各种感官，尽可能多地调动学生的感官，达到高效、全面地向学生传递信息的效果。

（3）教学方法变化：改变传统的教师讲解和学生被动接受的教学方式，加强师生间的互动，更加有效地调动学生的学习积极性。例如，可以采用"学生自学—师生讨论—教师答疑"的方式，还可以采用"学生小组实验及讨论—教师点评"的方式，甚至可以进行互换"角色"，让学生点评教师表现，不论哪种方法，目的都是要调动学生的学习主动性，培养学生独立思考的能力。

（三）变化能力的应用

在使用变化能力时，教师要注意以下几点。

（1）教师根据教学内容、学生特点所选择的、有意义的变化能力才能达到预想的效果。教师不管选用哪种变化方式，都要紧密结合教学内容，符合教学特点，充分考虑学生的认知水平、能力兴趣，只有做到这几点，才能正确地选用合适的变化方式。另外，变化的目的是配合教学，所以在选取变化方式时不能仅仅只为了吸引人，还要注意变化一定要与教学内容密切相关。

（2）变化能力之间的衔接及与其他能力之间的转换一定要流畅，教师在备课时就要根据教学内容、教学目的、整体课堂效果来选择合适的能力，明确各种能力的使用时机和转换时机及转换方式等。

（3）变化能力的作用是辅助教学，应用时也会影响教学效果。教师在课堂上不能过多使用，以免造成喧宾夺主的感觉，使用变化能力时不能单纯为了突出效果而过度使用，要注意在进行语言或教学媒体的变化时流畅自然，避免转换突兀和过度表演。

六、强化能力

在教学过程中，学生的某些行为得到了教师积极的响应，学生就会加深对这些知识的认识及理解，学生进而可能重复这种行为，最终达到促进思维的发展。这类教学行为及方式可概括总结为强化能力。

（一）强化能力的定义

强化能力是指教师在教学的过程中，综合运用语言标志的提示、动作活动的变换等，达到引起学生注意、激发学生学习动机、促使学生主动积极参与到学习活动中的目的的教学行为能力。在教学过程中，教师的强化能力有助于促进并增强学生的反应能力，促使学生持续学习，所以强化能力是教师课堂教学中要掌握的一种重要的教学能力。

（二）强化能力的分类

强化的方法很多，使用也较灵活，最简单直接的方式就是提醒学生，哪些知识点重要，哪些知识点容易混淆；也可以把重点问题多重复几次来加深学生的印象；还可以把内容概括成几句话或口诀方便学生进行记忆；甚至可以预设一些"陷阱"，等学生出错后进行纠正。根据表现方式不同可把强化能力分为以下几种。

（1）语言型：教师使用肯定、疑问、重复、否定等语式对学生在课堂上的反应及学习行为进行判断，使用表扬和批评等方式直接表明态度，强化学生的学习效果，可以使用口头化语言（教师表态等）、书面化语言（教师批语等）、体态性语言（教师的表情姿势和身体动作等）3种强化方式。

（2）标志型：教师使用标识符号、不同色彩等醒目标识来强化教学活动，例如，在重点和难点等关键性地方，加圆点或线条等标识性符号（在板书中）加以突出和强化；要突出新、旧知识间的联系与区别时，用彩色标识或符号加以突出对比和强化；在需要强调和引起学生注意的地方加符号或标识；在批改学生作业时使用鼓励符号等。

（3）活动型：教师根据学生的特点设计一些活动，让学生亲自参与自己感兴趣的活动，通过小组成员间的相互行为影响，通过相互或自我的活动强化，达到促进学生学习，增强学生动手能力的效果。

（三）强化能力的要求

一般而言，在教学过程中使用强化能力有几点基本要求，特别是以下几点需要注意。

（1）目的明确：目的是将学生注意力引向学习，提高学生积极参与到教学活动中的意识。

（2）形式多样：单一的强化形式容易让学生产生厌倦感，达不到预想的

理想效果，教师要经常进行强化方式的变化，但是选择的形式一定要紧密结合课程内容及特点。

（3）符合个性：教师要根据学生的年龄、个性、身心特点来选择强化方式，并且要尽量使用正面激励型强化，少用或不用反面斥责型强化。

（4）针对性强：要对性格特点不同、行为不同的学生使用不同的强化方式，并且强化要明确和具体，不能含糊。

（5）注意实效：强化的时机直接影响着强化效果，所以给予学生的强化要及时，如果过早，可能会阻碍学生探究活动的进行，过晚则会失去帮助学生的最好机会。

（6）运用恰当：强化能力的使用应做到恰当的时机、合适的方式、自然的过程，如果使用不当会起到相反的作用，不但会分散学生的注意力，甚至会带来负面效果。

第四节　课堂教学调控能力

课堂教学调控能力包括导入能力、讲解能力、组织能力和结束能力，本节将逐一展开讨论。

一、导入能力

（一）导入能力的概念

当教师在每个教学内容单项模块开始的时候，或者在开始传授新知识的时候，必须要采用某种行为方式，让学生明确学习本模块后将要达到的目标、本模块的内容和学习的方式，目的是引导学生集中注意力，激发他们进行主动学习的学习动机，在新旧知识间建立联系，做好心理和认知的双重准备，教师此时所采用的行为方式就是导入能力。导入能力是一种更高层次的、复杂的综合手段，与引言相比，在内容上、性质上、形式上都要更加丰富。

（二）导入能力的作用

正确的导入不但能让学生明确将要学习的内容和目的，而且可以激发学生的学习主动性和积极性，迫使学生去努力寻求答案，在促使学生学习知识等方面起到重要的作用。一般来说，导入能力具有以下作用。

（1）激起学生学习兴趣：当教师为学生营造出良好的学习气氛，再加上对学生一定的、积极正向的心理刺激，就能达到促使学生主动参与学习过程的效果，引发学生积极学习的动机。

（2）引导学生关注课程：教师根据教学内容引导学生对所学课程的关注，促使他们进入学习的情境，集中学生的注意力并导向指定的教学任务和相应的教学程序之中，为顺利完成新的教学任务做好准备。

（3）激活学生随教思维：教师根据教学目标，可以创造出相应的问题情境，用提问的方式激活学生的思维，保持学生的注意力和饱满的学习热情。

（4）引导学生明确目标：教师通过导入让学生从教师口中得知本次的学习内容、学习目标、学习方式、重点和难点等，让学生产生一种学习的期待并做好学习新内容的准备。

（三）导入能力的分类

导入是一种重要的教学能力，由于教学内容和学生对象的不同，导入的方式和方法也不尽相同。一般来说，教师要结合教学目标和教学内容，根据授课学生的不同心理特点，认真设计导入的方式和方法。教学中导入的形式和类型有很多种，以下列出了常用的几种。

（1）直接型：教师以开门见山的姿态，使用明快简洁的语言，通过叙述和提问的方式向学生明确本次学习的目标、程序和各种重点难点。

（2）经验型：教师通过将学生已经具备的生活经验、经历等素材与要学习的新内容进行联系，让学生将抽象的内容与已有经验和直观认识结合起来，将新内容变得生动和形象，加深对于所学知识的印象，激发学生的求知欲望和兴趣。

（3）知识型：教师首先用复习和提问等方式唤起学生对旧知识的回忆，然后在旧知识做铺垫的基础上，给出旧知识与将要学习的新知识之间的关系和衔接点，以温故知新的方式，降低学生对于新知识的陌生感，同时便于学生将新旧知识融合后建立知识结构，也降低了学生学习新知识的难度。

（4）实验型：这种方式更适合理工科的教学，即教师在开始新内容之前，演示一系列的实验，然后以这些实验为切入点，向本次教学内容过度，这种导入方式对学生的视觉、听觉、味觉等产生刺激，调用了学生的多种感官，能让学生对学习内容充满疑惑与兴趣。

(5) 直观型：教师先让学生观察相关的物品（如实物样品、标本模型、图表幻灯、视频课件等），引起学生的好奇感，然后再设置问题情境，提出与观察物有关的问题，这时学生就有了一种为了解决问题而要学习新知识的强烈的要求，就会积极地调动学习主动性。需要注意的两点是：一是教师选取的观察物必须与学习内容密切相关；二是教师要适时地引导学生的思考方向，促进他们进行思考和学习探究。

(6) 情境型：教师通过语言动作、音乐图画、动画视频等手段，营造出一种与教学密切相关的环境，让学生有一种身临其境的感觉，这样他们在学习时就好像是感同身受，从而让他们产生积极学习的状态。

(7) 事例型：用事例来导入课程，可以选择学生熟悉或关心的事物，这样学生在学习新知识时有一种亲切感，容易起到触类旁通的效果；也可以选择新颖新奇的事例，可以让学生产生好奇的探索欲。

(8) 悬念型：教师导入新课程时，提出暗含学习任务的、有悬念的问题，以便能起到激发学生求知欲的良好效果。

(9) 故事型：教师摒弃平铺直叙的方式，采取讲故事的方法，起到引人入胜的效果。要注意的是选取的故事要符合教材的内容和特点。

（四）课堂导入的步骤

导入效果的好坏直接影响着教学的效果，不管采用哪种导入方式，都要遵循一定的程序和步骤，导入一般有4个环节：吸引—激发—指导—联系。

(1) 吸引：导入的出发点就是要抑制学生那些与学习活动无关的行为，减少这些行为对学习的阻碍作用，同时凝聚学生的注意力，并在学习活动中尽可能地保持。要达到这个效果，首先就要吸引学生，让学生产生好奇感和求知欲，因为只有产生了强烈的好奇感和求知欲，学生才有继续学习的动机，所以在该阶段，教师要使用图片模型、声音视频等尽可能多的方式引起学生的注意。

(2) 激发：通过第一步骤的吸引，学生有了一种想进行探究的欲望，此时要适时地激发学生继续学习的动机，要向学生说明所学知识的意义，让学生迸发出学习的热情。

(3) 指导：此时的学生已经有了学习的欲望，教师要适时地给予学生指导，让学生沿着正确的学习方向走下去，要让学生明确学习任务，为学生制定学习进度，让学生打开思维空间，有目的地进行学习。另外，教师要给学生提供相应的学习方法和学习步骤,并设法不断地保持教学重点按照环环相扣的顺序进行,直到教学目标的完成。

(4)联系:教师通过复习和提问等方式了解学生原有相关知识的掌握程度,并在此基础上,根据教学任务和目标,为学生提供建立新旧知识联系的方法,随着课程的发展深入,引导学生进行知识结构的迁移。

二、讲解能力

(一)讲解能力的概念

讲解是教师教学中最常用的教学方法,讲解能力是教师主要使用讲解的方式(也可以适当使用其他教学媒体等直观教学法),向学生传授相关知识,并让学生对教学内容中的基本概念、原理、知识和规律等进行综合分析,抽象概括,进而引发学生产生思考,最终让学生得到智力和能力发展的行为。讲解能力是教师主导教学过程的最好体现,是教师引导学生学习和积极思考的一种教学方式,它的最大特点是通过语言来传递知识和信息,同时通过语言来促进师生之间的感情交流和信息交流,所以要求教师的讲解要做到准确的发音和吐字、适当的语调和音量、精练的语言文字。

(二)讲解能力的分类

结合具体情况,根据标准、层次、方式等的不同来划分讲解能力的类型,一般可分为4种基本的讲解类型。

(1)基本型:这是强调以事物的概念原理为主的讲解方式,是教学讲解中最基本和最重要的讲解方式,一般是先进行相应的概括,然后对概括进行推理论证,最后得到结论,并又回到一般性概括,循环反复。

(2)描叙型:通过教师的叙述和描述,让学生对整个描述对象(人、事、物)的各个方面有一个具体的、形象的、有一定深度的感知和认识,要根据所要讲解的内容来选择不同的讲解方式,如是按照顺序方式,还是按总体结构到各要素的方式等。

(3)解说型:是教师用简明的语言,采用说明和解释的方法,对事物及其相关概念进行讲解的方式,要根据所要讲解的内容来选择不同的讲解角度(如是与同类事物比还是与异类事物比)和方式(如是简单的翻译讲解还是综合归纳讲解)等。

(4) 疑问型：这种讲解方式以解答疑问为主，这是一个将未知问题变为已知的过程，这个过程也就是思维的过程。这种方式的一般步骤是：提出问题（问题可由材料引出或由教师直接提出）—明确细节（确定解决问题所要遵循的标准和所使用的方法）—问题解决（得到结果并进行总结）。

（三）讲解能力的评判

判断讲解能力的强弱，是由讲解是否成功、讲解效果好坏来评判的，一般来说，可以参考以下几个方面。

(1) 学生是否学到了该学的知识？学生是否明了所学知识间的内在的联系？学生是否有了系统结构认识？

(2) 教师的讲解是否激发了学生的学习兴趣和动机？

(3) 教师的讲解是否向学生揭示了隐含的一些规律？是否达到了启发学生思维，向其传授思考方法的目的？

(4) 教师是否达到了与学生的感情交流？是否发挥了正面的教育作用，达到了对学生进行思想教育的目的？

（四）讲解的主要阶段

一般而言，讲解应该包括以下几个主要阶段。

(1) 确立结构：教师根据教学内容及其内在的联系，从一个恰当的视角入手，将那些关键性的主要问题按照逻辑结构组成一个框架，这个框架是从系统性出发的，是富于启发性的，当学生的思维进入这个系统框架后，教师就可以掌控学生的思维，并对学生进行思维启发和训练。

(2) 行为实施：该阶段可以开始进行讲解，但要特别注意，在讲解时语言要流畅、清晰和准确，内容要紧凑连贯，语音和语速要与讲解内容相符并富有感情；尽量多地使用例证帮学生建立新旧知识和经验的联系；要突出和强调关键信息，防止次要信息和因素干扰学生；要注意讲明各部分间的逻辑联系等。

(3) 信息反馈：讲解的目的是完成教学任务，这就要求教师讲解不能仅仅只是把内容讲完即算完成任务，而是要通过与学生的充分交互，得到学生的反馈意见，进而根据反馈意见来评判整个讲解过程，查缺补漏，为以后更好地完成教学任务进行相应的改善，这才算完成了任务。

三、组织能力

学生只有在一个和谐的、积极的环境中学习，他们才能对所学知识记忆更加深刻，掌握更加牢固，教师的教学效果才更有成效，预定的教学目标才能更好地完成，因此教师必须对课堂进行有效的组织和管理。

（一）组织能力的概念

在课堂教学中，教师自始至终要为学生营造一个良好和谐的学习环境，才能做到激发学生的学习兴趣，集中并保持学生注意力，引导学生进行学习，最终达到教学目标，而每一个教学环节，都需要教师的管理，只有在教师的管理下，才能保证课堂教学任务的顺利开展和完成，教师管理的整个行为方式就是课堂组织，教师相关的能力就是课堂组织能力。

（二）组织能力的分类

根据侧重点的不同，可以将课堂组织能力分为管理为主型、指导为主型和诱导为主型。

（1）管理为主型：这种方式强调的是对课堂纪律的管理，要求教师做好整个课堂秩序的管理工作，要注意观察学生的行为，倾听学生的反馈声音，用行为规范和课堂纪律来约束与管理学生，始终让教学在一个良好的秩序和环境中进行，要注意启发学生，引导学生学习；又要对某些学生的不良行为进行管理，用惩戒和奖励手段来进行管理，以保证整个课堂教学的顺利进行。

（2）指导为主型：教师通过对教学活动的指导，促使学生积极主动地参与到课堂教学中来，即通过指导来组织课堂教学。如教师通过明确大纲、提出问题等方式，对实验、阅读等环节进行指导和组织；或通过点拨引导，对讨论等环节进行指导。

（3）诱导为主型：教师在教学中，用富含饱满感情的、亲切热情的语言，引导和鼓励学生参与到教学中，即通过教师对学生的引导来达到组织课堂教学的目的。这种方式中，教师要用有趣生动的、富于启发性的语言引导学生进行积极主动的思考，要调动学生学习的主观能动性，配合教学任务的完成。诱导为主型组织方式常用的是热情鼓励和设置疑问。

（三）课堂组织的主要工作

教师要根据教学内容和学生的个性特点，适当地进行因势利导，并采用多种灵活的方法，全力营造良好的教学和学习氛围，做好课堂组织工作主要注意以下几点。

调动学生学习的兴趣：教师要采用各种不同的教学形式，让学生对所学的内容产生兴趣，积极主动地投入到学习中。另外，要尊重学生，适当地让学生成为教学的主角，如让学生更多地发表自己的意见，与教师进行讨论和探讨等。

创建良好的课堂纪律：教师要用正确的行为标准、严格的规章制度来指导和约束学生，要用良好的课堂秩序来规范学生行为，要引导学生向良好的行为标准看齐，最终让学生具备自我管理的意识，自觉地养成良好的习惯，自觉地遵守纪律。

保持学生的注意力：教师要正确地组织教学过程，合理地安排和控制教学节奏，营造良好的课堂纪律，保障良好的教学氛围，让学生始终处在一个合适的环境中，有利于持续集中和保持学生的注意力，保障教学进度的顺利完成，提高整个教学效果。

课堂组织能力是每一个教师都要掌握的能力，课堂组织能力运用是否合理，固然与教师的组织才能和个性有关，但不管采用哪种形式，一般说来都要求做到这几点：课前要认真做好教学设计工作，要紧密结合教学内容和教学目标，根据现实的教学对象、教学环境条件和预期的教学效果来选择具体的实现教学的方法、明确的教学步骤，选择学生能够接受的、恰当合适的教学信息量，合理分配好教学时间等。授课过程中，要把握整个教学节奏，采用恰当的语速、简练的语言为学生进行讲解，讲解时要充分利用多种现代化教学手段，全方面调动学生的各种感官参与学习，要注意与学生间的信息互动和反馈，要注意用正确合理的言行树立教师的威信并用正能量感染学生。总之，教师只有在教学实践中不断进行探索、总结、提炼，才能真正掌握课堂组织这门艺术。

四、结束能力

教师在课程结束时要将本模块的知识集中，要对本模块的教学内容及知识进行归纳和总结，要引导学生对这些知识形成系统性认识。

（一）结束能力的概念

结束能力就是在某个模块的课堂教学结束时，教师应将学生的注意力引导到课程结束的状态，将课堂教授的内容进一步归纳和总结，并与原有知识结构相融合，完成巩固、提高和升华的过程。结束能力是与导入能力相呼应的，导入是"起始"，结束是"终结"。

（二）结束能力的分类

一般而言，可将结束能力分为以下几种类型。

（1）归纳型：教师采用文字语言、图表符号等方式，简明扼要地概括总结本教学模块的内容和知识，要做到再次明确重点和难点，归纳形成知识结构和主线，系统化和条理化教学模块的内容与知识结构，使学生对所学的知识认识得更加深刻，掌握得更加牢固。

（2）对比型：教师采用归纳总结、列表提问等方式，将新学习知识的某些部分进行对比，或将新旧知识概念进行对比，并在分析的基础上，给出这些内容间有联系的相同点和本质上的不同点，能够起到让学生准确深刻地理解相关概念、提高学生对所学内容及其本质特征的认识、加强记忆效果的作用。

（3）拓展型：通过对事物属性的总结归纳，对事物变化的认真分析，将所学的知识进行扩展延伸，不但扩大了学生的知识面，而且要鼓励学生用这些知识和方法来分析现实生活中的现象，激发和培养学生探索研究问题的兴趣及精神。

（4）设疑型：教师根据教学内容，设置一些必要的悬念，并将其以富有启发性的问题的方式留给学生课后思考，目的是让学生保持探索的兴趣，也培养了学生进行独立思考的能力。

（5）内化型：教师完成对教学内容的总结归纳后，在引导学生完成相关的知识迁移后，要向学生明确学习内容中的为人处世的道理及其他经验，要有意识地激励学生将相关的体验和感悟转化为指导他们思想和行为的标准与规则，陶冶学生个性，培养学生品德。

（三）课堂结束的主要环节

在课程教学的结束阶段，教师要收拢学生已经产生了的各种思绪，引导学生将思路厘清，帮助学生将所学的知识和内容"刻"在记忆中，要按照以

下几个基本结构来安排结束的几个环节。

（1）回忆：教师要带领学生回顾本模块内容和知识的重点、难点、重要概念与定理公式等，通过对本模块内容知识及解决问题思路方法的归纳和总结，加深学生对相关知识的认识和巩固程度，培养学生的思维能力。

（2）拓展：教师要帮助学生建立新旧知识间的联系，将新旧知识融合为整体结构体系，从而加深对整个知识的理解和认识。要引导学生将本模块课堂教学中形成的各种结论（概念、定义、公式定理等）及适用范围和条件进行分析，在加深学生对结论认识的同时，将结论和使用条件进行拓展引申。

（3）评估：教师要与学生进行探讨，探讨的内容可以是本模块中使用的各种解题和论证方法的优缺点，可以是针对不同特点的问题所使用的对策和方法，可以是教师的教学法，也可以是学生方面的各种问题等。不管是哪方面的讨论，最终的目的就是要查缺补漏，以期在后续的过程中做得更好。

总之，一个完整的、效果良好的"结束"应该做到以下两个方面：一是在教学方面，教师要再次向学生重申本模块课程所学内容的重点和难点，概括总结本模块的知识结构、相关概念等；教师要通过提问和布置思考练习题的方式，帮助学生理顺思维逻辑结构的主线，提高对新知识的清晰认识，完成对新知识的复习、巩固和运用等步骤，引起学生对后续学习的兴趣；教师要引导学生将已学知识进行系统化，通过比较和概括等方法，将新知识纳入到已有知识结构中，并融合重建为新的、巩固的认知和知识结构体系，将知识和信息从瞬时记忆转化为更长期的记忆状态。二是在教育方面，教师要通过整个引导学生的过程，锻炼学生的思维和解决实际问题的能力，促使学生不断发展，学生也要通过总结和回答问题的过程，明确和领悟课堂教学及学习内容中的为人处世道理及其他经验；教师要有意识地激励学生，将相关的体验和感悟转化为指导自身思想和行为的标准与规则，使整个学习的过程也成为学生陶冶个性、培养品德的过程。

第五节　课堂教学扩展能力

在实际的教学过程中，可以根据所授课程的目的将课程分为两类：一类是以传授知识为目的的课程，该类课程要求学生在学习相关课程后掌握所讲授的基本概念和理论，该类课程常见于学历教育体系中，如小学、中学和大学等。另一类是以传授能力为目的的课程，该类课程要求学生学习本课程后掌握从事某项工作的基本能力，该类课程常见于职业教育体系中，如职业学校、员工在职培训等。对于讲授为主的课程，前述的各项教学能力已经基本能够满足日常教学的需要，只要合理恰当地利用好上述的各项教学能力，教学者便可以顺利地完成整个课堂教学过程。但是对于传授能力型的课程，仅仅只掌握上述教学能力是不够的，还需要再掌握一些扩展教学能力才能完成整个课堂教学过程。由于每个教学者在教学生涯中讲授课程类型的不确定，所以每一个教学者都有必要掌握各种所需要的教学能力，以面对不同类型的课程。课堂教学扩展能力主要包括手工能力、示范能力和PPT制作能力等，本节将对此进行简要介绍。

一、手工能力

手工能力是指教师在教学的过程中，使用不同的教学能力都需要具备一定的动手能力来辅助完成。手工能力是一项基本能力，在课堂教学的各个环节都可能使用，如在演示环节，教师要对所演示的模型等物品具有一定的掌控能力，才能做好演示的工作，甚至在没有现成的演示物品的情况下，教师要自己制作能满足需要的演示物品。

手工能力在整个教学过程中都是一种起辅助作用的从能力，它的目的是服务主能力（本书所述其他所有基本能力和综合能力），让主能力更好地发挥应有的作用，所以在使用手工能力的同时，教师都要以如何更好地配合完成主能力为考虑对象，需要注意的就是在使用手工能力的同时，要考虑按照规范和安全的方式来进行，避免给学生做出不好的示范。

二、示范能力

示范能力是一项基本能力，是指教师把要传授给学生的能力进行一次完整的演示，与演示能力相比，虽然二者都是以教师为中心，但有着本质的区别。演示能力是教师在讲授某一个概念、原理和规律的过程中，由于理论过于抽象，教师辅以实物或形体的表现，让学习者能够更加直观地进行理解。而示范能力则是要求教师将所要传授给学生的某一项能力，从头到尾地完成一次，让学生对整个过程及各种细节有一个完整的认识，从而更好地掌握该项能力。

在进行示范时，教师要特别注意以下两点：一是示范速度要慢一些，因为学生是初学者，速度放慢可以让学生进行更细的观察和模仿。二是示范的时候要结合讲解，特别是要给学生明确该项能力在实际操作过程中需要注意的地方，要传授给学生一些必要的经验和细节，更有助于学生更好地掌握所教授的能力。

根据所教授课程的性质，教师可以采用形体示范、语言示范、形体＋语言示范等方式。

三、PPT 制作能力

随着教育技术的不断发展，现代教学对教师使用各种多媒体设备的能力要求不断增加，考虑到使用的便捷性，使用最多的就是多媒体教室及相关设备，现代教师授课时都要借助于幻灯片，这里介绍的就是使用得最多的 PPT 幻灯片。

PowerPoint 是目前最常用的演示设计工具，由于它多媒体的功能强大而又简单易学，所以很多教师都以 PowerPoint 为工具制作课件。PowerPoint 内置丰富的动画、过渡效果和多种声音效果，并有强大的超级链接功能，可以直接调用外部众多文件，能够满足一般教学要求。但是很多教师在制作 PPT 课件时存在一些误区，例如，演示文稿的内容结构层次不清晰、幻灯片中加入很多与课程内容无关的图片和动画、选用了不恰当的模板和色彩搭配等，以致很多学生起初觉得多媒体授课很花哨，但不久后就失去了兴趣，开始怀念以前的"黑板"。

一般而言，PPT 课件有其自身的特点，在课件的制作和讲授中，教师要紧紧把握以下几个原则。

（1）课件的结构要清晰明了。在黑板时代，一节 45 分钟的课程，教师的板书一般是 2～3 板。而相同的时间内 PPT 要用到 10～25 张，PPT 使课堂的信息量大大丰富了。但随之而来的一个问题是，如果没有清晰的层次结构，巨大的信息量会让学生晕头转向，记录课堂笔记也很困难。要做到结构清晰，首先课件中的文字要精练，教材上的大段文字阐述不必在课件中重复出现，即使要出现，也尽量浓缩，以浅显、精练的文字归纳出要点。其次在课件中可多次重复目录页，每讲完一个大问题，都重复播放目录页，使走神的学生也能追上课程的思路。还有就是整个课程的项目符号和编号要统一，并尽量与教材保持一致，以方便学生做笔记。

（2）突出课程内容，避免使用无关的多媒体素材和动画。一些教师制作课件的时候，喜欢把手头搜集的图片、动画、声音等，不管与课程内容有没有关系，是不是有助于学生理解和掌握知识，统统堆砌在课件之中，甚至一些"获奖"的课件也是如此。课件毕竟是为教学服务的，过多、过于花哨的多媒体素材反而会分散学生的注意力。有研究表明：使用一幅朴实无华的简单图片示例学生对相关知识的掌握好于使用一个"精彩"的Flash动画，后者学生更多的只记得那个Flash中的卡通人物和视觉效果，而真正重要的知识却没有留意太多。在摄影作品中，构图的基本原则是"减法"，即尽量把与主题无关的元素从画面中减去。课件的制作可以借鉴这个原则，先用"加法"把平时搜集的、跟教学内容有关的素材放到PPT中，然后再做"减法"，把重复和相关性不大的素材摒除。

（3）授课过程中注意把握节奏，紧紧抓住学生的注意力。单张幻灯片中文字的字数以30～60个汉字为宜，讲的时间以3～5分钟为宜，如果一个问题或概念的内容比较多，一张幻灯片放不下就拆分为两张，切忌强行把文字堆积在一张幻灯片上。心理学的研究表明，学生注意力集中的时间在15～25分钟，有经验的教师在发现学生注意力分散的时候，往往会插入一个"包袱"，把学生分散的注意力重新集中到课堂上来。在制作PPT课件时，要有意识地在学生容易走神的时间段，插入一段动画、声音等能引发学生注意的素材。

（4）模板与色彩搭配。和网页的设计一样，PPT也忌讳"五颜六色"，过多的颜色会显得杂乱，并分散学生的注意力。一般来讲，除了黑色和白色外，最多搭配3种颜色。建议每个课件准备两种色彩搭配以适应不同的环境光线。第一种蓝底白字，适合在环境光线比较强的情况下使用，这种色彩搭配既能让学生看清文字，又不易产生视觉疲劳。第二种白底黑字，适合在较暗的环境下使用，因为白色的底板让学生可以看清教师的"身体语言"。教学是以学生为主体、以教师为主导的过程，任何类型的多媒体课件在这个过程中都只是一个辅助手段。PPT使教师能够把一堂课的重点突出、难点分散，把难以用语言描述的原理和过程用多媒体素材形象、直观地演示出来。但课件不是一节课的全部，整个课程仍要以教师为主导，所以，不必把课件做得面面俱到，更不能把应该由学生思考的问题那么轻易地展示出来，我们所要做的事情是通过课件的展示来激发学生积极学习的兴趣，促进学生主动探究与思考，促进学生创造性地学习。

>>> 本章作业

一、问答题

1. 什么是课堂教学能力？它有什么主要特点？
2. 课堂教学能力是怎样划分的，它可分为哪几种？
3. 课堂教学能力分解的原则是什么？
4. 课堂教学基本能力是怎样构成的？
5. 各项分教学基本能力的定义是什么，它们可分为哪些类型？
6. 教学过程调控能力是怎样构成的？
7. 各项分调控能力的概念是什么，它们可分为哪些类型？

二、思考题

1. 微格教学与课堂教学能力的培养有哪些关系？
2. 教学扩展能力在教学过程中有什么意义？
3. 各种多媒体课件的作用是什么？怎样做好课件？

第三章　微格教学基础

微格教学作为一种提高受训者教学能力的方法，自诞生以来迅速在世界范围内推广开来。在微格教学中，受训者要利用现代化的视听技术进行实践，完成录像观摩、录像回放等环节；受训者要通过录像、受训者之间的互相点评和信息反馈等环节考核，这些环节将涉及现代教育理论、教育评价理论等基础知识；而微格系统整体要完整良好的运行，又要涉及系统控制理论等。因此，只有了解教育学理论、心理学理论、系统科学理论、教学设计理论和现代教育技术等理论及技术，才能加深对微格教学的认识，提高运用微格教学的能力。本章将对微格教学的理论基础知识和技术基础知识进行简要的介绍。

第一节　微格教学的基础理论

微格教学的各个环节将涉及现代教育理论、教育评价理论、系统控制理论等教育教学理论。本节主要简明扼要地介绍微格教学涉及的基础理论和技术、微格教学的基本方法和步骤等相关基础知识。

一、教育学理论

教育学理论认为，有 3 种信息是影响教学质量和提高教学技能的关键，它们分别是教学内容方面的信息（如教学内容、方式方法等）、教学内容传播者的信息与教学内容接收者的信息。在传统课堂教学中，教师很容易掌握教学内容和学生的信息，却无法掌握自己的信息，而在微格教学中，因为引入了视听获取技术及录像回放技术，教师（角色）能够很方便地掌握自己在课堂教学中的表现，因此微格教学模式比传统教学模式更符合教育学理论，教育学理论也是微格教学重要的理论基础。

二、心理学理论

在教师授课过程中,教学内容接收者是学生,只有掌握学生的心理特点,才能有的放矢地根据学生的特点来安排教学,做好教学工作。教师掌握一些基本的心理学原理和方法,就可以了解学生的一些学习心理,更好地完成教学。而在心理学广泛的应用领域中,主要涉及以下几个学习心理学理论。

(一)行为主义学习理论(又称刺激—反应理论)

该理论是学习理论的主要流派之一,主要认为外界环境和人类的行为思想互为因果关系,即有了外界环境的刺激,人类才产生对应的思想和行为,这是一个"刺激—反应"的过程,这个学派研究的是外在的一些东西(如环境和人的显现行为),而忽视人类的内部心理过程,他们认为人类会学习是因为外部环境刺激后人类做出的对应反应,而不关心这些刺激对人类内部心理产生的影响,即他们认为人类学习与人类自身心理过程无关,而只与外界环境和刺激有关,只要能够操控外界环境和刺激源,就能预想和控制学生的心理与行为,进而控制学生的学习效果。具体到教学实践上,行为主义学习理论要求教师给学生创设某些环境条件,这样就可以刺激学生产生对应的某些行为,教师控制了环境的营造,也就可以控制学生产生合适的行为,控制学生的学习行为,这也是教师塑造和矫正学生学习行为的一种方法。

(二)建构主义学习理论

建构主义学习理论主要认为,人类的学习过程是一个内在的过程,人类在学习前已经具有一定的知识经验,当人类学习到新的知识经验后,人类将新的知识经验与自身原有的知识经验进行重新整合架构,产生具有创造性的新的一些认知,这些认知并不是原有知识经验的简单延伸,而是具有新的一些特点的认知。与行为主义学习理论相比,建构主义学习理论认为学习更多的是内在的一种过程,是一种人类主动构建知识经验的过程,不是人类受到环境刺激后产生反应的被动过程。建构主义学习理论更加关注学习者的心理结构,以及如何将原有经验作为基础来建构知识,更加强调学习的主动性。在教学实践中,教师要了解在各个环节中如何启发学生进行学习,以及在学习过程中,教师如何引导和帮助学生进行新知识和经验的构建。

（三）人本主义学习理论

人本主义学习理论主要认为，每一个学习者都是独立的，他们有自己独特的人格和个性，他们是主观能动的，他们都有自己独立和独特的一些学习能力，在教育中我们要以学习者为中心，要采用适当的方法，选用适当的学习内容来满足学习者的需要，并充分调动学习者的积极性，要尊重学习者的兴趣爱好，尊重他们的选择，即要以学习者为本、为中心来开展学习活动。在教学实践中，要求教师要充分做到以学生为中心，适当给学生一定的学习自主性和学习空间，并且要做好帮手，协助和促进学生完成学习。

三、系统论

系统论是现代自然科学、社会科学、思维科学发展综合的结果，是现代科学研究共同的一般方法论。系统论、控制论、信息论这三论是系统论的重要组成理论，它们既相互区别，又相互渗透、相互联系，从它归纳总结出的三大基本原理，即整体原理、有序原理和反馈原理，它们都是现代教育技术取得优化教育效果的重要理论基础。系统论运用在教学中是研究教学过程中的"人—人"关系（师生间的教学关系系统），是关于教育信息如何传递、变换和反馈的理论。三大基本原理对教学技能的训练和应用有着方法性的指导作用。

（1）整体原理认为任何系统只有通过相互联系形成整体结构才能发挥整体功能，系统中各要素是相互作用、相互依存的，没有整体联系、整体结构，要使系统发挥整体功能是不可能的。在教学技能的训练和应用中，应把教学技能看作一个系统，从宏观上把握，从整体上分析，综合考虑课堂教学过程中的各个要素和环节，使教学技能的整体功能得以有效发挥。

（2）有序原理认为任何系统只有开放、有涨落、远离平衡态，才可能走向有序，形成新的稳定的有序结构，以使系统与环境相适应。在教学技能的训练和应用中，要处理好各种教学技能之间及教学技能与外部教学环境之间的关系，使它们之间形成平衡的有序的状态。教学系统要在社会环境中存在和发展，要与外界有信息、物质等的交换，必然要求它是一个开放的系统，要不断地吸收各学科的新信息，引进先进的技术，使之从无序走向有序，使教学技能适应不断变化的教学环境。

（3）反馈原理认为任何系统只有通过反馈信息才可能实现有效的控制。一个控制系统，既有输入信息，又有输出信息，系统的控制部分根据输出信

息（反馈信息），进行比较、纠正和调整它发出的输入信息（控制信息），从而实现控制。在教学技能的训练和应用中，要随时根据反馈信息来了解教学情况，对教学过程进行协调控制以实现教学系统的功能。

四、现代教育技术

现代教育技术是以计算机为核心的信息技术在教育教学中的理论与技术，它是运用现代教育理论和技术，通过对教学过程和资源的设计、开发、应用、管理和评价，以实现教学现代化的理论与实践的统称。现代教育技术广泛使用各种视听设备（如幻灯、投影、录像、电视等），采用基于计算机多媒体技术的多媒体教学形式，采用基于Internet及其他网络技术的网络教学形式等，在教学中体现虚拟现实性和视听感知性相结合的特点，达到增强教学资料直观性，加深学生感知和理解，激发学生学习兴趣的作用，从根本上改变了教学信息的呈现方式和课程架构方式，实现了教学形式的多样性，提高了整个教学的质量和效率。

微格教学是在一个有效控制的系统中，借助各种现代化的教学技术和手段来完成受训者教学技能的培训。从各方面来看，微格教学都是在现代教育技术理论和系统科学理论的指导下完成整个系统的运行的。

第二节　微格教学的应用要点

在微格教学过程中，要合理运用好已有的教育教学理论和技术，让这些成熟的教学理论指导整个微格教学。在微格教学训练时，首先，要做到以指导教师为中心，这属于行为主义学习理论的范畴，指导教师在微格教学中都具有重要的不可替代的作用，指导教师在整个微格教学中要组织、引导、帮助受训者完成各个环节的实践，还要监控整个微格教学的进行过程，只有坚持指导教师的作用，微格教学才能按照规定的模式顺利进行。其次，在强调指导教师作用的同时，不能仅仅停留在这种行为主义学习理论的层面，必须注意综合运用建构主义学习理论和人本主义学习理论，即在微格教学过程中，既要承认和重视受训者作为认知主体的作用，也要尊重受训者自身的认知规律，要充分发挥受训者构建自我知识经验的能力。在微格教学中，指导教师既要通过播放示范录像、创建模拟教学环境等手段为受训者营造一定的外部环境，刺激受训者产生相应的学习行为，促使他们模仿指导教师的优秀教学行为和相关经验，同时，也要为受训者留出一定的自我学习空间，帮助受训者将获得的知识、技能和经验进行内化，完成构建和迁移的过程，充分发挥微格教学的训练效果。受训者在训练过程中应该做到以下几个要点。

（1）掌握基本理论和技能：要明确它们的定义、结构、意义、目的、作用、功能、特点等基本知识，在这些基础上还要深入了解教学技能训练的步骤程序、训练中的要点等方法信息，只有从理论和实践两方面入手，才能更好地形成受训者自己的知识体系，并完成相关知识的建构和经验迁移。

（2）重视角色体验的作用：在教学中，师生都应该明确角色扮演的作用和效果，教师要按照教学内容和情境的不同让学生进行角色扮演，而学生通过角色体验加深了知识，提高了能力，而且通过角色扮演，还能改善课堂单一的教学模式，提高教学效率和教学质量。

（3）注意教学经验的转化：在微格教学中，受训者要观摩专家和优秀教师的示范录像，然后进行自己的角色演练，受训者会很容易地对示范录像进行机械式的模仿，这时指导教师要注意引导受训者，要帮助受训者分析示范者的心理活动和决策过程，让受训者了解这些心理行为方式，而不是简单地模仿外在动作，最终提高受训者的教学能力。

（4）做好"教学"实践：在师生都做了充分准备的情况下，实践是将理论知识转化为感性认识的关键阶段，受训者要通过实践将这些知识和经验内化，在指导教师的帮助下，通过不断的感悟，形成自己对于各种教学技能的认知，并通过实践熟练掌握各种教学技能。

同时，指导教师要结合现代教育教学理论，充分合理地利用各种现代化视听教学设备，在为受训者提供充足的学习资源的同时，为受训者创造一个高效的交流学习环境。

第三节　微格教学的基本思路

一、微格教学的程序

微格教学的程序是：受训者撰写细分后的微格教案—将受训者分为小组

（每组 7 人左右）—教师指导片段教学（10 分钟左右）—指导教师和组员共同观看片段教学录像—组员讨论后相互评议，教师总结—被点评者不断改进，并重复教学直到达到目标。小组的每个成员经过以上的整个程序后，基本掌握了各种常用教学技能，从而提高他们的教学能力和教学质量。

微格教学的目标就是要培养和提高受训者的教学技能，让受训者能够掌握基本的教学技能，提高他们的教学能力。为了实现这个目标，按照微格教学模式的规定，微格教学要遵循一套严格的模式方法，具体如下。

(1) 将整个教学过程进行细分，细分为单项的教学技能。

(2) 通过相关的理论书籍对这些教学技能进行学习，学习之后要将理论和实践相结合，对每一个单项的教学技能进行逐个训练。

(3) 要根据教学目标，结合教学过程、教学安排、所要训练的技能等合理地设计微型训练课，在每个微型训练课中主要训练某一技能，设计微型训练课的时候要注意，微型训练课只是现实中一节课的一部分，因此微型训练课的时间要短，教学内容要少，只应主要关注某一方面的内容，不要求做到面面俱到。

二、微格教学的阶段

微格教学结合了现代教学理论和现代教育技术理论，在现代化视听技术的辅助支持下，可以让受训者集中训练以解决某个特定问题，是一种在可控教学环境下培训和提高受训者课堂教学技能的教学方式。微格教学一般有以下几个阶段。

(1) 课前阶段：在该阶段，首先，指导教师要安排受训者阅读参考书目，要让受训者通过对现代教育理论的综合分析，形成自己的认识。其次，授课教师要组织受训者进行讨论，加深和巩固相关理论基础。最后，指导教师要安排受训者观看示范课录像，并与受训者一起就课堂教学技能的各方面进行讨论。

(2) 实践阶段：该阶段体现了微格教学的特色，首先是受训者进行微格片段模拟教学，然后受训者对比自己的教学录像与示范录像，对各种课堂教学技能进行探索。如何做到正确评价是能否顺利达到本阶段目标的重要保障，包含两个方面：一是小组同学要对主讲者的表现进行集体评价；二是主讲者要进行自我评价，这样从主客观两方面进行的评价更有助于主讲者认识自我和改进教学。

(3) 总结阶段：在该阶段，指导教师要根据学生在训练中选择的教学技能情况，通过与学生的讨论，帮助学生通过分析总结，寻找到符合学生自身教学特点的教学技能组合。

三、微格教学的特征

微格教学的实施过程是以现代学习理论、教学理论、现代教育技术理论及系统科学理论为指导的教学技能训练过程。它具有以下的教学基本特征。

（1）理论实践结合。微格教学中的一系列实践活动可以使相关的教育教学理论、心理学理论得到具体的贯彻和应用。这种理论与实践紧密结合的教学方法提高了学生对教学法课程的学习兴趣。

（2）学习重点突出。由于采用微型课堂的形式进行实践教学，所用时间短，学生人数少，只集中训练一两个教学技能，有利于受训者明确学习目的，便于把精力集中放在重点上。

（3）信息反馈直观。采用现代信息技术对学生的行为进行记录，能及时、准确、形象地获取反馈信息，可大大提高训练的效率。

（4）发挥学生作用。微格教学坚持以学生为主体、以指导教师为主导、以训练为主线的原则，这有利于学生创造性思维的培养。

四、微格教学的变化

微格教学模式规定了微格教学的步骤、训练小组的分组要求、设备要求等，这样固然可以规范微格教学的标准，保证教学质量，但同时教师和受训者都遵循这个模式规定，就必然缺少方式方法上的灵活变化，按照这样的方式进行的微格教学活动，得到的效果并不令人满意。因此，在遵循微格教学的相关规范的同时，应该有灵活的变通，打破这些固有的模式，注意在教学中的各种教学方式和方法的变化与创新，采用多样化的方式方法，研究各种多媒体设备的革新运用方式，以求更好的教学效果。在微格教学方法变化和创新时，应注意以下几点。

1. 以学生为中心

要遵循现代教育技术的基本指导思想，要以学生需求为中心，要坚持以学生为中心，发挥学生的积极性和主动性，这就要求指导教师在课前要充分

地向学生讲解微格教学的概念、特点、实践程序等,要让学生认知到微格教学在培养和提高讲学方面的必要性,这样学生才能做好充分的心理准备,并在实践中体现积极主动性。

2. 因人因材施教

要充分考虑到不同受训者的不同特点,针对受训者在微格教学过程中的不同表现和特点,不能"一刀切",要因人而异,因材施教。

3. 关注每个环节

要结合教学目标、内容、受训者特点来决定教学活动的各个环节。在微格教学的各个环节中,要注意各种手段的结合使用,或者可以将原有的一些程序步骤交叉颠倒,例如,在观摩录像环节,不要单纯让受训者观看录像,指导教师可以与他们进行讨论,并进行分析讲解;在评估反馈环节,可以将播放录像和评价分析这两个步骤互换,可以减少受训者的枯燥感,激发受训者的兴趣,加深受训者学习印象。

总之,微格教学方式方法的创新要充分结合传统教学和现代教学的理论与手段,并尽量做到方式方法的多样化,通过不断的探索研究,力求整体上提高教学活动、教学效果和教学质量。

第四节 微格教学的基本步骤

微格教学的基本步骤包括学习相关知识、确定训练目标、观摩示范、分析与讨论、编写教案、角色扮演与微格实践、评价反馈、修改教案等步骤。具体步骤分别简述如下。

(1)学习相关知识:微格教学是在现代教育理论指导下对教师教学技能进行模拟训练的实践活动。在实施模拟教学之前应学习微格教学、教学目标、教学技能、教学设计等相关内容。通过理论学习形成一定的认知结构,利于以后观察学习内容的同化与顺应,提高学习信息的可感受性及传输效率,以促进学习的迁移。

(2)确定训练目标:在进行微格教学之前,指导教师首先应该向受训者讲清楚本次教学技能训练的具体目标、要求,以及该教学技能的类型、作用、功能,以及典型事例运用的一般原则、使用方法及注意事项。

(3)观摩示范资料:为了增强受训者对所培训技能的形象感知,需提供生动、形象和规范的微格教学示范片（带）或教师现场示范。在观摩微格教学片（带）过程中，指导教师应根据实际情况给予必要的提示与指导。示范可以是优秀的典型，也可利用反面教材，但应正面示范为主。如若可能，应配合声像资料提供相应的文字资料，以利于对教学技能有一个理性的把握。要注意培养受训者勤于观察、善于观察的能力，吸收、消化他人教学经验的能力。

（4）分析讨论范片：在观摩示范片（带）或教师的现场示范后，组织受训者进行课堂讨论，分析示范教学的成功之处及存在的问题，并就"假使我来教，该如何应用此教学技能"展开讨论。通过大家相互交流、沟通，集思广益，酝酿在这一课题教学中应用该教学技能的最佳方案，为下一步编写教案做准备。

（5）编写详细教案：当被训练的教学技能和教学目标确定之后，受训者就要根据教学目标、教学内容、教学对象、教学条件进行教学设计，选择合适的教学媒体，编写详细的教案。教案中首先说明该教学技能应用的构想，还要注明教师的教学行为、时间分配及可能出现的学生学习行为及对策。

（6）扮演实践角色：角色扮演是微格教学中的重要环节，是受训者训练教学技能的具体教学实践过程。即受训者自己走上讲台讲演，扮演教师，因此被称作"角色扮演"。为营造出课堂气氛，由小组的其他成员充当学生。受训者在执教之前，要对本次课做一简短说明，以明确教学技能目标，阐明自己的教学设计意图。讲课时间视教学技能的要求而定，一般 5～10 分钟。整个教学过程将由摄录系统全部记录下来。

（7）自评点评反馈：评价反馈是微格教学中最重要的一步。在教学结束后，必须及时组织受训人员重放教学实况录像或进行视频点播，由指导教师和受训者共同观看。先由试讲人进行自我分析，检查实践过程是否达到了自己所设定的目标，是否掌握了所培训的教学技能，指出有待改进的地方，也就是"自我反馈"。然后指导教师和小组成员对其教学过程进行集体评议，找出不足之处，教师还可以对其需改进的问题进行示范，或再次观摩示范录像带（片），以利于受训者进一步改进、提高。

（8）总结修改完善：评价反馈结束后，受训者需总结、修改、完善教案，再次实践。在单项教学技能训练告一阶段后，要有计划地开展综合教学技能训练，以实现各种教学技能的融会贯通。

微格教学的最主要功能是可以让受训者进行技能训练。微格教学的典型程序包括示范教学、观摩教学和教学实况转播与录像等多个环节，为方便操作，特将具体环节和相应的要求归纳于表 3-1。

表 3-1　微格教学的主要环节和要求

环节	具体要求
1. 理论学习	因为微格教学中进行的是片段教学训练，所以首先要做的是将一个完整的教学过程进行片段细分，在进行划分和后续编写微型课教案的过程中要涉及一定的教育学理论、各种技能理论，还要结合教学目标、学习者特点等综合考虑，因此受训者要先掌握一定的理论基础才能为后续的各个阶段工作打下坚实的基础，本环节主要完成的就是理论学习和研究
2. 观摩讨论	为了让受训者在实际训练前明确训练的目标和要求，指导教师要向受训者播放专家和教师的优秀示范录像，播放后指导教师要带领受训者小组进行探讨，通过观看录像和探讨，受训者要明确所要训练的技能和其他一些要求
3. 编写微型课教案	微格教学是把课堂教学的整个过程分解为不同的片段，在每个片段中进行单项教学技能的训练，在受训者明确了需要训练的技能后，他们就要选择合适的教学内容进行片段教学，此时受训者要根据事先设定的教学目标来进行教学设计，并写出较详细的教案。所编写的微型课教案与传统意义上的教学教案不同，要有自己的特点，首先是在时间上必须要简短，其次是在细节上的不同，例如，微型课教案要有明确的教学目标，要标明每一个教学行为对应的教学技能，预先判断学生学习行为和对策、教学过程的时间分配等细节信息
4. 模拟实践	微格课的课堂由指导教师（真实的教师）、受训者（扮演教师角色）、小组成员（扮演学生角色和点评者角色）、设备操作人员共同组成。教师角色受训者在微格实训室中进行 5～10 分钟的试讲，训练 2 种教学技能，在训练前，该受训者首要先对自己试讲过程中要训练的技能进行简短说明，介绍教学内容和教学设计思路，然后开始试讲过程，在试讲过程中，要全程进行录像记录
5. 评价反馈	指导教师及受训小组全体成员共同观看某一受训者的试讲录像。进行试讲的受训者要进行检查，一是检查试讲是否达到了预期的效果和目标，二是检查所要训练的技能是否掌握。同时指导教师和受训小组成员也要根据听课和所观看录像的情况，检查试讲者是否达到了他自己所述的目标，并要通过小组讨论，向试讲者提出试讲者存在的问题，给出试讲者努力的方向，因为小组每个成员都是从不同的角度出发，所以他们给出的观点和建议更客观，更能体现实际环境中不同学习者的特点。该阶段有定性评论法和定量量表法，根据情况灵活使用
6. 循环反复	试讲者根据评价和反馈的结果，针对指出的问题，再修改教学设计和微型课教案，并重新进行微格教学实践，试讲后再听取小组意见和建议，再次修正和试讲，直到达到预定目标，掌握预定技能后换下一个受训者，再反复进行以上步骤。受训者不断修改微型课教案，重新实践试讲的过程就是受训者教学技能不断改进完善和提高的过程，片段教学的训练和单个教学技能的掌握为受训者将来进行真实教学奠定了坚实的基础

第五节 微格教学的设计理论

微格教学设计是以微格教学过程为研究对象，用系统方法分析和研究教学问题与教学需求，设计解决相应微格教学问题的方法和步骤，建立微格教学试行方案，评价教学效果并修改试行方案的计划过程和操作程序。因此，微格教学设计的优劣对于微格教学有效性的高低起着决定性的作用。

与普通教学设计相仿，微格教学设计也是建立在学习理论、传播理论、系统科学理论基础上的，本节将介绍的是几个主要理论[1]。

一、认知学习理论

从教育心理学的角度看，当今的学习理论主要包括加涅的学习层次论、布鲁纳的认知发现说、奥苏贝尔的认知同化论等。

（一）加涅的理论（层次论）

加涅的理论也就是学习层次论，他将学习层次论运用于教学设计，受到了当时业界人士的着力推崇。学习层次论也叫累积学习理论，其基本原则是"温故而知新"，基本论点为：学习任何一种新知识或者技能，都是以已经习得的、从属于它们的知识技能为基础和前提的。可按两种参考标准划分，即按学习水平和按学习结果（教学目标）划分。

一是按学习水平划分，加涅根据学习情境由简单到复杂、学习水平由低级到高级的顺序，把学习分成 6 类。

（1）连锁学习，包括信号学习、刺激—反应学习、动作连锁学习、言语联结学习。

①信号学习。信号学习的条件有二：一是信号刺激与无条件刺激必须同时出现；二是信号刺激与无条件刺激必须多次配对重复出现。

②刺激—反应学习。刺激—反应的条件有三：一是学生做出特定的反应后必须给予强化；二是学生做出反应之后应立即给予强化，反应与强化之间时间越短，学习发生得越迅速；三是刺激情境必须多次出现。学生的行为是

---

[1] 本节基础理论摘自刘宗南主编的《微格教学概论》。

逐渐习得的,反应在学习过程中渐趋精确。

③动作连锁学习。动作连锁学习也称动作链索,是指凡按顺序地将两个或两个以上的刺激—反应联结组合成的一系列行动。

④言语联结学习。言语联结学习通常称为言语联想,也称言语链索学习。言语联想即根据言语刺激与反应行为的顺序组合而成的反应。

(2) 辨别学习,它实质上是一种知觉学习,即做出知觉的分化。一般可采取两种解决办法:一种是连续不断地、一个个地学习单一的辨别,然后再打乱顺序让学生一个个地辨别,最后让他们回想;另一种是在开始时夸大这些刺激之间的不同之处,然后逐渐缩小差别直到变成正常差别为止。有证据表明,这两种办法联合起来使用效果最佳。

(3) 具体概念学习,是指可以通过具体对象来表示的,是直接观察得到的。具体概念学习的前提条件是学生已具备了辨别能力,因为概念学习通常涉及对基本辨别的概括。

(4) 定义概念学习,是指必须通过定义来学习。定义概念学习要求学生事先掌握作为定义的组成部分,同时还需掌握语法规则。

(5) 规则学习,学生要掌握规则,首先要理解构成该规则的概念,否则就不可能充分理解该规则的含义。教师需引导学生回忆组成该规则的一些概念,提供该规则的一些事例。在陈述规则之后,要让学生做些练习,以证实学生是否已学会了这个规则。最后可采用间隔复习的形式,这对增强保持有明显的作用。

(6) 解决问题学习,即问题解决或高级规则学习。学习规则的目的是利用它们来解决问题。人们为了解决问题,常常需要把一些简单的规则组合成复杂的、高级的规则,而且许多问题可以有一系列可能的解决办法。因此,学生在获得行之有效的解决办法的过程中也形成了一种新的能力,即把他们学到的东西用于解决其他类似问题的能力。这意味着他们已经习得了一种新规则。为了解决问题,学生必须识别问题的基本特征,并能够回忆起已学过的与之相关的规则及信息。教师的引导往往是必需的。由于问题解决过程可能包括许多步骤,因此整个过程需要有一定的时间。

二是按学习结果(教学目标)划分,加涅认为,因为教学是为了达到特定的教育教学目标而进行的,教学设计的最佳途径是根据教学目标来安排教学工作的。对教学目标的分类,也就是对学习结果的分类,即按学生在学习后所获得的各种能力来分类,他在总结上述6类学习的基础上,进一步提出了以下4种学习类型。

(1)理智技能。理智技能又称为智慧技能,主要指运用概念和规则办事的能力。它包括5个小类:一是辨别,也即区分事物差异的能力;二是具体概念,也即识别同类事物的能力;三是定义性概念,也即运用概念定义对事物分类的能力;四是规则,也即当原理或定律指导人的行为,按原理或定律办事时,原理或定律变成了规则;五是高级规则,即由若干简单规则组合而成的新规则。理智技能是学校教育中最基本、最普遍的教育内容,包括最基本的语言技能到高级的专业技能。

(2)认知策略。简单而言,认知策略是指运用有关人们如何学习、记忆、思维的规则支配人的学习、记忆或认知行为,并提高其学习、记忆或认知效率的能力。在教学的视野下,认知策略是学生用来指导自己注意、学习、记忆和思维的能力。

(3)动作技能。动作技能指通过练习获得、按一定规则协调自身肌肉运动的能力。动作技能的一个显著的特点是,只有经过长期不断地练习,才能日益精确和连贯。只有当学生不仅能完成某种规定的动作,而且这些动作已被组织成一个连贯的、精确的和在一定时间内完成的完整动作时,才能说他已获得了这种技能。

(4)个体态度。态度是指个体对社会事物所持有的心态,包括判断、评价和行为倾向。态度既是一种影响和调节一个人行动的内部状态,也是一种学习的结果。

(二)布鲁纳的理论(发现论)

布鲁纳的经典理论也就是认知发现说,也被称为发现论。布鲁纳认为学习是一个认知过程,是学习者主动地形成认知结构的过程。他主张教学中教师组织和引导学生自己去探索、去发现,同时强调在教学过程中,教师必须提供若干体现概念或规律的例证材料,学生理当积极思维,亲自探索和主动研究,并将事物整理归纳,从而成为"发现者"。发现学习就是让学生独立思考、组合材料,自行发现知识,掌握原理、原则的过程。布鲁纳所说的掌握学科的基本结构包括:一是指掌握该学科的基本知识结构;二是指掌握学习该学科的态度和方法。学科的基本知识结构对学生的学习尤其重要,这主要表现在:掌握一门学科中最基本的概念、原理及其内在的逻辑联系;掌握学科的基本知识结构有利于该学科知识的长期保持和检索；掌握最基本的概念和原理有利于学习迁移的发生；掌握具有再生能力的基本知识结构有利于培养学习的内部动机。布鲁纳的基本观点主要表现在以下3个方面。

1. 学习是主动地形成认知结构的过程

认知结构是指某种反映事物之间稳定联系或关系的内部认知系统，或者说是某一学习者的观念的全部内容与组织。人的认识活动按照一定的顺序形成，发展成对事物结构的认识，就形成了认知结构，这个认知结构就是类目及其编码系统。

布鲁纳认为，人是主动参加获得知识的过程的，会主动对进入感官的信息进行选择、转换、存储和应用。也就是说，人是积极主动地选择知识的，是记住知识和改造知识的学习者，而不是一个知识的被动接受者。布鲁纳认为，学习是在原有认知结构的基础上产生的，不管采取的形式如何，个人的学习都是通过把新得到的知识和原有的认知结构联系起来，积极地建构新的认知结构。

布鲁纳认为学习包括3个几乎同时发生的过程，这3个过程是：新知识的获得、知识的转化、知识的评价。这3个过程实际上就是学习者主动地构建新认知结构的过程。

2. 强调对学科基本结构的掌握和学习

布鲁纳非常重视课程的设置和教材建设，他认为，无论教师教授什么学科，务必要使学生理解学科的知识结构，即概括了的基本原理或思想，也就是要求学生以有意义的联系起来的方式去理解事物的结构。布鲁纳之所以重视学科的基本结构的学习，是受他的认知观和知识观的影响。他认为，所有的知识都是一种具有层次的结构，这种具有层次结构性的知识可以通过一个人发展的编码体系或结构体系（认知结构）而表现出来。人脑的认知结构与教材的基本结构相结合会产生强大的学习效益。如果把一门学科的基本原理学透了，则有关这门学科的特殊问题也就不难理解了。

在教学当中，教师的任务就是为学生提供最好的编码系统，以保证这些学习材料具有最大的概括性。布鲁纳认为，教师不可能给学生讲遍每个事物，要使教学真正达到目的，教师就必须使学生能在某种程度上获得一套概括了的基本思想或原理。这些基本思想、原理，对学生来说，就构成了一种最佳的知识结构。知识的概括水平越高，知识就越容易被理解和迁移。

3. 通过主动发现形成认知结构

布鲁纳认为，教学一方面要考虑人的已有知识结构和教材的结构；另一方面要重视人的主动性和学习的内在动机。他认为，学习的最好动机是对所学材料的兴趣，而不是奖励竞争之类的外在刺激。因此，他提倡发现法，以便使学生更有兴趣、更自信地主动学习。

发现法的特点是注重学习过程胜于学习结果。具体知识、原理、规律等让学习者自己去探索、去发现，这样学生便积极主动地参加到学习过程中去，通过独立思考，改组教材。学习中的发现确实能影响着学生，使之成为一个构造主义者。学习是认知结构的组织与再组织。他既强调已有知识经验的作用，也强调学习材料本身的内在逻辑结构。布鲁纳认为发现学习的作用有以下几点：①提高智慧的潜力；②使外来动因变成内在动机；③善于发现；④有助于对所学材料保持记忆。

（三）奥苏贝尔理论（同化论）

奥苏贝尔的代表理论是认知同化论，他认为影响学习的最重要因素是学生已有的认知结构，他强调学生的学习应该是有意义地接受学习，这种学习是通过新知识与学生认知结构中的有关观念相互作用而进行的，其结果是新旧知识意义的同化，其实质是新知识与学习者认知结构中已有的适当观念建立起实质的、非人为的联系，从而使认知结构不断发展。奥苏贝尔的主要观点如下。

一是学习是内部心理机制的观点，有意义学习的内部心理机制是同化，同化实质上是新知识通过与已有认知结构中起固定作用的知识或观念之间的相互作用。根据新旧观念的概括水平及其联系方式不同，划分了3种同化模式。

（1）下位学习：当认知结构中的原有的有关观念在包摄和概括水平上高于新观念时，新旧观念（或知识）之间构成类属关系，或称为下位关系。这时新旧知识之间的相互作用过程称为"下位学习"。

（2）上位学习：当学习者的认知结构中已经形成了几个概念，新的学习要在几个原有概念的基础上设置一个包摄性更广、概括水平更高的概念或命题时，就产生"上位学习"。

（3）并列结合学习：当新的知识与认知结构中的原有的观念既不能产生从属关系，又不能产生上位关系，而只是并列关系，这种学习称为并列结合学习。有意义学习过程就是个体从无意义到获得意义的过程。这种个体获得的意义又叫心理意义，以区别于材料的逻辑意义。所以有意义学习过程也就是个体获得对有意义的材料的心理意义的过程。有意义学习是以同化方式实现的。

二是先行组织者作用的观点，先行组织者是教师在讲授新知识之前，给学生提供一些相关的和包摄性最广的、最清晰稳定的引导性材料。包括比较性组织者和陈述性组织者。

（1）比较性组织者：与新知识类似或相邻近的认知结构中的知识，通过比较提高可辨别性，促进对新知识的理解。

（2）陈述性组织者：为新的学习提供最适当的类属者。

先行组织者的作用：在新旧知识之间搭建桥梁——为新的学习提供上位的固定点，增进新旧知识之间的可分辨性。

三是奥苏贝尔的其他观点，主要有以下几个。

（1）新的学习材料本身具有逻辑意义，教材须符合此要求。

（2）强调知识基础，学习者认知结构中具有同化新材料的适当知识基础，方可与新知识进行联结。

（3）学习者还必须具备有意义学习的心态，即积极地将新旧知识关联起来的倾向。

（4）学习者必须积极主动地使这种具有潜在意义的新知识与认识结构中的旧知识发生相互作用。

二、信息传播理论

传播的含义是指信息的共享、利用信息施加影响和诸多相关信息的互动，传播含义的层次性导致了传播模式的多样性。

传播学是研究人类一切传播行为和传播过程发生、发展的规律及传播与人和社会的关系的学问，是研究社会信息系统及其运行规律的科学。简言之，传播学是研究人类如何运用符号进行社会信息交流的学科。传播学又称传学、传意学等。由于传播是为了传递和共享信息，相互影响而进行的一种信息交流的活动和过程，是人的一种基本社会功能，所以，是研究人与人之间关系的科学，如政治学、经济学、人类学、社会学、教育学、心理学、哲学、语言学、语义学、神经病学等，都与传播学相关。它运用社会学、心理学、政治学、新闻学、人类学等许多学科的理论观点和研究方法来研究传播的本质和概念，传播过程中各基本要素的相互联系与制约，信息的产生与获得、加工与传递、效能与反馈，信息与对象的交互作用，各种符号系统的形成及其在传播中的功能，各种传播媒介的功能与地位，传播制度、结构与社会各领域、各系统的关系等。传播学研究的重点和立足点是人与人之间如何借传播的作用而建立一定的联系。

在教育教学领域中，比较有代表性的传播模式是控制论模式。控制论的基本方法主要有3种：黑箱方法、功能模拟方法及反馈方法。

（1）黑箱方法：对于大众传媒机构而言，一般采取黑箱的方法，对其输入和输出进行研究，从而达到认识的目的。

（2）功能模拟方法：传播学上的控制实验法是一种典型的功能模拟法，它通过建立一种预设的理论模型（式）来间接地研究原型，是美国主流传播流派主要采用的方法。

（3）反馈方法：控制论的反馈方法是从反馈基本概念发展而成的。这种以系统活动的结果来调整系统活动的方法称为反馈方法。它的特点是根据过去的操作情况去调整未来的行为。从传播行为来看，正是从受者反馈来的信息作用于传者，并对传者的下次传播行为（未来）产生影响，从而调整传者的传播行为。

控制论模式注重人际传播或群体传播，即注重双向和相互作用的传播，强调在任何研究中都必须同时重视信息来源（教师）和接收者（学生），这也正是教育界长期探讨的话题。该模式对当前的信息化教学具有重大的指导作用。信息化教学实际上是一种信息的传播活动，传播学作为信息化教学的理论基础被教育界所公认。例如，传播的经济性原则，即能够用简单手段传播的信息，不要使用复杂手段传播，该原则对于信息化教学具有重要的指导意义。

微格教学虽然是微型教学，但是也是教学的一种形式，无非需要遵从传播学规律，而微格教学设计必然受到传播理论的影响。例如，教师如何控制这个教学过程，怎样传播学科知识？影响学生接受知识信息的因素有哪些？传授教学信息的最佳方法是什么？只有把传播学基本原理和观点应用于微格教学，才能更好地把握微格教学设计的内容和过程。

三、系统科学理论

系统科学是以系统为研究和应用对象的一门科学。系统是由相互联系、相互作用的要素（部分）组成的具有一定结构和功能的有机整体。英文中系统一词"system"来源于古代希腊文"σύστημα"，意为部分组成的整体。系统科学是以系统为研究对象的基础理论和应用开发的学科组成的学科群，包括系统论、控制论和信息论，它们是 20 世纪 40 年代先后创立并获得迅猛发展的 3 门系统理论的分支学科。人们摘取系统论、控制论和信息论的英文名字的第一个字母，把它们称之为 SCI 论。SCI 论是一个相互关联的整体，由 SCI 论出发，可将系统科学理论归纳为反馈原理、有序原理和整体原理。

（一）系统科学理论简介

系统论、信息论、控制论俗称"老三论"，下面对其进行详细的介绍。

1. 系统论

系统是同类事物按一定的关系组成的整体。系统论是研究系统的一般模式、结构、原则和规则的理论，并对其功能进行教学描述的一门学科。它研究各种系统的共同特征，用教学方法定量地描述其功能，寻求并确立适用于一切系统的原理、原则和教学模型，是具有逻辑和教学性质的一门新兴的科学。

系统论的核心思想是系统的整体观念。系统论创始人美籍奥地利人贝塔朗菲（L. Von Bertalanffy）强调，任何系统都是一个有机的整体，它不是各个部分的机械组合或简单相加，系统的整体功能是各要素在孤立状态下所没有的功能。他用亚里士多德的"整体大于部分之和"的名言来说明系统的整体性，反对以局部说明整体的机械论的观点。同时认为，系统中各要素不是孤立地存在着，每个要素在系统中都处于一定的位置上，起着特定的作用。要素之间相互关联，构成了一个不可分割的整体。要素是整体中的要素，如果将要素从系统整体中割离出来，它将失去要素的作用。正如手在人体中是劳动的器官，一旦将手从人体中砍下来，那时它将不再是劳动的器官了一样。

系统论的基本方法就是把研究对象当作一个系统来看待，分析它的结构和功能，研究系统、要素、环境三者的相互关系和变动的规律性，从优化系统观点看问题。系统论的任务除了在认识系统自身特点和规律的同时，还要利用这些特点和规律去控制、管理、改造或创造一个新系统，使它的存在与发展符合人的各种需要。

2. 信息论

信息论是运用概率论与数理统计的方法研究信息、信息熵、通信系统、数据传输、密码学、数据压缩等问题的应用数学学科。信息系统就是广义的通信系统，泛指某种信息从一处传送到另一处所需的全部设备所构成的系统。传统的通信系统如电报、电话、邮递分别是传送电文信息、语声信息和文字信息的；而广播、遥测、遥感和遥控等系统也是传送各种信息的，只是信息类型不同，所以也属于信息系统。

信息论的研究范围极为广阔。一般把信息论分成 3 种不同类型。

①狭义信息论：狭义信息论是一门应用数理统计方法来研究信息处理和信息传递的科学。它研究存在于通信和控制系统中普遍存在着的信息传递的共同规律，以及如何提高各信息传输系统的有效性和可靠性的一门通信理论。

②一般信息论：一般信息论主要是研究通信问题，但还包括噪声理论、信号滤波与预测、调制与信息处理等问题。

③广义信息论：广义信息论不仅包括狭义信息论和一般信息论的问题，而且还包括所有与信息有关的领域，如心理学、语言学、神经心理学、语义学等。

信息论启发人们要用信息方法分析教育教学系统，因为教学过程实际上是教学信息的传递过程。教学设计非常关注如何对教学信息进行分析、处理和传递等问题，而信息论为解决这些问题提供了很好的思路与方法。

结合教育心理学，从信息论中人们可以得知：人的大脑记忆功能是可以提高和改善的，尽管大部分人的大脑利用率还不足 10%；在微格教学中尽量避免学生产生瞬时记忆和短时记忆，尽量让学生在上课过程中产生长时记忆；在微格教学中，基本要务是对讲解概念理解和运用，在整个过程中要注意知识和记忆之间的转化关系，在微格教学后，要给受训者思考、理解和创造的时间与空间。

3. 控制论

控制论的思想和方法已经渗透到了几乎所有的自然科学和社会科学领域，它是研究包括人在内的生物系统、非生物系统（如工程系统、化工系统、通信系统、经济系统等）内部的通信、控制和调整的学科。1948 年美国数学家维纳（N. Wiener）发表的《控制论》一书奠定了这门新兴学科的理论基础。它着重于研究过程中的数学关系，综合研究各类系统的控制、信息交换、反馈调节的科学，是跨及人类工程学、控制工程学、通信工程学、计算机工程学、一般生理学、神经生理学、心理学、数学、逻辑学、社会学等众多学科的交叉学科。控制论的基本概念是信息概念和反馈概念。

（二）系统科学的三大原理

基于以上讲解，导出系统科学理论的三大原理：反馈原理、有序原理和整体原理。

1. 反馈原理

反馈又称回馈，是现代科学技术的基本概念之一。一般来讲，控制论中的反馈概念，指将系统的输出返回到输入端并以某种方式改变输入，进而影响系统功能的过程，即将输出量通过恰当的检测装置返回到输入端并与输入量进行比较的过程。反馈可分为负反馈和正反馈。在其他学科领域，反馈一词也被赋予了其他的含义，如传播学中的反馈、无线电工程技术中的反馈等。或者说，没有反馈信息的系统，要实现有效的控制，从而达到预期的目的是不可能的。从信息的输入到信息的输出，再反馈到信息的输入，形成了一个闭合回路。

没有反惯信息的非闭合回路，不可能实现控制。施控系统正是根据反馈信息的量才能比较、纠正和调整它发出的给定信息的量，从而实现对被控对象的控制。反馈原理表明，在课堂教学中，要实现教学目标，只有通过设问、测试、练习、感知、活动等方式反馈信息，才能发现教学中存在的问题、修正教学策略、改进教学方法、提高教学质量，微格教学的设计亦是如此，如果没有过程控制和反馈机制，每一个微格教学环节是否实施或有效将难以验证。

2. 有序原理

世界上任何一个系统都是有序的，当某个系统对外开放，与外界有信息互换时才有可能走向有序。所谓有序，是指信息量走向增加，组织化程度走向提高。系统由低级向高级演化，则是有序，反之是无序。人类学习、记忆的过程是有序的，荒废和遗忘的过程则是无序的。

有序原理要求微格教学系统是一个开放系统，同时要求教学中要最大限度地引导学生思考和探索问题，使大脑成为信息中转的系统，这样才能促进学习的进步和教育的发展。微格教学作为课堂教学系统的子系统，应该采用开放式的研究，不断融入本学科内新观点、新方法和新技能，不断发展、完善，升级，甚至演化。

3. 整体原理

整体原理是指系统是由若干要素组成的具有一定新功能的有机整体，各个作为系统子单元的要素一旦组成系统整体，就具有独立要求所不具有的性质和功能，形成了新的系统的质的规定性，从而表现出整体的性质和功能大于各个要素的性质与功能相加。但是任何系统只有通过相互联系形成整体结构才能发挥整体功能，或者说，没有整体联系、没有整体结构，要使系统发挥整体功能是不可能的。

整体原理告诉我们，在研究某个问题（系统）时，需要从整体和全局出发，不仅要注意发挥问题中各子问题的功能和结构，还要注意发挥各子问题相互作用后产生的新问题（功能或结构）。在微格教学中，要求受训者在教学中不仅要传播知识，还要培养学生科学解决问题的态度和能力，帮助学生产生知识联结，形成合力，最大化地提高学生的知识结构水平和能力。

研究一个复杂的系统，必须研究其组成部分（各子系统），实质上是研究它的要素、结构和功能的相互关系，通过信息的传递和反馈来实现子系统之间的联系。虽然微格教学是一个完整教学的子单元，但它实际上是一个很复杂的系统，一方面应将微格教学作为一个整体加以分析研究，同时注意它与教学系统的关系；另一方面应将构成微格教学的每个元素及其功能分解开来，研究某几个元素或者功能之间的关系，特别是联结关系，为不断优化微格教学做铺垫。

四、教学艺术理论

如果说学习理论、传播理论和系统科学理论是微格教学设计的基础理论，那艺术理论就是微格教学设计的高级理论。世界上任何设计如果缺乏艺术感、省去形而上的成分，那么这个设计就是失败的，因为它不会被广大受众所观察、吸收乃至应用。

艺术理论是对于艺术现象及其规律进行概括和总结的一门人文科学。在实施教学之前，重视教学技能是非常重要的，不打好扎实的基本功，掌握熟练的上课技巧，将来很难进行教学设计。因此，除了有高超的教学技能外，还要有思想，这就需要艺术理论的学习。

教课是一门艺术，理论是时间的产物，艺术理论则是人类广泛的艺术（授课）实践经验的概括和总结，艺术理论就是要根据历史和现实，从古今中外大量的艺术创作和实践经验中把一些规律性的东西总结出来，用以指导教师（也就是所谓的艺术家）的创作实践；通过对艺术相关理论的学习，能够较系统、全面地把握授课艺术的基本原理、原则，把握教育艺术发展的客观规律，树立正确的创作思想，进而树立教学设计的艺术观，以便设计出优秀的微格作品。

教学设计的艺术观认为，对同样的教材和教学对象，不同的教师授课效果不同，即便是同一位教师，身处不同的教学环境中，其教学效果也大相径庭。这也说明教学带有较强的艺术性。而教学设计绝对不是一项纯技能的工作，它也包含着深刻的艺术性。因此，微格受训者绝对不能只靠知识和经验，他还应该成为一个具备高素养、富有创造力的教学艺术家。

>>> 本章作业

一、问答题

1. 微格教学涉及的基础理论有哪些？
2. 受训者在微格训练过程中应该注意些什么要点？
3. 微格教学的基本特征有哪些？
4. 微格教学的基本步骤是什么？
5. 简述教学设计理论的分类，试选一个理论进行说明。

二、思考题

1. 实施微格教学的具体步骤是什么？
2. 要实现微格教学的目标应采用哪些方法？
3. 怎样扮演好微格教学中的每个角色？

第四章 微格教学系统

微格教学必须使用现代化的多媒体设备，构建专业的实验室教学环境，形成特殊的教学系统，有专业的教学管理人员，这样才能发挥应有的教学效果。本章将对与微格教学相关的软硬件条件进行系统的介绍。

第一节 微格教学系统概述

随着信息技术的发展，数字化的微格教学系统应运而生，它是一个集微格教学、多媒体编辑、影视音像制作、多媒体存储、视频点播、数字化现场直播为一体的数字化网络系统。

一、微格教学系统的概念

微格教学是一种培训受训者教学技能的教学方式，它需要在一个专业的环境中实施。根据微格教学的特点和要求，微格教学不仅需要多媒体编辑、影视音像制作、多媒体存储、视频点播、数字化现场直播等功能，还要有计算机控制的观摩和评价设备，甚至需要通过交换机连接校园网或 Internet。信息记录方式采用硬盘存储，或刻录成光盘，人们可以随时、随地通过网络或光盘进行点播、测评与观摩。在整个训练的过程中都要借助现代化教育技术才能完成技能分解及学习、示范录像观摩、教学片段录制、录像回放及反馈等各个教学环节，因此，人们将能满足微格教学要求的硬件设备和软件条件的集成统称为微格教学系统。

二、微格教学系统的构成

微格教学系统主要包含开展微格教学的各种专业教室，以及这些教室中

的设备与相关软件等,人们通常用实现相关功能的教室来描述微格教学系统的几个组成部分,即观摩研讨室、微格实训教室、系统控制室(各学校可根据自己的实际情况进行设置和调整)。这些专业教室是在传统教室基础上进行改造和功能扩展的,并配备一些现代化的视听设备,完成整个微格教学程序,实现微格教学的各个教学环节。微格教学系统为微格教学的开展提供了一个"真实"的教学环境,并保证了微格教学的顺利实施。

(1)系统控制室的功能及主要设备:系统控制室是系统操作人员控制整个微格教学系统设备的场所,该控制室主要完成两个功能:一是远程控制,如遥控微格实训教室的云台调整远近、角度等姿态,控制录像设备调整焦距、角度等参数,为录制做好准备。二是系统控制,系统控制室接收微格实训教室传回的信号,并将该信号进行分配,一路信号在系统控制室进行播放,监控微格实训教室的实时情况;另一路信号返回观摩研讨室进行播放,方便同步进行分析和点评;第三路信号直接进入系统控制室的服务器进行录像保存。控制室可以控制任一微格教室中的摄像云台和镜头,可以监视和监听任一微格教室的图像和声音,并可随时受控暂停在某一个微格教室与之进行电视讲话,也可以对微格教室播放教学录像与电视节目。可以把某个微格教室的情况转播给其他的微格教室,进行示范。可以录制某个微格教室的教学实况供课后讲评。主控室的主要设备包括计算机、主控机、录像机、VCD 机、监视器、监控台等。

(2)微格实训教室的功能及主要设备:微格实训教室是受训者进行片段教学的主要场所,该教室要求环境封闭,防外界杂音和干扰,在这个模拟的教室中,除了传统的教学设备和现代多媒体教学设备用于教学需要外,还必须有话筒或拾音器,有摄像机或摄像头,它们用于收集"教师"的声音和相关的教学影像,收集到的信息通过网络传回到系统控制室,进入主服务器进行录制。微格教室中的设备主要包括分控机、摄像头及其他教学设备。在微格教室中可以呼叫主控室,并与主控室对讲。微格教室中可以控制本室的摄像系统,录制本室的声音和图像,以便对讲课情况进行分析和评估。

(3)观摩研讨室的功能及主要设备:观摩研讨室是可以进行录像播放的教室,它有 3 个功能:一是在微格实训课前,指导教师组织受训小组成员在观摩研讨室中观摩示范录像,明确相关技能的操作规范和标准,为受训者实际训练做好前期铺垫。二是当某个受训者在进行微格训练时,指导教师可以通过实时播放的授课录像,为小组其他成员进行现场分析和点评。三是当某个受训者完成教学训练后，回到该教室与小组成员汇合、指导教师回放该受训者的教学录像，并组织小组所有成员进行讨论和分析。

观摩研讨室、微格实训教室、系统控制室是微格教学系统最主要的组成部分，最能体现微格教学的特点，它们共同为微格教学提供了一个良好的教学环境，它们的设计和之间配合的程度直接决定着微格教学能否顺利进行。VCD机等其他影像输出设备并能遥控自己选择的设备的播放、停止、暂停、快进、快退。表4-1简要归纳总结了典型微格教学系统的组成情况。

表 4-1 微格教学系统的组成

类别	设备	归属
硬件	控制台，控制计算机，控制显示器（大屏），录像机，VCD机，监视器	系统控制室
	网络多媒体微格教学终端，教师摄像机（可用摄像头代替），教育专业音箱及功放，立式讲台，教学显示器（讲台），触摸互动教学一体机（大屏），学生桌椅，高灵敏度拾音器	微格实训教室
	教育专业音箱及功放，触摸互动教学一体机（大屏），学生桌椅，VCD机	观摩研讨室
软件	网络化微格实验系统网管总控软件，资源点播服务器软件，资源管理平台，数字微格视音频及硬盘录像软件，微格教学双视频流自动生成软件，微格教学评估评分系统，教学控制及对讲系统	系统控制室
	网络多媒体微格教学终端	微格实训教室
	资源点播服务器软件，资源管理平台	观摩研讨室

第二节 微格教学系统设计

微格实验室支持师范类学生、类师范类学生、在职教师在学科教育课程中进行相应的微格教学和教学能力训练。通过微格教学使受训者掌握课堂导入、教学语言、教学组织、教学媒体、教学板书、教学评价等多项教学技能，以及开展相关的教学科研活动。因此，微格教学系统的设计主要是微格实验室的设计。

一、硬件设备的设计

在设计微格教学系统时，要考虑满足在装有电视摄像、录像系统的特殊教室内，借助摄像机、录像机等媒体，即可对师范生、类师范生、在职教师的教学能力进行训练，也可为在职教师教学研究提供教学研究的环境。微格实验室的主要功能是：受训者在微格教室进行教学活动后，回放教学录像，通过自评、小组评议和指导教师综合评价，及时反馈授课人教学能力训练中的情况，进一步改进教学，以促进受训者教学能力的提高。因此，微格教学系统的设计必将包括硬件条件的设计和软环境的设计。硬件设计主要是微格教学系统中观摩研讨室、微格实训教室、系统控制室的设计。

（1）微格实训教室设计：在微格实训教室设计时，要为受训者营造一个和真实教学情境相同的场所环境，可以让受训者进行模拟教学，因此实训教室首先要具有普通教室的所有功能，如黑板、讲台、学生课桌椅、幻灯投影等设备，这是为了让受训者在模拟教学时可以按照真实的教学情景来进行演练。另外，实训教室还要具有各种现代化的视听设备，这些视听设备的目的是实现微格教学的特点，即完成受训者声像的获取。其次实训室的面积不宜过大，教室面积一般不要超过 20 平方米，具体的面积要根据受训学生小组人员多少来决定。在设计实训教室的时候要特别注意以下两点。

①实训教室要做好隔音，防止外界干扰对受训者的影响，也防止拾音器收集到杂音，影响效果。

②在设计实训教室的时候，要考虑实际情况，从经济适用性出发，可以将实训教室与普通多媒体教室共同考虑。

（2）观摩研讨室设计：观摩研讨室设计时，可以设计成单独的一间教室，也可以就建在微格实训室场地中，具体要根据实际情况来确定，但要注意，为了保证课程的完整性，观摩研讨室必须离微格实训教室距离很近。

（3）系统控制室设计：系统控制室应设计为单独的一个房间，并且最好在微格实训教室和观摩研讨室的旁边，这样一是方便教室间各种网络线、数据线的布线要求；二是短距离传输有利于保持信号的良好性。

在设计运用过程中，最好将观摩研讨室、微格实训教室、系统控制室修建在相邻的区域，这样能够最好地保持微格教学的完整性，为受训者构造一个环境相对封闭、场景真实、各种反馈评价等控制功能完善的环境，实现微格教学系统的最大功效。

二、软环境的设计

微格实验室的软环境设计指的是为开展微格教学营造一个良好的环境,注意此处并非是指开展微格教学的各种软件建设,而是指为开展微格教学而准备的各种资源和条件,可以从以下几点入手。

(1) 在微格教学中,要让受训者观摩很多的示范录像,这些示范录像都是专家教师的视频案例,可以是教学片段,也可以是整个教学过程录像,要建立的这个视频库,应该不仅仅可以在观摩研讨室中、微格实训教室中播放,而且应该将这个视频库放到校园网上,这样不但可以方便教师在办公室随时上传录像视频,而且可以方便学生在宿舍、图书馆等各种场合,通过校园网下载视频观看,这种方式可以让学生做到随时随地根据视频库的案例自主安排学习,并根据自己的理解和感悟进行更进一步的学习,通过不断观看示范录像,可以让学生加深理解,这种方式也更符合当代社会开放学习、灵活学习的学习理念。

(2) 微格教学方式的一个特点就是互相协作,这首先表现在微格课上,受训者所在小组要集中讨论问题,共同分析问题,但因为教室环境的限制,不可能让所有的受训者都能够进行协作,应该借助现代化的一些方式将协作的范围进行扩展,如可以借助当今常用的电子邮件 E-mail、BBS、QQ 等方式,为所有受训者乃至所有学生营造一个共同交流沟通、共同协作的网络环境,学生可以在该环境中就微格教学的方方面面,就如何学习教学技能等很多问题展开交流讨论,共同分析问题,充分发挥每个人的聪明才智,共同解决问题,在整个过程中启发思维,获得不同的学习方法,提高学习效率。

(3) 在微格教学中,相互间的评论和反馈是受训者提高自身教学能力的重要途径。在微格教学中,受训者都会及时相互间进行评论和反馈,但是离开微格教学环境后,即使受训者有新的想法和建议,都很难再表达。因此,应该将这种评价方式进行延伸,可以借助网络和现在的一些交流工具,让评价和反馈的意见可以一直持续下去,实现新的评价方法,建立新的评价空间。

三、实施的注意事项

由于微格教学系统属高科技产品,而且产品质量直接影响整个系统发挥

的功能，所以采购需慎重，主要注意以下几点。

（1）如果能直接在产家购买是最好的，避免因中间代理商周转而损坏产品，或者掺假。

（2）选购信任度高的厂家。

（3）要求供应商演示系统功能并介绍系统相关参数和性能。

（4）肉眼观察产品新旧程度及包装。

（5）查找相关人士对产品的评论。

总体来说，因为微格课程受到教室环境和课时的限制，在很多方面都没有能够充分发挥它的效益，因此，应该借助于互联网、网络交流工具，让参与微格教学的教师和受训者实现随时随地的交流学习，弥补微格课堂教学的一些限制和遗憾，真正发挥微格教学这种方法的最大效果。

第三节　现代微格教学系统

如前所述，微格教学（Microteaching）意为微型化教学，所谓微格教学是指在有限的时间和空间内，利用现代的录音、录像等设备，帮助被培训者训练某一技能技巧的教学方法。它是一个可控制的实践系统，利用这个系统可使培训者有可能集中解决某一特定的教学行为，或在有控制的条件下进行学习。它是建筑在教育理论、视听理论和技术的基础上，系统训练受训者教学技能的一种较为先进的教学方法。

随着网络的日益普及，多媒体技术的日益发展，一种集声光电于一身，聚音字像于一体，汇采传授于一线的教学与网络相结合的新型教育传播模式得到快速的进步和完善。现代微格教学系统以现代教育理论为基础，结合现有多媒体教室环境，利用先进的多媒体信息技术，为教育教学提供了一整套集多媒体教学、微格教学、本地互动、远程互动于一体的多功能解决方案，并可立足于学校的管理与教学应用，通过主控中心完成多媒体设备的网络集中管理与控制，延伸了教学课堂网络直播、点播，教学课件在线点评，教学资源集中录制、存储等功能，形成一个完整的立体式的教师教育技能培训综合实验教学环境。

一、初级的微格教室

早期的微格教室是最早使用于师范类学校的毕业生实习和试讲,即在试讲的教室内架上摄像机进行摄像,在课后根据录像带资料与试讲人一起分析、学习试讲内容,纠正其错误和不良习惯,以提高试讲人的授课水平和心理素质。这种手段是在摄像机步入应用阶段时产生和发展的,现已成为培训教师综合素质的完备教学手段,这种把教学能力和过程细分后进行训练的方法,对教师的教学行为、启发教师创造性教学行为起到了显著的作用。目前,这种微格教室的教学方法已被广泛应用在口才与演讲、社交与礼仪、旅游与酒店管理等众多教学和培训领域。它可以给主管教学工作的人员提供一套教学全过程的可信资料,尤其对培养年轻教师有双向促进作用,是提高教学质量、向45分钟要成绩的先进手段。而且也可以应用到制作教学资源方面,将学校内的优秀教师课程实时全程记录下来,成为以后教学的样板资源供大家共享,为学校的教学节目增添更多教材。

二、数字化微格教室

随着多媒体技术的发展,课堂教学已普遍实现了网络化和多媒体化,教室课堂授课的板书大大减少,代之以多媒体课件。这样,单独的摄像机画面已满足不了新的教学模式,即"教师演讲时的表情+多媒体课件"的教学模式。为全面记录并展示这一过程,在硬盘录像技术背景下,多采用非线性编辑系统进行后期制作,但由于效率低下(1小时的课需3~5小时的后期编辑),占用人力大,使得在实际应用中出现"行得通,但干不起"的局面。随着网络多媒体技术的成熟,基于先进的技术手段和现代教育观念的数字化微格教室的出现,彻底打破这一局面才成为可能。数字化微格教室建设是基于计算机集中控制的视音频记录和反馈系统,能够实时记录师范生教学课堂教学的实况,并能迅速得到反馈,同时还可以得到系统的教学资源的支持及指导教师的现场指导。

三、现代微格教学系统

现代微格教学系统同时与校园网连接,对于学生的教学实践可以直接通

过校园网进行观摩、反馈，同时还可以提供优秀教师课堂教学示范、技能示范和备课资源。系统融合了嵌入式多媒体录播、各类互动设备（人机互动、师生互动、远程互动）、资源录制平台、资源管理平台等众多软硬件设备，包含教室端建设和主控中心建设两部分。微格教学教育技能培训综合实验系统的建成，能实现多媒体教室的上课功能；能完成对教师、学生及课件等所有授课过程中的视、音频信号完成同步、清晰、不失真的采集功能；能实现多媒体演示、书写批注，反馈评测、即问即答等教学互动功能，增加老师和学生间的教学互动；能实现教学远程交互，实现校内班级与班级之间、学校与学校之间优质课堂的异地同步授课和远程课堂互动，最大限度地实现了资源共享。主控中心建设成对校园内所有多功能教室的管理和控制中心，多画面课件录制中心，资源建设中心，视音频资源直播、点播中心，课程评比中心，并结合了用户管理、权限管理、资源管理等功能，对于学校的网络教学、资源建设、教学应用都具有极其重要的意义。

第四节　现代微格教学系统设计

一、现代微格教学系统的设计原则

在设计现代微格教学系统的方案时，为体现现代系统工程的实现思路，好的方案设计对整个工程是至关重要的，必须坚持几个基本原则，即先进性原则、稳定性原则、开放性原则、实用性原则和易用性原则等，以下将逐一介绍。

（一）先进性原则

先进性不仅要体现在技术上，而且也要体现在理念上。微格教室创建之初以其及时反馈和小步子进程而快速发展，得到广泛的认可。在技术上，微格教室应当尽可能地采用当时的先进设备，以使微格教室应具有的功能得到开发、应用，例如，在微格教室中关键的视频压缩技术，建议采用先进技术，要具备图像清晰、分辨率高、实时监控、同步备份、事后查询的特点；该系统应构架在校园网络平台上，符合TCP/IP协议标准的计算机校园网应用，是一个全数字的数字视音频网络传输解决方案。在理念上，要应用一些最新的且已经被实践所证明了的先进理念，从而提高使用的效率，如一些教学设计的理论在微格教室的设计中是相当重要的。

（二）稳定性原则

该系统要能够满足数字监控的功能，同时满足学校日常教学需要，如教学评估、无干扰听课。但是作为数字视音频网络传输系统，它的稳定性是毋庸置疑的，因为这关系到无数师生的切身利益，是公平、公正的保证。所以必须选择性能稳定的数字视音频网络传输产品。

（三）开放性原则

它主要是指硬件设备的通用性，即设备的指标是否和国内外认可的标准相一致或是相接近。如在视频的截取录入时，所保存的格式是否具有通用性。监视器的输入输出接口是否与主流的线制一样等。设备的开放性有利于日后设备的更新或是升级。这样在整个系统需要更新时，不至于全部更换，从而降低成本。当然，标准的选择应注意的一点是，选择的标准是否成熟。如一个标准还处于发展争论的时期，那么最好不予采用，因为发展中的标准会处于不断的变更之中，这样就很容易引起兼容性问题。

此外，方案设计应有良好的可扩充性，随着网络技术的不断发展和增加新的任务、扩充新的能力，系统应能方便升级且能最大限度地保护现有的投资。

（四）实用性原则

它是指设计应该注意整个系统的性价比。这是整个设计的重点。当然，对于资金充足的单位来说，可能资金并不是问题，但不提倡这样做。在设计的过程中，不能一味地选择先进的、价格高的设备，应讲究实用，如视频传输系统，不是越贵的系统，它的整体性能就越好，更多的是体现在个别方面。所以，要看所要选择的系统是否适合在微格教室中使用。

（五）易用性原则

这是指整个系统的操作应该是简洁明了的。即使系统本身，就技术而言，它可以是相当复杂的，但是它最终面向用户的交互界面应该是简洁的，容易操作的。如果说一个系统的操作需要专业人员来进行，那么在使用的人员上就会受到很大限制。因为在更多的时候，是需要受训人员自身来进行操作的，他们本身并不具备这些方面的技能，为了使他们能够熟悉，就必须进行培训

前的"培训",这就带来了不必要的麻烦,也增加了一定的成本。

二、现代微格教学系统的硬件配置

现代微格教学系统硬件一般由 2～3 间微格教室、1 间微格点评室及主控室构成。具体设备配置如下。

(1) 微格教室:微格教室一般建设 2～3 间,每间微格教室具有微格教学多媒体教学功能,同时具备普通多媒体教学功能,可实现现场 1 路视频和 1 路计算机信号的同屏录制,教室内后方设有 1 台摄像机对讲台前讲课场景进行实时采集,采集到的视频信号和本教室内教师计算机信号两路信号同时通过嵌入式录播主机进行实时编码录制,并存储在远程服务器上,录制画面为两画面形式。微格教室建设的子系统如下。

①网络多媒体教室及微格教学终端子系统。

②电源控制箱子系统。

③桌面控制器子系统。

④微格教室视音频信号采集子系统。

(2) 微格点评室及主控室:用于点评训练和设备操控训练,点评室内设有多台点评计算机,对前端微格教室可进行一对一点评或多对一的点评和操控训练,即通过网络实现 1 台计算机可对 1 间或多台计算机对 1 间微格教室内录制的内容进行在线点评、观摩,也可通过登录资源平台对录制在服务器上的资源进行后期点评,并回放;通过点评计算机上的控制软件可实现对微格教室内计算机的控制。该点评室根据用户建设条件可配置点评桌椅、液晶电视,可将点评画面切换至液晶电视实现大屏幕显示,学生可围绕该内容进行讨论、交流。微格点评室建设及主控室的子系统如下。

①微格点评室显示子系统。

②微格教学评估评分系统。

③微格教学现场实时直播、点播子系统。

④数字微格视音频及硬盘录像存储子系统。

⑤资源点播服务器软件。

⑥资源管理平台。

⑦网络化微格实验系统网管总控软件。

现代微格教学系统的拓扑结构如图 4-1 所示。

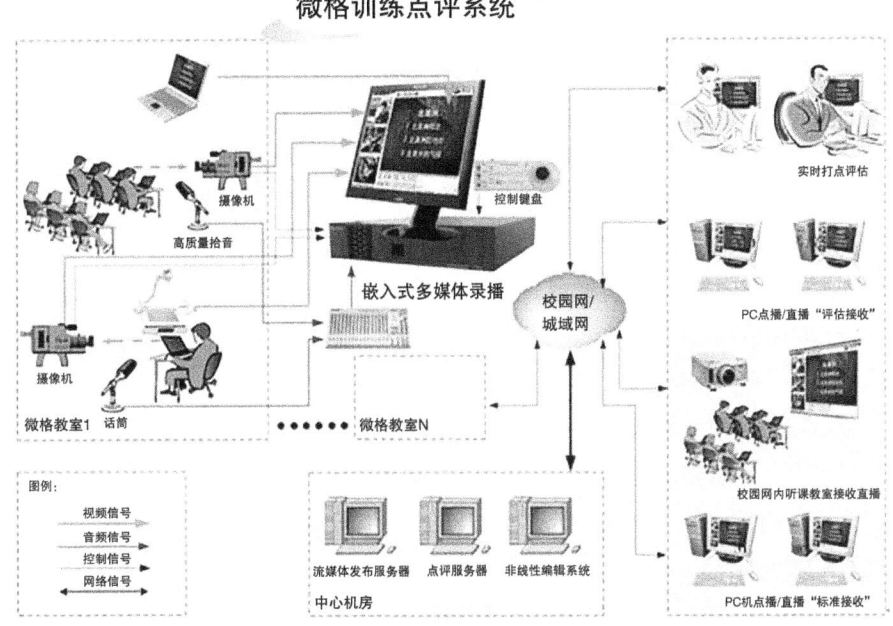

图 4-1　现代微格教学系统的拓扑图

三、现代微格教学系统的设计实例

现代微格教学系统在设计时应考虑可将接受微格训练的受训者的讲稿（包括文字、图片、动画、抓屏、声音）与授课现场录下的影像，自动实时合成为同步多画面多媒体视频流的系统。通过该系统的配套软件，教师可实现实时微格训练的指导与后期讲评，同时通过对整个训练过程的集中存储，学生也可以在课后进行自我训练和总结。基于网络，它还可实现在局域网／城域网／专用网上进行点播和同步直播。应用范围如下。

（1）普通师范类院校的训练点评教学。
（2）艺术类院校的舞蹈、唱歌、相声、主持人专业课程的训练点评教学。
（3）体育、导游等特殊专业的训练点评教学。
（4）优秀教师示范课程录制和评比，全面立体、真实再现。
（5）教育培训系统多画面录制，生成教材。

多媒体微格教室系统在多媒体软件控制系统和功能强大的多媒体数字处理器的支持下，能完成信息的任意交流。教师使用该系统具有绝对的指挥、

指导控制权。系统具备更多实用功能,窗口式图形化全中文软件界面的设计使得操作极为方便。

某个现代微格教学系统设计时实际考虑了以下要点。

(1)微格教室首先是多媒体教室,其教室内所有设备的控制都可以通过中央控制器实现。本实例所设计配置的嵌入式多媒体录播不仅具有微格教学的功能还具有网络嵌入式多媒体录播的所有功能,嵌入式设计,DSP 内置编码模块,可 $7×24$ 小时长期稳定运行,防病毒、防攻击等功能。

(2)教室内设备可包括台式计算机、教师自带笔记本电脑、数字展台,这些设备都为 VGA 接口,可以根据实际教学需要通过中央控制器把需要的 VGA 信息切换到嵌入式多媒体录播主机中进行录制。

(3)教师摄像机拍摄记录授课的整个过程画面,直接输入给微格教学录播主机进行采集编码合流录制。

(4)存储文件为微软标准 WMV 格式,基于 B/S 结构管理系统,用户可通过 IE 实时收看。

(5)存储文件为通用格式,可根据实际需要进行后期编辑。

(6)用户既可通过校园网也可通过 Internet 实时收看或点播收看。

(7)前端微格教室可通过微格点评室及主控中心进行统一管理,方便系统扩充和维护。

方案设计应以提高系统的整体运行效率为出发点,根据简便性原则,针对系统内操作人员的实际情况和实际操作需要,全面系统操作链进行优化设计,使信号采集、传输和操作控制等各子功能应用的操作实现最优的效率状态水平。

在微格教室配置嵌入式多媒体录播主机,通过录播主机在微格教室端实现视音频的数字化,可以将微格教室的信号通过装有管理系统的管理服务器发布到校园网／教育城域网中,任何一台可以进入校园网／教育城域网的计算机都可以通过 IE 浏览方式访问管理服务器,并通过服务器收看微格教室端信号的直播和点播。微格教室端可以将信号录制到管理服务器或本地主机上。微格教室端的主机也可以作为本地服务器,实现数据的分散存储,提高了系统的灵活性。

考虑到系统整体要求,本着技术先进性与系统和理性并重的原则,整个系统基于教育城域网建设多点的需求;在微格教室配置录播主机,通过录播主机在微格教室端实现视音频的数字化,可以将微格教室的信号通过装有微格教学管理系统的管理服务器发布到校园网／城域网中,任何一台可以进入校园网／教育城域网的计算机都可以实时观摩微格教室教学练习实况或点播任意微格教室已存储的数字教学录像。

微格教室配置1路镜头,微格教学系统主机——录播主机对两路镜头分别进行控制,在云台支持的情况下可以设置预制位,方便微格教室端视频信号的录制。教师在网上接收直播的情况下经过授权可以对微格教室的镜头等进行控制,甚至将信号录制到本地计算机上。

微格教室核心设备——录播主机支持1路教室信号及1路教师机VGA信号的实时传输:授课教师讲课的视频;教室全景的视频;教师授课用课件的画面。

通过这种全方位立体化的课堂录制系统生成的授课过程录像可以为进行微格训练的学生提供全面的信息反馈和更多角度地回顾训练过程。真正实现微格教学自我训练或训练点评的数字化、网络化、自助式服务。

本系统是在原多媒体教室基础上,通过摄像拾音设备、采编设备实现教学研训人员自录自播的操作环境,实现快速反馈,促进教师反思。

第五节　微格实验室建设与管理

按照实验室所属专业的不同性质,实验室一般分为两类:一类是以验证基础性、原理性知识为主的实验室(如物理、化学等实验室),以进行满足基础性和原理性实验为主,达到辅助课堂教学的目的;另一类是以训练技能为主的实验室(如微格实验室、烹饪实验室),这类实验室不但要满足辅助课堂教学的功能,还要以补充和拓展课堂教学功能为目的。

微格实验室从建立思路和设备配备等方面来看,都与普通类实验室有很大差别,不同于普通类实验室以基础性实验设备为主的特征,微格实验室更应该侧重于学生实践能力的培养,即"实践性"更强。因为侧重点的不同,实验室建设和管理的出发点及方法也有所不同,本节从微格实验室的功能定位、机构组织、软硬件配备、日常管理等方面出发,介绍微格实验室的建设及管理思路。

微格实验室的建设,不仅涉及实验室功能定位、实验室组织结构、实验室人员配备等软环境,还涉及实验设备等硬件环境。本节以语言类专业中的汉语国际教育(对外汉语)专业为例,通过对已有教学改革成果的整合,从该专业微格实验室的功能定位、机构组织、软硬件配备、日常管理等方面出发，简单介绍该专业微格实验室的建设及管理思路。

一、实验室功能定位

汉语国际教育（对外汉语）专业的培养目标是培养既具有系统、扎实的汉语言文学的基本理论知识和技能，又具有跨文化交际理论，同时具备较高的人文素质及较宽厚的相关学科知识，能用双语进行交流、教学，对中国文学、中国文化及中外文化交往有较全面的了解，能在国内外从事对外汉语教学及中外文化交流等相关工作的应用型、职业型专门人才。该专业的毕业生除了要掌握一定的汉语言专业知识外，还需要具备向母语为非汉语者进行汉语教学的能力。该专业属于"实践性"的语言类专业，其专业实验室需要辅助课堂教学，作为课堂教学功能的补充和拓展。除此之外，还应具有训练学生教学实践能力的功能。按照这个建设思路，微格实验室功能定位为：具备相应的软硬件条件，让学生巩固和训练所学知识，提高学生的教学实践能力。

二、实验室组织结构

为了达到微格实验室功能定位的要求，结合最新的教学经验成果和数字教辅设备发展趋势，以及汉语国际教育现状，采用网络化、计算机化和数字化方式，建立微格实验室。微格实验室是采用先进的技术，模拟真实的教学环境，培养学生的"实践性"教学能力，并通过摄像机、录像机等视听设备技术手段，录播和回放学生的"教学"过程，发现和纠正学生"教学"过程中出现的问题，从而达到训练和提高学生教学实践能力的目的。

三、实验室设备选取

随着计算机网络技术的飞速发展，以及多媒体技术在数字影音控制方面的巨大突破，数字语言综合中心需要充分利用多媒体和网络技术，整合丰富的多媒体及相关学习资源，达到预期的目的和设计的功能。微格实验室应包括主控室电脑、主控台、摄像头、云台（配控制器使云台转动）、AV切换台、调音台、录像编辑机、监视器等，更可以结合多媒体设备投影机、数码视频展台、数字中控系统、屏幕、功放、音箱、控制桌、应用软件、辅助材料及调试等。

四、实验室人员配备

为了保证实验室日常工作的正常开展，做好实验室设备的管理和维护工作，保障正常的教学活动开展，微格实验室管理和维护人员（不含任课教师）应以保证 2 人左右为佳，同时实验室人员应选取计算机、计算机网络、信息等专业的人员，同时需要建立一套完善的规章制度，保证实验室人员的技能学习、提升及规范设备操作流程等工作。

五、实验室管理评价

微格实验室管理的最终目的是更好地帮助受训者训练、提高、形成相应的教学技能，服务的对象是学校或学院的全体师生，基于此目标，实验室的工作应该始终围绕"服务性"展开，同样，微格实验室工作的改进及发展也应该以师生为出发点来进行。可以采用成熟的用户满意度理论来衡量和评价实验室的工作情况，并为改进微格实验室工作提供真实的数据基础和依据。具体方法如下：①先通过群体抽样采访，明确师生对于微格实验室最关心的方面，这几个方面即为影响师生对于实验室满意度的变量因素。②通过问卷调查的方式，收集师生对于微格实验室工作总体满意度和对于各项细化指标因素的满意程度（如使用下述的李克特量表法）。③通过 SPSS 统计学软件对第一手数据资料进行科学的分析（相关分析、回归分析等）后，得到师生对于微格实验室工作满意度及其影响因素之间的关系。④通过回归分析结果直观地看出哪些因素影响师生对微格实验室的满意度及影响程度大小，根据数值的大小可以按照顺序逐项进行有针对性的改进，从而提高师生对微格实验室工作的满意程度。

（一）李克特量表法

李克特量表法（Likert scale）采用的是一种评分式量表结构，是由美国社会心理学家李克特于 1932 年在原有的量表基础上改进形成的。李克特量表由一组陈述性问题组成，每个陈述问题的回答选项有"非常同意""同意""不一定""不同意""非常不同意"5 种，对应的回答记为 5、4、3、2、1，每个问题分数的

高低表示用户对于这个问题的态度如何,通过问卷得到每个用户对于某个问题选项给出的"分数",然后通过SPSS统计学软件统计分析出所采样的所有用户对于同一个问题的平均"分数"、方差等信息,更进一步,还可以通过SPSS统计学软件进行科学的分析(相关分析、回归分析等)等,形成所有采样用户对于某一个问题的陈述性评价结果,提出改进措施,提高管理质量。

李克特量表的结构简单,操作方便,用户在回答时也不用采用大量的文字表述,只需要打分即可完成,因此在大量的研究实务中应用比较广泛。在实际调查时,研究者会在问卷上给出问题和问题的"回答范围"供用户选择。特别要注意的是,在使用李克特量表进行调查时,研究者往往会在标准李克特五级量表的基础上,按照实际情况,进行一定的改变,来确定最终的量表呈现形式。

(二)李克特量表格式的应用实例

实验室用户满意度影响因素调查问卷

问卷声明

问卷编号_____

尊敬的女士/先生:

您好!非常感谢您抽出宝贵的时间来阅读和回答本问卷!

我是××理工大学国际学院实验室管理人员,正在做一项关于实验室用户满意度影响因素的实证研究。您的经历和感受对本次研究至关重要,请根据您的实际情况和想法作答,我保证问卷信息仅作研究之用,将得到严格保密,希望得到您的大力支持,谢谢!

××理工大学国际学院

2017.6

第一部分 您的基本信息

1. 您的性别:A. 女　　B. 男

2. 您的身份:A. 学生　　B. 教工

3. 您在校的时间:A. 6个月以下　B. 6~12个月　C. 1年以上　D. 2年以上

4.您使用实验室的频率:A.经常使用　B.很少使用

第二部分　您对实验室的评价

问题	完全不同意(1)	不同意(2)	有点不同意(3)	不确定(4)	有点同意(5)	同意(6)	完全同意(7)
1. 实验室的硬件设备条件齐备,能够满足您的需求							
2. 实验室硬件设备管理维护的较好,您的机器很少遭病毒和木马的袭击							
3. 实验室设备软件环境稳定,很少出现实验室设备瘫痪和计算机无法使用的问题							
4. 实验室学习、娱乐平台方便使用,能满足日常学习和娱乐要求							
5. 实验室的机器能流畅地访问校园网、互联网,访问相关网站							
6. 实验室资源共享程度高,在相关平台上同学间能充分地共享学习、娱乐资源							
7. 用户申请(包括使用实验室的申请和投诉建议)办理速度快							
8. 用户投诉能够得到及时和完整的回复,反馈信息翔实							
9. 用户申请使用实验室的程序方便							
10. 实验室设备出现问题时,能够及时得到技术人员的修复							
11. 用户在使用实验室设备期间,若遇到机器设备问题,能够得到技术人员及时和详细的指导							
12. 实验室设备管理是否严格、有效							
13. 您对实验室的设备软硬件情况和实验室各种管理服务总体感到满意							

六、微格教学系统实例

通过前几节内容的学习,我们对微格教学系统的各种硬件设备及其相关功能有了一定的了解,但为了更好地完成微格教学过程,使学生课后能够自主学习和训练,在进行实际操作之前,还需要对微格教室各种设备的操作程序做进一步了解。因此,我们将以某一类典型的微格教室和设备为例,介绍微格教室和微格中控室的使用方法与操作步骤,但对各个设备的具体功能不再赘述。

(一)微格中控室

中控室是教师和管理人员对微格教室进行管理与对在微格教学中涉及各种设备操作的地方,它就像"大脑",对整个微格教学系统进行控制和协调,为了方便操作,一般都将相关的微格设备高度集成在中控台中。另外,各种录像、回放等控制软件也安装在中控台内的电脑中,所以在中控室中,一般都会有一个中控台和一个壁挂式大屏显示器,用于控制和显示操作情况(图4-2)。

图4-2　中控室的中控台和壁挂式大屏显示器

进入微格系统中控室后,其设备的使用方法和操作步骤如下。

第一步:打开中控室中控制计算机的电源,进入多功能网络管理平台(图4-3)。

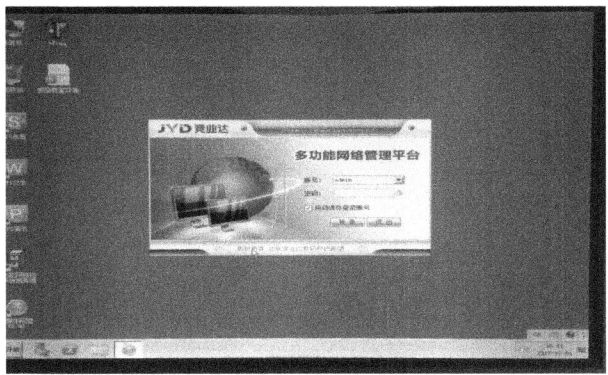

图 4-3 多功能网络管理平台

第二步：在图 4-4 所示的微格教室选择界面中，选择将要使用的微格教室房号。

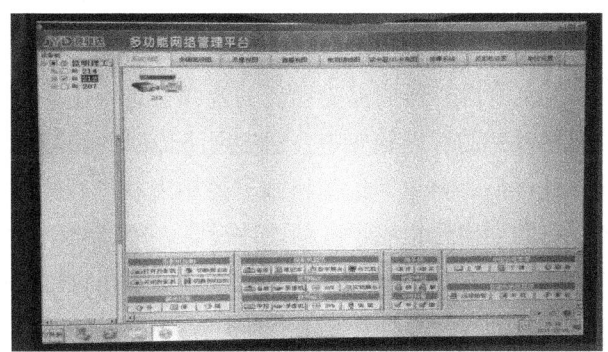

图 4-4 选择微格教室的操作界面

一般而言，所有微格教室的房号都已事先设置在该平台上，但只有正在使用的微格教室房间才处于激活状态，才能进行选择，这些教室的各种信号都通过网络连接传送到控制计算机上。

第三步：在图 4-5 所示的摄像头调节界面中，调整微格房间中要使用的摄像头姿态，使其对准需要监控和摄像的位置。

调节微格教室中云台及摄像头的各种姿态，图 4-5 中的"变倍"是调节摄像头距离讲台的距离远近，"聚焦"是调节摄像头捕捉画面的清晰程度。

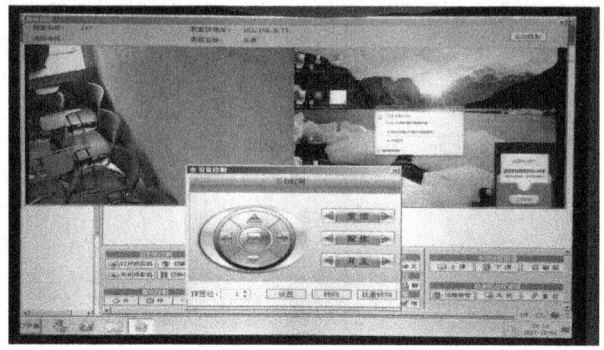

图 4-5　摄像头姿态控制界面

（二）微格教室

微格教室是训练者进行实操的主要场所（图 4-6），为了满足对受训者实操情况的视频全记录和视频回放，在微格教室中必须要有摄录像设备，为了操作和管理的方便，一般不用录像机，而使用摄像头来捕捉受训者的实操画面（图 4-7），使用拾音器捕捉受训者的音频信息（图 4-8），视频和音频信息汇聚到微格教室的管理软件中，通过网络传回中控室管理计算机中，通过相应的软件处理后，再返回给微格教室控制电脑进行播放（图 4-8）。所以，微格教室中的中控台集成了各种硬件设备，单独的壁挂式触屏电脑既可以给受训者试讲时播放 PPT 课件及其他音视频资源，也可以作为受训者实际试讲录像回放时的显示设备，另外还要有扩音器（图 4-9）等。

图 4-6　中控台和壁挂式触屏电脑

为了方便受训者试讲时的操作,在中控台上还单独安装了一个显示器,可以同步显示壁挂式触屏电脑的信号。

图 4-7　摄像头

本例摄像头安装在教室后部天花板上,可根据实际情况自选安放位置。

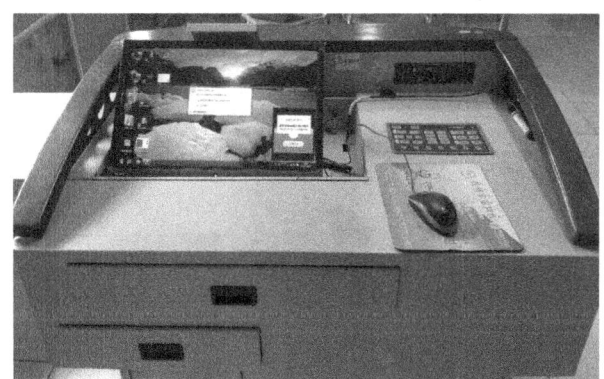

图 4-8　微格教室的中控台和拾音器

拾音器一般安装在中控台的框内部分,本例安装在中控台侧面,离受训者试讲时最近的位置,这样获取的声音清晰度最高,也可根据实际情况自选安放位置。

图 4-9　扩音器

扩音器用于扩大所播放视频资源时的音量，本例安装在教室中部天花板上，是一个比较适中的位置，可根据实际情况自选安放位置。

进入微格教室后，其各种设备的使用方法和操作步骤如下。

第一步：打开中控台控制板的电源，自动启动触屏式电脑（图4-10）。

图4-10　微格教室中中控台控制板

第二步：启动壁挂式触屏电脑，在电脑桌面寻找图4-11所示的图标，打开"录像服务器程序"软件。

第三步：在图4-12所示的软件界面中，选择正在使用的微格教室房号。

 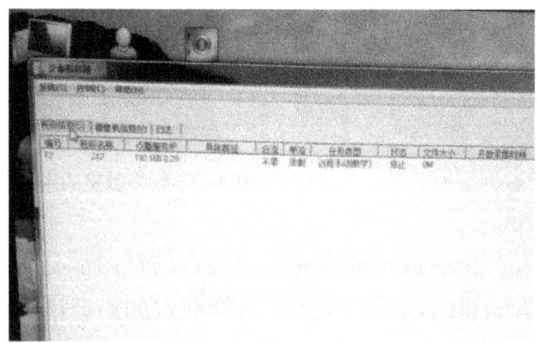

图4-11　录像服务器程序图标　　　　图4-12　微格教室选择界面

第四步：开始录像，即在录像控制界面（图4-13）中，选中教室，点鼠标右键，在弹出菜单中选择"开始录像"。

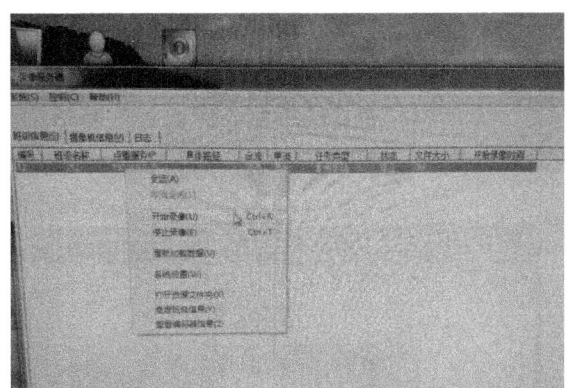

图 4-13　录像控制界面

当"状态"变为录像时即为在录像状态,此时"文件大小"栏目项也在变,不再是 0 M。

第五步:录像中。

整个录像过程中,"录像服务器程序"软件不能关闭,但是可以将界面最小化,进行试讲的受训者就像使用普通电脑,播放授课用 PPT 和各种视频资料等。

第六步:播放录像。

录像完毕后,停止录像,同样也是在录像控制界面中进行(见步骤四),选择教室,鼠标点右键,在弹出菜单中选择"停止录像",则状态栏信息变为"停止",此时关闭"录像服务器程序"软件,再在电脑根目录的相应文件夹下找到刚刚的录像,并进行播放。本例中录像文件存放位置是:本地磁盘(D:)→ Root → 20150906(为录像日期)→ 212(为所使用的微格教室号)→ 212_2015_09_06_09240339(此处为录像日期+录像时间,本例为 9:24)→ video(图 4-14)。

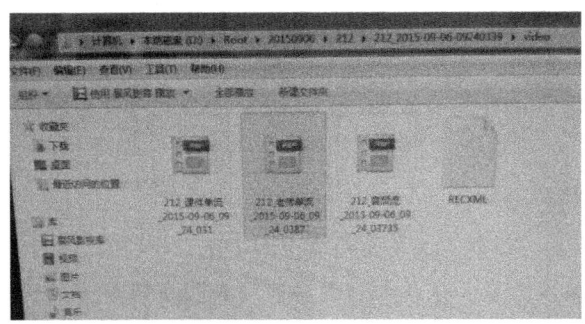

图 4-14　录像文件存放位置界面

该文件夹中有 3 个文件：课件单流是对录像时在触摸屏电脑上播放的 PPT 课件进行的录制；音频流是对录像时受训者声音进行的录制；老师单流是对录像时受训者整个体态和声音的录制。一般选择的是"老师单流"，双击开始播放（图 4-15）。

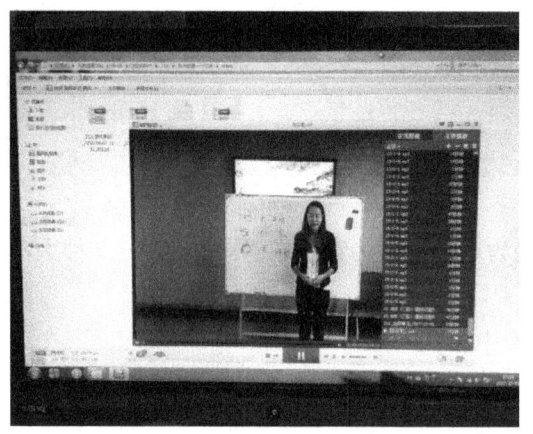

图 4-15　录像的播放情况

以上为某一类微格教室和设备的操作步骤与方法，在实际过程中，根据不同学校的实际情况和选用设备的不同，操作步骤和方法可能会有差异，但是主要操作和设备使用方式大同小异，具体操作设备时应加以注意。

>>> 本章作业

一、问答题

1. 现代微格教学系统设计要点是什么？
2. 现代微格教学系统的设计原则主要有哪些？
3. 简述现代微格教学系统的基本配置。
4. 微格教学系统有哪些组成部分？分别包含哪些子系统？

二、实训题

1. 进入微格实验室，认识相关设备，了解设备性能和用途。
2. 学习使用和操作相关设备，了解实验室注意事项。

三、思考题

1. 微格教学系统与现代微格教学系统的区别是什么?
2. 微格教学系统要如何设计才能得到更加高效的应用?

第五章 基础教学能力训练

第二章所述的 6 种课堂教学基本能力（语言能力、提问能力、板书能力、演示能力、变化能力、强化能力）是在日常教学中使用最多的能力，也是每一名教师都必须掌握的能力。本章将逐一讨论。

第一节 训练教学能力的程序

培训课堂教学基本能力是微格教学的重要目的，即要求受训者对这些课堂教学能力进行反复的训练，直到基本熟练地掌握这些能力。一般而言，每一种能力的训练都包含着以下几个程序或步骤。

一、预习相关知识

受训者要学习所要训练能力的基本知识，可以通过教师讲解、受训者自学和讨论等方式来进行，目的是要受训者达到对所要训练能力的概念、特征、内涵、本质等方面有一个基本的认识，为实际参加能力训练打下基础。

二、观摩示范录像

受训者要观看所要训练能力的真人示范录像，以便加深对所要训练能力的认识和理解，明确它的本质意义，了解模拟训练要达到的目标和要求。

三、准备微格教案

受训者要在教师的指导下，选择合适的方法和媒体，根据所要训练能力的特点，进行教学设计，并撰写出规范合理的微格教案。微格教学是一种模拟的教学，要注意微格教学与正常教学教案的区别。

四、进行模拟训练

根据微格教学的要求和实际情况，将受训者分为几个小组，小组成员分别扮演不同的角色（学生和教师），开始进行模拟训练，即受训者按照事先的安排（角色扮演、微格教案等）进行模拟教学，评价者对演示结果进行客观的评价，找出每一个演示者演示中存在的优缺点和必须改进之处，演示者修改微格教学方案后再次模拟。训练可分为以下 6 个阶段。

（1）准备阶段：准备好进行微格训练的微格教室，指导教师及工作人员就位，受训者小组角色分配（教师角色、学生角色等），指导教师再次向受训者明确相关要求。

（2）实际操作：该阶段受训者按照事先的安排（角色扮演、微格教案等）进行模拟教学，该阶段要做好录像和记录工作。

（3）反馈评价：通过对受训者模拟教学和能力训练录像的重放，评价者对该演示录像进行客观的评价（包括演示者本人的自我评价、倾听者讨论后的评价和指导教师的引导性评价）。

（4）分析整理：小组对指导教师和组员的各种评价信息进行整理，通过集中讨论的方式对这些信息进行分析，找出每一个演示者演示中存在的优缺点，并明确再次进行相关能力训练时要加强和改进的地方，具体演示者要根据这些建议对自己的微格方案进行修改和重新设计，并在下一次的实际演示中改正。

（5）循环反复：演示者根据每一次演示训练中出现的优缺点修改微格教案，并在下一次的演示训练中进行有针对性的改正和完善，直到所要训练的能力基本完善和掌握该项能力。

（6）书面总结：为了做好演示训练中的评价工作，要根据每项能力的特点和训练要求，形成书面评价表格，以便更好地对每个演示者的演示进行评价。

第二节　教学能力的分项训练

如前所述，教学能力是每一个教师都要掌握的能力，也是师范生与类师

范生在成为教师前必须着重训练和掌握的能力。本节将分别举例介绍 6 项教学基本能力的训练。本节所引用的应用案例，除特别注明外，均引自学科网 http://www.zxxk.com（对所选案例有一定修改）和刘宗南主编的《微格教学概论》，评价标准均引用自刘宗南主编的《微格教学概论》。

一、语言能力训练

语言能力训练就是训练受训者在进行课堂教学时，选用最适合的语言表达的能力。

（一）语言能力训练要点

（1）要使用标准普通话。
（2）语言表达要求系统性和逻辑性。
（3）语言表达要与学生的知识结构、认知水平相吻合。
（4）语言表达要优美。

（二）语言能力训练的评价标准（表 5-1）

表 5-1　语言能力训练的评价标准

评价项目	等级					权重
	A (1.0)	B (0.8)	C (0.6)	D (0.4)	E (0.2)	
1. 讲普通话，字音正确						0.10
2. 语言流畅，语速、节奏恰当						0.20
3. 语言准确，逻辑严密，条理清楚						0.15
4. 正确使用本学科名词术语						0.15
5. 语言简明、生动有趣						0.05
6. 遣词造句通俗易懂						0.10
7. 语调抑扬顿挫						0.05
8. 语言富有启发性						0.10
9. 没有不恰当的口头语和废话						0.05
10. 体态语配合恰当						0.05
综合评价						

(三)语言能力应用案例

按语言表达方式分,常见的教师教学语言有:说明性语言能力、叙述性语言能力、描述性语言能力、论证性语言能力和抒情性语言能力,以下分别举例说明。

1.说明性语言能力应用案例

案例 《牛顿第一定律》一课中,教师使用说明性语言说明"惯性定律"

教师:从牛顿第一定律可以知道,一切物体都有保持原有运动状态的特性。我们把物体保持运动状态不变的特性叫作惯性,因此牛顿第一定律也叫惯性定律。我们可以通俗地用物体有一种"习惯性"或叫"惰性"来理解"惯性"。也就是说,一切物体都有一种"惰性",这种"惰性"的表现就是不愿意改变原来的运动状态。只要不受到外界力的作用,它就保持原来的运动状态,除非有外力作用,才能迫使它改变原来的运动状态。

教师在讲解牛顿第一定律时,用生活中的"习惯"和"惰性"来说明"惯性",使这一概念通俗易懂、形象生动,使学生更好地理解了"惯性定律"的内容。

2.叙述性语言能力应用案例

案例 讲解《袁隆平——让所有人远离饥饿》时,教师使用叙述性语言介绍袁隆平

教师:袁隆平是中国工程院的院士,我国著名的杂交水稻专家,是国家科学技术奖获得者,是我国第一个国家特等发明奖获得者。捧回了11次国际大奖。曾经获得"世界粮食奖",此奖是农业领域的国际最高荣誉。

袁隆平是一位真正的耕耘者。他还是一名乡村教师时,就胸怀挑战和颠覆世界权威的志向;他名满天下之后,继续专注于田野,淡泊各种名利,虽然看上去是普通的农夫,但他却心怀富足。他毕生的追求,就是要让人类远离饥饿。

教师在讲解《袁隆平——让所有人远离饥饿》时,用叙述的方式,对袁隆平进行介绍。不自觉之间形成了对袁隆平的直观认识,在轻松的氛围中娓娓道来,让学生在不知不觉中为认识袁隆平的高尚品行奠定了基础。叙述性语言具有较强的亲和力,能让学生轻易地理解和接受。

3.描述性语言能力应用案例

案例1 《祝福》一课中,教师使用描述性语言进行导入

教师:大雪漫天,狂风怒吼,爆竹声声。在现代文学的画廊里,艰难地走出一位衣衫褴褛、面容憔悴、神色悲哀、白发蓬松、目光呆滞的四十上下

的女人。那又瘦又长的左手拎着一个装着一只破碗的竹篮,干枯的右手拄着一支上下开裂的长竹竿。她,就是祥林嫂——鲁迅著名小说《祝福》中的主人公,一个惨遭封建宗法思想和封建礼教迫害的旧中国农村劳动妇女的典型形象。今天我们就来学习鲁迅先生在 1924 年 3 月 25 日发表在《东方杂志》上的小说——《祝福》。①

教师在讲解《祝福》一课时,使用描述性语言鲜明地再现了祥林嫂的悲惨形象,引起学生情感上的共鸣,为后续的教学奠定了情感基础。

案例 2 **《绝句》一课中,教师使用描述性语言呈现课文意境**

教师:这是一幅多美的图画呀!新绿的柳枝上成对的黄鹂在歌唱;一碧如洗的天空,一字排开的白鹭在自由地飞翔;凭窗向西眺望,终年积雪的山头,仿佛是嵌在窗框中的图画;门前的山下停泊着一艘艘船只。这是诗人给我们描绘出来的一幅色彩鲜明、动静有致、层次分明、意味深邃的立体画。

教师通过形象、生动的语言描述,将《绝句》的优美画面和深远意境呈现在了学生面前,有利于学生对课文的进一步理解和思考。

4. 论证性语言能力应用案例

案例 **《粜米》一课中,教师使用论证性语言解释"谷贱伤农"**

教师:丰收后怎么会"谷贱伤农"呢?这是因为:第一,帝国主义对中国实行经济侵略。"各个地方多的是洋米洋面,头几批还没有吃完,外洋大轮船又有几批运来了"。第二,社会资本家、地主对农民进行压榨和剥削。资本家故意压低米价,又在米的质量上和数量上克扣,地主则加紧催租逼债……这就使丰收后反而谷贱,农民却又非卖米不可。②

教师在讲解《粜米》一课时,运用论证性语言"有理有据"地解释了为何会出现"谷贱伤农"的怪现象,做到了"事实胜于雄辩",让学生对当时的社会背景有了更深刻的认识。

5. 抒情性语言能力应用案例

案例 **《我的母亲》一课中,教师使用抒情性语言进行导入**

教师:母爱,一个饱含柔情的话题,"谁言寸草心,报得三春晖。"是的,不论年长年少,也不论天涯海角,单飞后心的另一端永远牵挂的是母亲的不

---

① 吴渝,马若义. 微格教学实训教程 [M]. 合肥:合肥工业大学出版社,2007:90.
② 吴渝,马若义. 微格教学实训教程 [M]. 合肥:合肥工业大学出版社,2007:91.

尽思念。今天，我们一起走进胡适的童年，去感受母亲的伟大力量。[①]

教师讲解时，通过这种充满感情的语言，极易使学生形成对母亲的热爱之情、亲近之感。

二、提问能力训练

提问能力训练就是训练受训者为引起学生的学习兴趣而有的放矢提问的能力。

（一）提问能力训练的要点

（1）要根据教学情况，进行合适的提问（包含提问时机、提问目的、提问方式）。

（2）要根据教学情况，控制提问的数量。

（3）教师要注意在学生回答问题后，进行恰当的引导。

（二）提问能力训练的评价标准（表5-2）

表5-2 提问能力训练的评价标准

评价项目	等级					权重
	A (1.0)	B (0.8)	C (0.6)	D (0.4)	E (0.2)	
1. 提问的主题明确，与课程内容联系密切						0.10
2. 问题的难易程度适合学生认知水平						0.20
3. 提问有利于学生发展思维						0.15
4. 提问有层次，循序渐进						0.15
5. 提问能复习旧知识，引出新课题						0.05
6. 提问能把握时机，促进学生思考						0.10
7. 提问后稍有停顿，给予思考时间						0.05
8. 对学生的问答善于应变及引导						0.10
9. 能适当启发提示，点拨思维						0.05
10. 提问能得到反馈信息，促进师生交流						0.05
综合评价						

---

① 引自：http://www.rgtvu.cn/E_ReadNews.asp？NewsID=147。

（三）提问能力应用案例

1. 知识式提问的应用案例

案例　《我们怎样听到声音》一课中导入阶段的知识水平的提问

教师：大家复习一下以前我们学过的关于声音的知识，回答下面几个问题。

声音是怎样产生的？

声音是怎样传播的？

声音在空气中的传播速度是多少？

学生：……

老师：大家知道了声音的这么多知识，那么，我们怎样才能听到声音呢？

……

众所周知，学生先前的知识、经验等对新知识的学习具有非常重要的作用。通过知识水平的提问，让学生提取与新知识相关的知识和经验来理解所要学习的新经验。在《我们怎样听到声音》一课中，通过对声音相关知识的回忆，为解决"我们怎样听到声音"这个问题奠定了知识基础。

2. 理解式提问的应用案例

案例　《青蛙的眼睛》一课中的理解水平的提问

文章第二自然段写了一个奇怪而有趣的试验：给青蛙吃许多静止的死苍蝇，青蛙却活活饿死，但只要把死苍蝇拴在线上，在青蛙眼前掠过，青蛙立刻就会跳起来把死苍蝇吃了，跟吃活的一样。

老师：这个奇怪的试验说明了什么？

学生：说明死的苍蝇青蛙也要吃，不过死的苍蝇要动起来它才会吃。

老师：如果不用动的死苍蝇，而用动的死蚊子、死白蜂、死蚱蜢等，青蛙也爱吃吗？为什么？

学生：爱吃，因为这些东西都在动。

学生：因为这些东西都是昆虫。

老师：那么，这个奇怪的试验说明了一个什么样普遍的道理呢？

学生：说明只要是动的昆虫，不管是死是活，青蛙都爱吃。[1]

在问题的思考和交流中促进理解，这是教学经常采用的方式。在《青蛙的眼睛》一课中，教师根据学生的理解和回答有序地设置问题，最终让学生

---

[1] 傅道春. 情境教育学 [M]. 哈尔滨：黑龙江教育出版社，1996：125.

明白了"青蛙吃动的昆虫"这一普遍的道理。

3.综合式提问的应用案例

案例 《理想》一课中在结课阶段的综合水平的提问

在学习完诗歌《理想》后,老师讲到,"采菊东篱下,悠然见南山"是陶渊明的理想,"仰天大笑出门去,我辈岂是蓬蒿人"是李白的理想,"王师北定中原日,家祭无忘告乃翁"是陆游的理想,"人生自古谁无死,留取丹心照汗青"是文天祥的理想。如果说人生是海,理想便是照亮航程的灯塔;如果说人生是桥,理想便是默默支撑的桥墩;如果说人生是路,理想便是黎明开启时的启明星。因为有理想,人生才充实;因为有理想,人生才美好;因为有理想,人生才是真正的人生!

那么,亲爱的同学们,你们的理想是什么呢?

新课程要求学生能在情感、态度与价值观方面得到应有的发展,要求对学生的创新精神与创造能力进行重点培养。在《理想》一课结尾时,教师通过综合水平的提问,引起了学生对自己理想的深入思考,对学生的人生价值、人生追求等起到了极大的引导和鼓励作用。

4.诱导式分析类提问的应用案例

案例 《光的传播》一课中在引入阶段的诱导提问

(播放动画:一人走进一间漆黑的屋子,接着把灯打开,紧接着又进来一人将他的眼睛蒙上。)

老师:如果在伸手不见五指的夜晚,我们能看见物体吗?为什么?

学生:不能看见物体,因为夜晚没有光,我们什么也看不见。

老师:站在明亮的屋子里,将眼睛蒙上,你能看见物体吗?为什么?

学生:仍然什么也看不见,因为将眼睛蒙上就是看不见物体。

(其他学生在思考,教师用鼓励的眼神望向学生。)

老师:想一想,谁能进一步解释一下?

学生:是不是没有光线进入我们的眼睛里?

(学生们露出茅塞顿开的神色,教师露出满意的微笑,点点头。)

老师:他说的对不对?

学生:对!(齐答)

老师:实际上我们的周围就是一个充满五颜六色的光的世界,阳光使我们的世界绚丽多彩,光使我们的生活五彩缤纷。同学们一定都想知道光的奥秘吧?从本章开始,老师和同学们一起走进光的世界。

教师在导入课堂时,在形象的动画基础上进行诱导提问:为什么在"无光"和"蒙眼"两种情况下都看不见物体?诱导学生形成"光线进入眼睛才能看见物体"的观念,既增强了学生对光线的直观感受,又激发了学生的学习兴趣,后面的教学内容顺势而至。

5. 连环式提问的应用案例

案例 《光的传播》一课中的连环式提问

老师:同学们阅读课文并完成预习题,有问题请在书中做出标记。遇到问题同学们可以一起讨论。

(此时教师全场巡视,检查同学们的完成情况,将具体的问题记录下来。)

老师:通过预习,同学们知道了哪些有关光的知识?

学生:我们把能发光的物体叫作光源。

学生:太阳、闪电、电灯、蜡烛、萤火虫……可以叫光源。

学生:霓虹灯、篝火、手电筒、火把……也可以叫光源。

学生:光源可以分为两种:一种是自然光源,一种是人造光源。

老师:很好,可是,光是如何传播的呢?

学生:小学自然常识中曾经学过——光是沿直线传播的。

老师:在生活中,你们见过光是沿直线传播的吗?能否举例说明?

学生:见过,比如电影放映机射向银幕的光是直的……

学生:在有雾的天气里,可以看到从汽车车灯里射出的光束是直的……

学生:现在有的建筑物上打的光束也可以说明光是沿直线传播的。

老师:既然光是沿直线传播的,我们怎样才能形象地表示光的传播呢?

学生:用光线——表示光的传播方向的带箭头的直线。

老师:谁能上来示范画光线?

教材中的知识点总是存在一定逻辑关系的,厘清教材中知识点的逻辑关系,运用连环式提问的方式让学生理解知识点和它们之间的关系是教学中经常采用的提问形式。在《光的传播》一课中,通过连环式提问,学生对光源、光的传播和光的表示3个知识点及其之间的关系有了初步了解,完成了教学目标。

6. 插入式提问的应用案例

案例 《我的信念》一课中的插入式提问

各小组展开热烈讨论,10分钟后,教师宣布小型演讲会开始。

学生:我演讲的题目是"我向居里夫人学习"。居里夫人感叹时间的流逝如此的快,从不为生活的简陋而难过,在简陋的实验条件下也一如既往地进行研究，这些思想正是我所缺乏的……我也要为中国做贡献。

（看着他满脸的激动，教师又追问了一句。）

教师：你将为中国做什么贡献？

学生：我决心向神舟六号的科研人员学习，在航天方面做出努力，让祖国的明天更美好。

"呵，未来的航天英雄，真想与你握握手呀！"教师由衷地说道。

插入式提问可以在课堂中任何一个地方进行，作用很多，如纠正错误、突出重点、加深理解、进行升华等。在《我的信念》一课的教学中，教师通过插入式提问"你将为中国作什么贡献？"起到了升华的作用，让学生将居里夫人的精神与学生所在的时代背景结合起来，明确了自己怎样为中国做出贡献。

三、板书能力训练

板书能力训练就是训练受训者上课时书写或绘画在黑（白）板上的文字、符号、图画和表格等的能力。

（一）板书能力训练的要点

（1）文字图画清晰，书写要规范，易于学生识别。

（2）要在课前做好板书的设计工作（包括板书类型、位置等）。

（3）要在预设的环节和适当的时机书写板书，合理地、自然地将板书贯穿在教学活动中。

（二）板书能力训练的评价标准（表5-3）

表5-3 板书能力训练的评价标准

评价项目	等级					权重
	A (1.0)	B (0.8)	C (0.6)	D (0.4)	E (0.2)	
1.板书设计与教学内容紧密联系，结构合理						0.20
2.板书有条理、简洁明了						0.15
3.文字书写规范						0.15
4.板书大小适当，便于观看						0.15

续表

评价项目	等级					权重
	A (1.0)	B (0.8)	C (0.6)	D (0.4)	E (0.2)	
5. 板书配合讲解，富有表达力						0.10
6. 能激发学生的思维和兴趣						0.15
7. 应用了强化手段，突出重点（如彩笔、加强符号等）						0.10
综合评价						

（三）板书能力应用案例

1. 大纲型板书的应用案例

案例1　《鲁提辖拳打镇关西》板书设计

```
鲁提 ⎧ 起因——金氏妇女痛陈苦情
辖拳 ⎪ 发展——鲁达救助金氏返乡
打镇 ⎨ 高潮——拳打郑屠铲除恶霸
关西 ⎩ 结局——急中生智鲁达脱身
```

通过总纲式的板书设计，将《鲁提辖拳打镇关西》的起因、发展、高潮与结局以纲要的形式呈现在学生面前。让学生对课文的主要内容及其结构有了清晰而直观的认识。

案例2　有位教师在讲《矛盾的同一性和斗争性》时的板书①

```
一、矛盾的定义
事物内部既对立又统一的相互关系
二、矛盾的同一性
1. 矛盾同一性的含义：事物内部对立因素相互联系、相互吸引的趋势
2. 矛盾同一性的表现形式多种多样
三、矛盾的斗争性
1. 矛盾斗争性的含义
矛盾双方对立、排斥、斗争的状态和趋势
2. 矛盾斗争的表现形式
四、矛盾同一性和斗争性的辩证关系
同一是对立中的同一，对立是同一中的对立
```

---

① 孙菊如. 课堂教学艺术 [M]. 北京：北京大学出版社，2006：183.

这类板书,是按照教学内容的顺序进行编排的,逻辑结构清晰,学生可以清楚地分清教学内容的层次,更容易掌握知识结构和相关知识。

案例3　分式复习板书设计

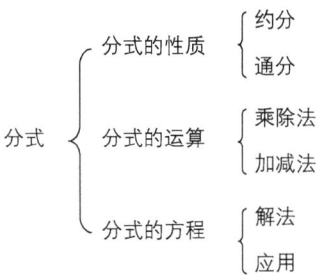

通过总纲式的板书设计,将分式的内容及其之间的关系直观地呈现在学生眼前,有利于学生对分式内容的系统理解。

案例4　某教师在讲《荷塘月色》时的板书[①]

```
一、缘由：颇不宁静、忽然想起荷塘
二、1. 荷塘
荷叶　亭亭（美）　田田（多）　零星点缀　白（色）
荷花　如明珠　如星星（光）　袅娜　羞涩（态）
荷香　缕缕——仿佛歌声　动态美　像闪电（快）
荷波　凝碧（色）
2. 月色
流水　脉脉（态）　静态美
月光　如流水——流动　泻——轻柔
月色　青雾浮　轻纱的梦　光和影的和谐
树　重重阴阴（沉郁）
3. 四周
远山　隐隐约约
灯光　没精打采（月色迷离）
蝉鸣　蛙叫
三、联想：江南采莲——渴望自由
```

该类板书十分简洁,简明扼要的内容能够启发学生的思维,让学生产生一系列的思考,便于学生掌握和理解整个教学内容,同时也有助于培养学生的思维。

---

① 引自：浙江大田中学，http://www.zjdtzx.com/portal/xkjs/ShowArticle.asp?ArticleID =1218。

案例 5　某教师在讲《古代希腊民主政治》一课时的板书[1]

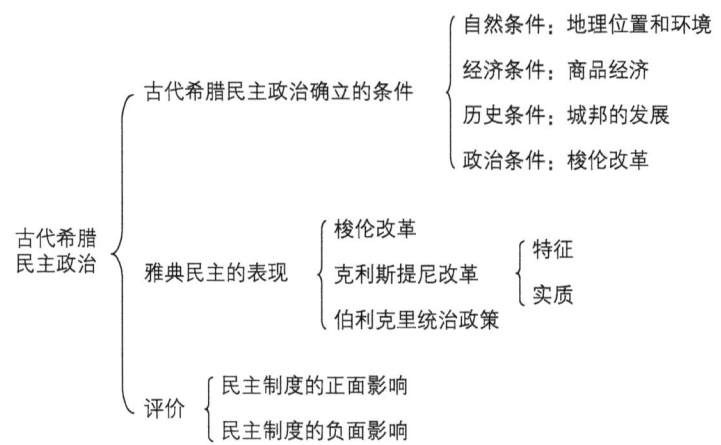

该类板书用总体—细分的形式，先对整体结构进行叙述，再对细分部分的详细结构进行说明，给人的印象鲜明，这类板书最大的特点就是条理清晰，从属关系清楚，便于学生掌握和理解教材的整体结构，更好地掌握教学内容。

2. 图表型板书的应用案例

案例 1　《陆地地形》教学板书设计[2]

地形类型	海拔高度	地表起伏特征	举例
山地	>500 米	峰峦起伏，坡度陡峻	喜马拉雅山地
丘陵	<500 米	起伏不大，坡度平缓	辽东丘陵
高原	>500 米	地面平坦或起伏不大，边缘陡峭	青藏高原
平原	<200 米	地面平坦，起伏很小	华北平原
盆地	没有标准	四周高，中间低	塔里木盆地

通过对不同陆地地形的对比，学生对各种地形的特点一目了然。

---

[1] 广东省教育厅教研室. 高中新课程历史优秀教学设计与案例 [M]. 广州：广东高等教育出版社，2005：109.

[2] 吴渝，马若义. 微格教学实训教程 [M]. 合肥：合肥工业大学出版社，2007：130.

案例 2 《看云识天气》一课中的云彩简表板书[①]

云名	形态变化	位置	厚度	天气征兆
卷云	像白色羽毛漂浮着	最高	最薄	象征晴朗
卷积云	像水面鳞波，卷云成群排列	很高	很薄	无雨雪
积云	像棉花团，上午出现，傍晚消失	两千米左右	较薄	阳光、温和
高积云	像羊群，由扁球状云块排列	两千米左右	较薄	天晴

虽然都是云，但是有不同的形态，将它们放在一起比较，可以让学生对每一种云的特点加深了解，并掌握具体的表象及成因。

3. 图形型板书的应用案例

案例 1　一道数学题的板书设计[②]

数学题：仓库里有一些水泥，第一天用去一半，第二天用去剩下的一半，结果还剩 18 包，仓库里原来有多少包水泥？

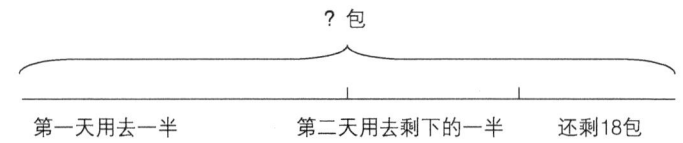

利用线段，将问题的条件、数据之间的关系及要解决的问题直观形象地表现了出来，问题和条件都非常直观、清晰，有利于学生解决问题。

案例 2　《狼牙山五壮士》板书设计

通过板书设计，将 5 位壮士从"接受任务"到"英勇跳崖"的过程形象、直观地表现出来。

---

① 引自：123 课件站，http://www.123xz.net/article/410/430/2006/2006110754469_2.html.
② 吴渝，马若义. 微格教学实训教程 [M]. 合肥：合肥工业出版社，2007：131.

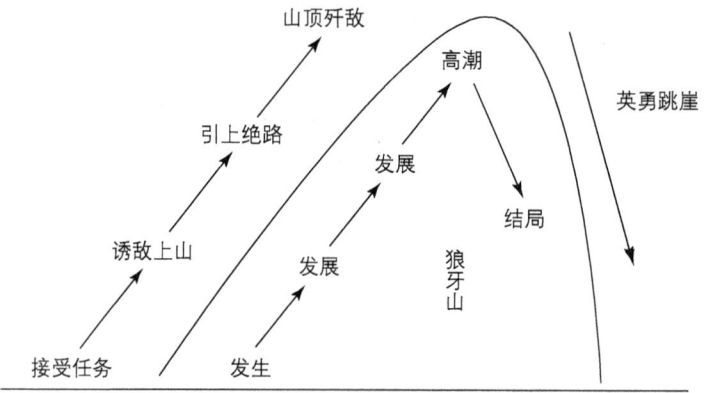

案例 3　《人民英雄永垂不朽》方位图板书设计

一位教师在讲《人民英雄永垂不朽》时，以下面的板书方式呈现十幅浮雕的。[1]

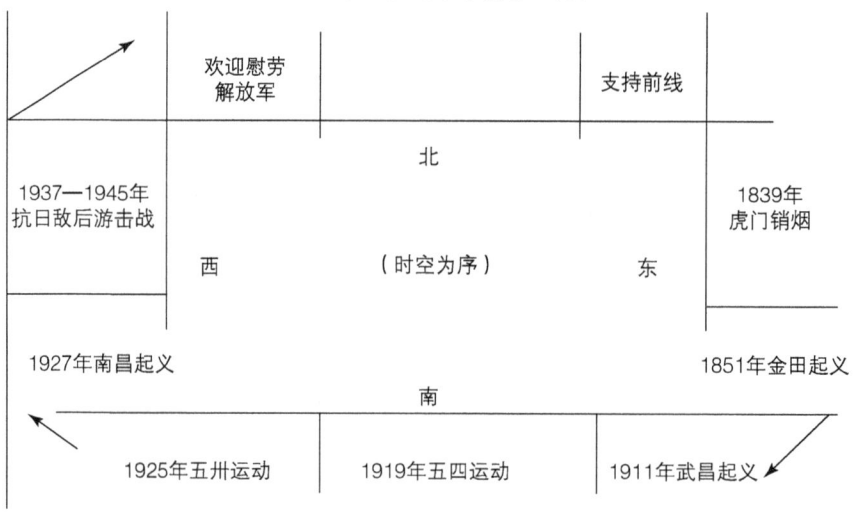

该类板书以直观的形象，从整体视角，向学生展示了事物的形象，利用形象的方式加深学生的记忆和印象。

---

[1] 引自：豆丁网，http://www.docin.com/p-7254627.html。

案例 4 《孔乙己》线条图的板书设计

《孔乙己》课文的板书设计围绕一个"笑"字展开的。

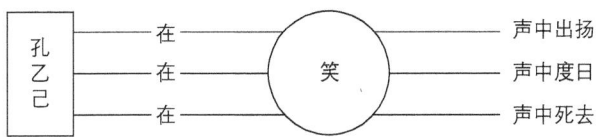

该类板书将文章中最有特点的地方浓缩为字或词的方式，可以让学生马上掌握文章的核心和关键点，有利于尽快地吸引学生注意力，激起学生的探究欲望。

4. 图画型和综合型的板书设计

案例 1 《人脑的高级功能》中言语区的板书设计

W区：write，受到损伤为not write，即为不能写字

S区：speak，受到损伤为not speak，即为不能讲话

V区：view，受到损伤为not view，即为不能看懂文字

H区：hear，受到损伤为not hear，即为不能听懂话

人的认识过程一般都是从直观到抽象，而人脑中控制人语言的区域及其作用相对学生来讲是比较抽象的。教师在讲解这部分内容时，通过形象直观的图片和相应的文字说明，形象直观地向学生呈现了人脑中哪些部分是控制人类语言的，控制的是什么样的功能。

案例 2 《跳水》一课的板书设计

《跳水》一课，教师为了解决孩子是怎样一步步走上桅杆顶端及得救的过程这个难点，在教学过程中，教师采用图画型板书来呈现。①

---

① 李志河. 微格教学概论 [M]. 北京：北京交通大学出版社，2009：63.

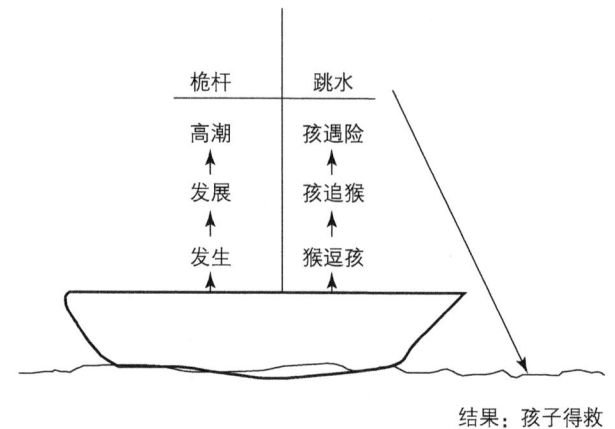

案例3 《蛇与庄稼》一课的板书

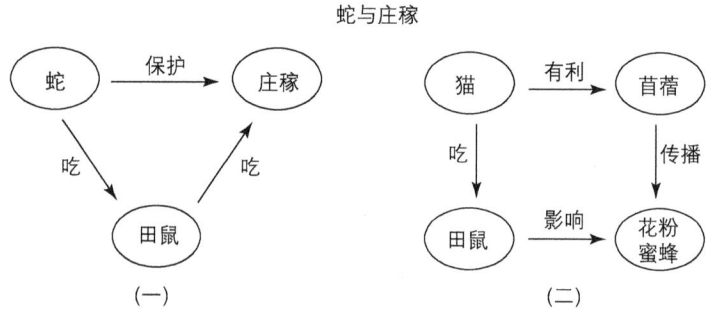

用一些简单的形式,将文字、符号等用线连接起来,既体现了这些元素间的关联性,又方便学生记忆和掌握逻辑性,而且图形的方式可以让学生加深印象,激发学生的学习热情。

四、演示能力训练

演示能力训练就是训练受训者使用多种教学媒体或方式为学生实际表演和示范性操作的能力。

(一)演示能力训练的要点

(1)演示要与语言指导相配合,要紧密结合课程内容,要辅助教学目标的完成。

(2）演示的动作和程序都要规范，要注意培养学生严谨的科学态度。

(3）教师要结合演示物的各项属性做好演示，演示时要做到方便学生观察和认知。

(4）演示物不宜过多，要简单、明确。

（二）演示能力训练的评价标准（表5-4）

表5-4　演示能力训练的评价标准

评价项目	等级					权重
	A(1.0)	B(0.8)	C(0.6)	D(0.4)	E(0.2)	
1. 演示的目的性与本课程内容密切结合						0.10
2. 演示现象明显，能吸引全班学生的注意力						0.20
3. 演示能启发学生的思维						0.15
4. 操作演示动作规范						0.15
5. 演示程序清楚，关键步骤能重复						0.05
6. 演示与讲解等其他能力结合好						0.10
7. 演示开始时能将仪器交代清楚						0.05
8. 仪器装置较简单，易操作						0.10
9. 演示能确保安全可靠						0.05
10. 对演示结果能实事求是地进行解析						0.05
综合评价						

（三）演示能力应用案例

案例1　九年级化学课《性质活泼的氧气》中实验演示能力的应用

教师首先介绍药品、反应原理和仪器装置，然后逐步示范氧气的获得过程。演示步骤如下。[①]

（1）连接装置并检查装置气密性，示范装置气密性检查方法并讲解提问。

---

① 引自：于洪教育网，http://www.yhedu.syn.cn/xkzh/ShowArticle.asp?ArticleID=54，有修改。

要求学生仔细观察。

(2) 装药：演示试管拿法，药匙伸到试管中的位置。

(3) 在试管口附近塞一小团棉花，启发提问：为什么塞棉花？如果不塞，可能造成什么后果？教师讲解原因。

(4) 固定试管，教师示范，强调注意事项，启发提问：固定试管，管口为什么要略向下倾斜？

(5) 集气瓶装满倒扣水中，准备收集氧气，演示并强调集气瓶中不要留气泡，启发提问：为什么不能留有气泡？

(6) 加热：先预热，然后固定加热。

(7) 收集：教师演示，刚开始有气泡不要马上收集，而要等到气泡连续并均匀放出才开始收集。启发学生思考其原因。

(8) 将导管从水槽中取出。

(9) 移走酒精灯，停止加热。启发提问：(8)、(9)两步顺序颠倒可以吗？为什么？

(10) 检验氧气，示范操作方法，学生观察做法。

(11) 整理装置，讲解并概括回顾。

此案例中教师的示范过程中有示范、讲解、质疑、解答，学生在学习过程中有观察、思考、记忆和操作。教学过程中的师生互动，在培养学生观察、分析和解决问题的能力方面起到了很好的效果。

案例2 数学《折线统计图》一课中多媒体演示能力的应用

教师设计如下课件：屏幕上显示某地1997年的月平均气温的统计图，横轴表示全年各月份，纵轴表示温度，图中每一小格表示1℃，让学生按表格数据指出图中对应温度后，屏幕上马上按图中对应温度数字逐一闪动，使学生清楚地看出对应关系。接着，屏幕上显示：把各点用线段顺次连接起来。教师让学生观察：全年各个月份的温度是多少，温度增减的变化情况怎样。最后，学生将电脑制作出来的统计图描点、连线，教学任务完成。

利用多媒体可以进行动态展示，化静为动，既培养了学生的观察能力，又提高了其分析问题、解决问题的能力。

案例3 小学一年级数学《认识时间》教学中的多媒体演示教学设计

教师运用课件中很多的情景图：一幅上学的图，在图左边有钟表，上面是具体的时间；还有放学图、星期天作息时间图，包括起床时间、吃饭时间、出去玩的时间、回家的时间、吃中午饭时间、看电视时间等。这些图都联系学生的生活实际，运用所学的知识，让学生准确地说出每件事情的时间，从而进行了广泛的应用，学生在应用中学会了本节课的所有知识。

多媒体课件需要的大量图片和图像可以通过各种方式获得，如图库、扫描仪制作、数码相机拍摄、基图添加、剪贴、图像剪辑等，也可以配合使用各种绘图软件自己制作。另外，网上有大量教育资源，甚至是现成的课件，可以直接下载使用或根据需要进行修改。

案例4　小学二年级学习"倍"的概念时挂图的应用

教师拿出一张青蛙图片，贴在黑板上，问学生："一只青蛙有几条腿？"再拿出两只青蛙图片贴在黑板上，问学生："三只青蛙有几条腿？"

在使用挂图进行演示时，有两点尤其需要注意：一是挂图不能在一上课时就出示给学生看，以免分散学生的注意力。一般做法是：使用前背面朝外，需要时反过来看，或者先收到讲桌里，需要时再悬挂。二是必要时要用板画等方式配合挂图。如地理课上，在《我国地理区域划分》一课使用的挂图中，某些行政区划学生看不清楚，又没有局部放大内容时，教师就应该在黑板上画一些略图或者使用辅助挂图，把局部放大，以免漏失重要细节。

案例5　某位老师教《白杨礼赞》

通过单幅到多幅的贴画演示，让学生看图学文，印象深，理解透。老师先在黑板上贴上一幅茫茫戈壁的图画，结合课文内容，让同学们了解大戈壁恶劣的自然环境。当教到戈壁铁路沿线出现一行高大挺秀的白杨树时，老师在戈壁图上贴上一行白杨树。通过这种图文结合的方式，学生对白杨树那高大挺秀的身姿留下了深刻印象。当最后教到大白杨树旁几棵小白杨树正迎着风沙成长起来时，老师又在白杨树两旁贴上几棵茁壮成长的小白杨树，暗示祖国边疆的接班人正战胜各种困难不断成长。

这样，随着教学内容的进展，配合图片分步演示，既揭示了课文内容，又增加了教学手段的新奇性与趣味性，学生兴趣高，收获大。

案例6　生物课《光合作用需要光和叶绿素》使用以下投影片进行演示

遮光—光照—几小时后取叶—酒精脱去叶绿素—加碘—遮光部分不变蓝。

通过这样的投影展示，学生能更清楚地看到实验的过程，理解实验的实质，增强演示的直观效果。

五、变化能力训练

变化能力训练就是训练受训者为吸引学生的注意力而变化教学方式方法的能力。

(一) 变化能力训练的要点

(1) 使用时机要合适恰当，要始终配合教学内容，要配合教学目标的实现。
(2) 课前要做好精心计划，课中要根据情况灵活运用。
(3) 在应用变化能力时动作要适度，要自然不夸张，要注意拿捏分寸。
(4) 要在合适的时机使用变化能力，要自然流畅，要注意保持课程的流畅性和连续性。

(二) 变化能力训练的评价标准 (表 5-5)

表 5-5 变化能力训练的评价标准

评价项目	等级					权重
	A (1.0)	B (0.8)	C (0.6)	D (0.4)	E (0.2)	
1. 能引起注意，有导向性						0.10
2. 能强化教学信息传递						0.10
3. 能有效激发学生的兴趣						0.10
4. 声音节奏、强弱变化适当						0.15
5. 手势、动作变化自然、适当						0.15
6. 变化教学媒体适时、适当						0.15
7. 师生相互作用变化流畅、适当						0.15
8. 面对突发情况，能应变自如						0.10
综合评价						

(三) 变化能力应用案例

案例 1 《青藏地区的自然环境》一课中语言的变化

教师在讲解"青藏地区自然环境的主要特征是高寒"这个知识点时，加大了"高""寒"两字的音量并放慢语速，效果极好，在一次知识检测中学生对青藏地区自然环境的主要特征一题得分率为 100%。

肢体语言的变化包括目光的变化、表情的变化、动作的变化、站位的变化等。肢体语言的变化可以很好地起到"此时无声胜有声"的暗示作用，有时也能强化语言的效果。通过肢体语言的变化促进课堂教学的情况也很常见。例如，用手势表示大小高低，用视线的停留表示注意或责备，用点头之后皱眉传递"可能有问题，还要再思考一下"的信息，在走动过程中突然停止提醒某些同学集中注意等。在学生回答困难时、启发学生思维时也常用手势。如"气温升高，气流上升，气压下降"，教师只用手势暗示，学生立即会答。

教学实践表明，教师的表情、动作、手势等的变化对教学的口头语言起着重要的象征、说明、强调和补充等作用，使教师的表情达意更加丰富易懂，也可以使教学过程显得一气呵成。但是，教师的语言变化应该自然大方，体现真情实意，绝不能矫揉造作。动作的变化幅度也应该恰到好处，切记过大、过猛、过频。

案例2　某老师对体态语言的运用

某小学特级教师给小学低年级学生讲解"颗颗稻粒多饱满"一句时，她走到教室门口，突然转过身来，胸脯略微一挺，头微微昂起，面带笑容，两眼有神，问道："你们看，老师今天精神怎么样？"学生齐声说："老师精神饱满！"老师又说："今天上课，我看大家都挺着胸，昂着头，坐得端端正正，精神也很饱满！"

在这个例子中，老师用精当巧妙的体态语，传递了更加丰富、真切的知识信息，十分巧妙而又直接地使学生领会了"饱满"一词的本义及引申义。

案例3　初中植物学课讲授《花的结构》时体态语言的运用

教师利用一个桃花模型进行讲解，在利用演示教具介绍花萼的同时，注意用目光调控和管理学生，关注学生是否在注意听讲和观察。在提问全体学生萼片一共有几个时，教师一边微笑，一边用目光扫视全班。当学生们集体回答有五片后，教师伸出五个手指，比画了一下，这个身体动作强调了"五"这个数字，加强学生对这一知识点的印象。

这些目光和面部表情的变化，表达了教师对学生的积极态度，能够消除学生的紧张，起到鼓励学生积极思考的作用，也加深了学生的学习效果。

案例4　小学语文《爷爷和小树》第二节的教学中各种教学媒体的配合

"天热了，小树给爷爷撑开绿伞，爷爷不热了。"学生需要理解"撑开绿伞"在句中的意思、小树为什么能给爷爷撑开绿伞及这句话在文中的意思。在教

学中，教师首先拿来一把绿色的雨伞，慢慢地撑开，调动了学生的视觉，使学生形象地感知到"撑开"的动态过程及绿伞的外形特征，在观察中发现和领会词意。这样，不但集中了学生的注意力，还培养了学生的观察力、思维能力和理解能力，使新知识掌握得更加牢固，学生学得更加轻松自如。演示完毕，教师顺势询问伞的作用，学生回答："可以挡雨，可以遮阳。"为后面的讲解进行铺垫。为了实现知识的迁移，使学生理解小树怎么撑伞，教师又运用复合投影片，只见绿色的树叶一次次地复合上去，分次呈现出小树慢慢成长，树冠渐渐增大，绿叶越来越茂密，以及身穿汗衫、手摇葵扇、笑容可掬的爷爷在树下悠闲地乘凉的景象，教师边演示边问："小树怎样？叶子怎样？好像什么？"看着演示，读着课文，想着情景，学生顿悟——小树茁壮成长，夏天它就如一把撑开的绿伞给爷爷遮阳，这是它对爷爷辛苦劳作的最好回报。

这一小节的教学中，两种教学媒体配合巧妙，使信息传输畅通，有助于加快课堂信息交流，优化教学过程。传输信息媒体除了听觉、视觉外，还有嗅觉、味觉、触觉。如在教《我爱故乡的杨梅》时，可找些杨梅让学生尝一尝；在理解"毛茸茸"一词时，可找些毛茸茸的玩具让学生摸一摸。以上例子都是让学生通过味觉、嗅觉去直接感受教材对实物抽象的描述，提高学习兴趣，促使学生在课堂上进行高效率的心智活动。

六、强化能力训练

强化能力训练就是训练受训者激发学生学习动机，促进学生主动积极参与到学习活动中的能力。

（一）强化能力训练的要点

(1) 主要针对重点和难点，次要部分略讲或不涉及。

(2) 要根据教学内容和方式的不同要求，寻找最佳的切入角度来设计适当的强化。

(3) 要注意与其他多种能力的配合，综合运用，实现最佳的强化效果。

（二）强化能力训练的评价标准（表 5-6）

表 5-6 强化能力训练的评价标准

评价项目	等级					权重
	A(1.0)	B(0.8)	C(0.6)	D(0.4)	E(0.2)	
1. 教师采用的强化目的明确						0.10
2. 强化引起了学生的注意力						0.15
3. 强化促进学生参与教学活动						0.20
4. 强化运用的时机适当						0.10
5. 教师运用强化时情感真挚						0.15
6. 强化方式多样性						0.10
7. 强化自然、恰当						0.10
8. 以正面强化为主，鼓励学生进步						0.10
综合评价						

（三）强化能力应用案例

案例 1　钱梦龙老师在教《愚公移山》时，使用口头语言进行强化

《愚公移山》原文：

太行、王屋二山，方七百里，高万仞。本在冀州之南，河阳之北。

北山愚公者，年且九十，面山而居。惩山北之塞，出入之迂也。聚室而谋曰："吾与汝毕力平险，指通豫南，达于汉阴，可乎？"杂然相许。其妻献疑曰："以君之力，曾不能损魁父之丘，如太行、王屋何？且焉置土石？"杂曰："投诸渤海之尾，隐土之北。"遂率子孙荷担者三夫，叩石垦壤，箕畚运于渤海之尾。邻人京城氏之孀妻有遗男，始龀，跳往助之。寒暑易节，始一反焉。

河曲智叟笑而止之曰："甚矣，汝之不惠。以残年余力，曾不能毁山之一毛，其如土石何？"北山愚公长息曰："汝心之固，固不可彻，曾不若孀妻弱子。虽我之死，有子存焉；子又生孙，孙又生子；子又有子，子又有孙；子子孙孙无穷匮也，而山不加增，何苦而不平？"河曲智叟亡以应。

操蛇之神闻之，惧其不已也，告之于帝。帝感其诚，命夸娥氏二子负二山，一厝朔东，一厝雍南。自此，冀之南，汉之阴，无陇断焉。

教师：大家说说看，这个老愚公有多大年纪？

（学生纷纷回答，有的说"90 岁"，有的说"90 岁不到"。）

教师：到底是 90，还是 90 不到？

学生：（齐声）90 不到。

教师：不到？从哪里知道？

学生："年且九十"，有个"且"字。

教师："且"，对！那个智叟是个年轻人吗？

学生：（齐声）老头。

教师：怎么知道？

学生：（齐声）"叟"字呀！

教师：……那个遗男有几岁了？

学生：七八岁。

教师：你们又是怎么知道的？

学生：从"龀（chèn）"字知道。

教师：……这个年纪小小的孩子跟老愚公一起去移山，他爸爸肯让他去吗？（学生一时不能回答，稍一思索，七嘴八舌地说："他没有爸爸！"）

教师：你们是怎么知道的？

学生：他是寡妇的儿子。"孀妻"就是寡妇。

教师用一系列提问式的语言强化了学生对"且""叟""龀""孀妻"等文言字词的理解，学生从中获得了强烈的语言感受，增强了学生对语言的感受力。

案例2　教师评语（书面语言）示例

或许你有些调皮，有些好动，也常挨批评，可在老师的心中，一直认为你是个聪明的孩子。学习是要靠持之以恒的，如果你能把学习的激情融入每时每刻，静下来认真思考，勤奋学习，那么，你也可以成为一名佼佼者，愿意试试吗？老师会一直为你助威加油！

案例3　某老师讲《一夜的工作》一课时，对"极其简单"一词使用了如下板书符号进行强化

教师：告诉大家，哪个词在你的眼前突然跳了出来？

教师：极其简单，两个词同时跳出来了，是吗？（板书"简单"，意味深长地在"简单"下面画了两条线）没有想到，在"简单"前面还加了一个"极其"。（教师在"极其"上圈了一下）换个词？

教师：还是不够！只有这个词（教师手指黑板上的"极其"两字）才够，一起读。

老师用画线和画圈的方式强调了这两个关键词，这两个词语的重要性一目了然。在教学中，还可以使用巧妙的板书、板画，或者通过符号标注、字体加大或减小等吸引学生的注意，起到强化教学重点的作用。

案例4 小学英语《ABCD》课堂教学设计

教师在黑板上的四线三格中板书 ABCD 和 abcd，故意把大写的 C 写成只占中格的 c。

教师：大家看，老师写得对不对？

学生：（七嘴八舌）不对，老师把 C 写成小写了！

教师：（恍然大悟）你们太厉害了！老师原来出错了！（在板书上进行修改）可是，有没有人出和老师一样的错啊？

（有几个学生不好意思地举手。）

教师：没关系，我们犯了错误，就要老实承认，及时改正，这才是好的学习态度。老师要向你们学习。

在这个例子中，老师用故意犯错的方式提醒学生注意，不但突出了教学重点，而且构建了一种民主平等的师生关系，由这种关系营造出一种活泼生动、和谐的教学氛围。

>>> 本章作业

一、问答题

1. 微格教学训练包括哪 4 个步骤和哪 6 个阶段？
2. 微格语言能力训练的要点是哪些？为什么？
3. 微格语言能力训练的评价标准的用途是什么？
4. 提问能力、板书能力、演示能力、变化能力、强化能力微格训练的侧重点有什么不同？

二、实训题

按教师要求编写课堂教学能力训练方案。

三、思考题

1. 怎样才能做好微格教学能力训练？
2. 应该怎样设计微格教学能力训练方案？

第六章　辅助教学能力训练

第二章所述的 4 项教学调节能力（导入能力、讲解能力、组织能力、结束能力）和 3 项教学扩展能力（手工能力、示范能力、PPT 制作能力）都是在日常教学中使用较多的能力，是每一名教师（或师范生和类师范生）应该掌握的辅助教学能力，是提高教学水平和质量的有效手段，也是微格教学的重要目的，本章将给出一些好的案例，供学习或参考。本章所引用的应用案例，除特别注明外，均引自学科网（http://www.zxxk.com，对所选案例有一定修改）和刘宗南主编的《微格教学概论》，评价标准均引用自刘宗南主编的《微格教学概论》。

第一节　教学调节能力训练

一、导入能力训练

导入能力训练就是训练受训者在课程开始时采用某种适当的行为方式，使学生明白本模块教学目标的能力。

（一）导入能力训练要点

（1）要针对教材内容和学生特点进行合适的导入，要让学生明确将要学习的内容和方式。

（2）导入要体现对学生的启发作用，激发学生的求知欲望，调动学生的主动性。

（3）导入要找准切入点，语言简短明快，关键突出。

（4）导入新课程时内容不宜多，难度不宜大，要自然地引向后续的学习。

（5）导入的方式和手段要新奇巧妙，要最大限度引起学生的学习兴趣，调动学生积极性。

（二）导入能力训练的评价标准（表6-1）

表6-1 导入能力训练的评价标准

评价项目	等级					权重
	A(1.0)	B(0.8)	C(0.6)	D(0.4)	E(0.2)	
1. 目的明确，能将学生导入课题情景						0.10
2. 导入吸引了全班学生的注意力						0.10
3. 导入的方法很有趣						0.15
4. 导入用的演示效果好						0.10
5. 导入具有启发性						0.10
6. 导入内容与要研究的概念联系紧密						
7. 教师的教态自然，语言清晰						0.10
8. 导入时间掌握得好						0.10
9. 导入能面向全班学生						0.15
对此段微格教学片段的评价						

（三）导入能力应用案例

案例1 滑轮

教师提出："你见过升旗吗？升旗的人站在地上向下拉绳，旗就徐徐升起，你知道是靠什么东西的帮助把旗升上去的吗？"

案例2 《茶花赋》[①]

今天，我们学习《茶花赋》，作者杨朔。这篇文章发表于1961年。它是一首歌颂伟大祖国的赞歌。祖国，一提起这个神圣的字眼，崇敬、热爱、自豪这些美好的感情充盈我们的胸际。我们伟大的祖国有五千年的古老文明史，有960万平方公里的辽阔土地，有许多令人神往的名山大川，还有勤劳勇敢的各族人民。每当提起这些，我们的心中就涌起热爱祖国的感情来，可是我们拿起笔来写的时候，就写不出来了。有的学生问，祖国那么大，怎么表达？对于这样一个主题，怎样才能表达得具体形象，写出新意呢？《茶花赋》就

[①] 裘大彭，任平. 课堂教学中的导入技能 [J]. 人民教育，1994（2）：40-42.

在这方面给了我们与众不同的感受。

案例3 动量

课前,先就学生共同的感受提出问题:"树叶掉在头上,人为什么不躲?而铅球从同样的高度掉下来,人为什么赶紧躲开?质量相同的两颗子弹,一颗用手抛出,一颗用枪射出,为什么穿透力不一样?"由此引出"动量"的课题。

案例4 切割线定理

在讲切割线定理时,先复习相交弦定理内容及证明,即圆内两条相交弦被交点分成的两条线段长的积相等,然后移动两弦使其交点在圆外有3种情况。这样学生较易理解切割线定理、推论的数学表达式,在此基础上引导学生叙述定理内容,并总结圆幂定理的共同处是表示线段积相等。区别在于相交弦定理是交点内分线段,而对于切割线定理,推论是外分线段、切线上定理的两端点重合。

这样导入,学生能从对旧知识的复习中,发现一串新知识,并且掌握了证明线段积相等的方法。

案例5 戊戌变法

教师指出:前一节课,我们学习了中日甲午战争后,帝国主义列强在中国划分"势力范围",掀起瓜分中国的狂潮,中华民族危机空前严重。在国家民族危亡的关头,中国社会各阶级、各阶层都要做出反应。戊戌变法运动、义和团运动和辛亥革命就是中国人民为反对侵略、挽救民族危机而进行的斗争,今天我们先来学习"戊戌变法"。

此例中所指出的中日甲午战争后列强对中国侵略的加深,正是引起"戊戌变法"的背景原因。历史事件之间存在着前因后果的内在联系,抓住了这种内在联系,新旧知识的衔接便十分自然、贴切。

案例6 英语教学

教师先复习 be 的一般过去时和现在进行时,从而引出过去进行时。例如:

I am in the classroom now.

I was in the classroom yesterday.

I am standing at the teacher's desk.

I was standing at the teacher's desk this time yesterday.

接着教师又问学生:What are you doing now?

同学们回答:We are having an English lesson.

教师又问：What were you doing this time yesterday？

同学答：We were having an English lesson this time yesterday.

最后让同学归纳过去进行时的构成 was/were+ 动词的现在分词。

这样导入新课就如同架设了一座桥梁，从复习过渡到授新，把旧知识和新知识有机地联系起来。

案例7　大气压强

课前，教师给每个学生一支注射用的针管，让学生拉动，学生很轻松地就可以做到这一点；教师让学生用橡皮套把针尖的小孔封住，再让学生拉动针管，这时针管就非常难拉动。学生对此会感到奇怪，由此引出大气压强的概念。

案例8　摩擦[①]

教师：这里有一个玻璃杯，杯内装满大米，手托着它处于静止，它受哪两个力？请画出受力图示。

学生：受重力、支持力，两力相等。

教师：如果手不托着，杯子受力如何？杯子将怎样运动？现在请大家看，在米间插入一支筷子，并把米压实。如果一手提着筷子，另一手不托盛米的杯子，大家猜会有什么结果？

（此刻同学们注意力高度集中，有的同学会担心杯子下落。）

教师：当托杯子的手离开杯底时，杯子没落下，杯子和米仍处于静止的平衡状态。从两力平衡思考，除受重力外，还受什么力？明确它还受到一个摩擦力。周围可见到的摩擦力是很多的。今天我们就要学习摩擦。

案例9　种子的结构

有位教师在讲植物学"种子的结构"的时候，先请同学们辨认几种植物的种子。接着她说："世界上绿色开花植物有20多万种，现我们看到的只是几种，非洲东部塞舌尔有一种复椰子树，一个种子的直径有50厘米，重达15公斤，可算是世界上最大的种子；还有一种叫斑叶兰的植物，它的种子一亿粒才50克，可算是世界上最小的种子。尽管这些种子的大小、形状、颜色各不相同，把它们种在适宜的环境里，都能长成一棵棵新的植物体。这是为什么呢？是因为它们的结构基本上是相同的。今天我们就通过观察常见的菜豆种子和玉米种子来学习种子的结构（板书课题）。"

---

① 裘大彭，任平. 课堂教学中的导入技能 [J]. 人民教育，1994（2）：40-42.

案例 10　家鸽[①]

开始先请同学们欣赏一首小提琴名曲《鸽子》，请大家闭上双眼，跟着悠扬、舒缓的乐曲，充分展开联想，音乐停止后，教师问："欣赏这首世界名曲时，你产生了哪些联想？"一位同学回答："我眼前仿佛看到一群洁白的鸽子，拍打着矫健的双翼在蓝天自由地飞翔，我要是有双翼该多好啊！"教师接着说："给你双翼就能飞了吗？——不能，那可真叫'插翅难飞'。为什么呢？通过今天'家鸽'一节课的学习，相信同学们会从中找到答案。"

这种导入设计不仅能使学生受到音乐的熏陶，身心得到放松和调整，同时也为学生提供了一个想象的空间，培养了学生发散思维的能力。"插翅难飞"的设疑也激发了学生学习鸟类适于飞行特点的兴趣。

案例 11　英语教学[②]

教学"确定位置"的句型"Where is it？"和表示位置关系的"on""in""under""near"等介词构成的短语时，教师可以在课前不引起学生注意的情况下，有意识地将自己的书、钢笔、铅笔等"丢"（"藏"）在讲台桌上面，下面、里面、旁边。上课一开始，教师故意发出教学指令，要求学生打开书跟读，教师假装找不到自己的书，自然而然地发问："Where is my book？Where is it？"并伴有相应的体态语，此情此景，学生定会理解教师所讲英语的含义，即"我的书在哪里？它在哪？"而且还非常想用英语说出老师的书所在的位置。于是学生会争先恐后地说出物品可能在的地方，即 in/on/under your desk 或 in/on/under your bag（学生可能用汉语说）。在教师精心设计的情景中，学生自觉地进入了交际角色，这时教师就可以因势利导，进行替换练习，使学生身临其境，很快进入学习状态。

案例 12　元素周期律的发现[③]

教师一开始就用幻灯机打出一张精致的彩色邮票，票面正中是门捷列夫头像。并问："这位大胡子学者是谁呢？"部分学生能认出这是俄国化学家门捷列夫。通过强烈的光、色和生动的语言刺激学生。写出课题后，立刻提出 3 个思考题，引出本课所要解决的主要问题，达到向学生渗透本节课教学目的的作用。

（1）元素周期律是科学史上的偶然发现，还是科学发展的必然结果？

[①] 韩晓华, 张岩炜. 初中生物课导言中运用音乐的尝试 [J]. 生物学通报, 1999 (12)：30-31.
[②] 罗晓杰. 中学英语新课导入六法 [J]. 教育探索, 2002 (1)：64-65.
[③] 裘大彭, 任平. 课堂教学中的导入技能 [J]. 人民教育, 1994 (2)：40-42.

（2）元素周期律是门捷列夫的个人发现，还是科学家们前赴后继的探索结晶？

（3）为什么称门捷列夫元素周期律，而不是以其他人的名字命名？

课程就沿着这3个环环相扣的问题展开。

案例13　什么是化学键？

教学一开始，教师提出一系列问题要求学生思考。人们已经发现和合成了几百万种物质，为什么仅仅一百零几种元素的原子就能够形成这么多形形色色的物质呢？原子是怎样互相结合的？为什么两个氢原子能自动结合成氢分子，而两个氦原子不能结合在一起？为什么原子间按一定数目比相结合？原子结合成分子后，性质为什么与原来的差别很大？为了弄清楚上述问题，首先，就要在原子结构知识的基础上，进一步研究原子在形成分子时的相互作用。教师引而不发，学生疑问重重，学生求知欲望倍增。

教师还可以通过课程引入，把学生的错误观念彻底暴露出来，既能引起学生的好奇心理，又为学生掌握正确的物理规律铺平了道路。

案例14　第三运动定律

教师讲课之前，向学生提出这样一个问题："拔河的双方，赢的一方拉力大，还是输的一方拉力大？"

学生异口同声回答："赢的一方拉力大。"

教师："不对，双方拉力一样大。"

学生急切地想知道原因："为什么？"

教师："这是作用力与反作用力的问题，我们今天就来学习这个问题。"

这样引出课题，比平铺直叙地讲解牛顿第三定律效果更好，学生的印象也要深刻得多。

案例15　平抛运动

教师提出："香港替身演员柯受良驾驶汽车飞跃黄河壶口瀑布，汽车起跳的速度是如何计算的，你们知道吗？学完这节课，你们也能计算。只要会开汽车，汽车能得到这样大的速度，就能飞越壶口瀑布。飞越壶口瀑布，当然需要巨大的勇气，但更重要的是物理定律保护了他。"

案例16　反证法[①]

教师讲授反证法时，可讲历史典故："相传古时一贤臣被一奸臣所害，

---

① 庞华. 试谈数学课堂教学中的导入技能 [J]. 中学数学教学，1997（5）：43-44.

判了死罪。皇帝念其大功，采用了用运气来最后裁决的办法：拿两张小纸片，一张写上'活'字，一张写上'死'字，由贤臣自己抽签定生死。歹毒的奸臣把两张纸片都写上了'死'字，巧被贤臣的朋友得知且告诉了他，贤臣稍加思索便高兴地说：'我有救了。'当抽纸片时，只见他抽出一张纸片谁也不让看，便吞下肚去，斩官只好看剩下的纸片，剩下的无疑是'死'字，于是这位贤臣便被赦免了。"贤臣为何能死里逃生？与学生共同分析原因，从而引出"反证法"的概念。又如在推导等差数列前 n 项和的公式时，可讲被誉为"数学之王"的高斯上小学时，迅速答出 $1+2+3+\cdots+99+100 =5050$ 的故事，高斯为何算得这么快呢？规律是什么呢？激发学生的学习兴趣，进一步探讨等差数列的前 n 项和的公式。

案例 17　磁体

教师准备了一盆米，里面混了一盒大头针。

教师：谁能想办法又快又干净地把米里的大头针挑出来？

学生想了很多办法，有的用筛子筛，有的用手挑……

教师：我有一个又快又好的办法，这就是我们这节课所要研究的内容。

案例 18　万有引力定律

有位教师在讲万有引力定律时，讲了一个趣闻：美国阿波罗飞船在飞行中，宇航员通过无线电话同儿子通话。儿子问他："谁在驾驶飞船？"他回答道："我想是牛顿。"于是，学生的兴致立刻被调动起来，很想知道已经去世 200 多年的人是如何驾驶飞船飞行的呢？

案例 19　昆虫的性外激素[①]

在讲昆虫的性外激素时，有位教师讲了下面的故事："法国著名的昆虫学家法布尔在 1904 年做了一个有趣的实验。在一个风雨交加的夜晚，在一所被丛林包围的黑房子里，法布尔把一只雌天蚕蛾扣在纱笼里。尽管风狂雨骤，当天晚上还是有 40 多只雄蛾穿过风雨前来交尾。第二天晚上，他在雌蛾周围撒满樟脑丸和汽油，结果也没有影响雄蛾前来寻找雌蛾。是什么因素使得雄天蚕蛾能够风雨无阻地前来寻找雌蛾呢？原来是昆虫的性外激素发挥了巨大威力。"什么是性外激素？它为什么在昆虫交尾中起这么大的作用？一连串的问题，引起了学生对性外激素的兴趣。

---

① 裘大彭，任平. 课堂教学中的导入技能 [J]. 人民教育，1994（2）：40-42.

案例 20　对数[1]

有位教师在讲"对数"时，是这样导入的："今天我们学习新的内容——对数。对数的发明人耐普尔讲：'我要尽我的力量，来免除计算的困难和繁重，许多人被讨厌的计算吓得不敢学数学了。'法国的拉普斯说：'对数可把几个月的计算减少到几天，使天文学家的寿命延长一倍。'同学们，对数有这么多的好处，今天我们就来学习它，看谁学得最快、学得最好。下面，我们开始学习新课。"

案例 21　《挑山工》[2]

有位教师在讲《挑山工》时，他首先用 CAI 课件展示泰山上的挑山工肩负重荷奋力登攀的情形，让学生设身处地地去观察、体验。

教师：你们从画面中看到了什么，明白了什么，感受到了什么？

学生：挑山工挑着沉重的货物，显得很吃力！

学生：泰山的路崎岖又陡峭。

教师：好个"崎岖又陡峭"，多么会用词呀！

学生：挑山工是以挑货上山为生的人。

教师：是的，挑山工的职业就是挑货上山。泰山上的挑山工，日复一日、年复一年地挑着重担走在崎岖又陡峭的山路上。

学生：挑山工的背都是弓的，他们每登一步都挺费劲的。

学生：我看见他们的脚筋都凸起来了。

学生：挑山工们登山艰难不仅仅是因为肩上的担子重，还因为要走的路坎坷、陡峻、曲折、漫长！

学生：对，我登过山，走得越久就越显得累。

教师：同学们不但有慧眼，还有一颗慧心！

学生：我仿佛看见挑山工咬紧牙关，挥汗如雨。

学生：我仿佛听见扁担吱嘎直响，这吱嘎声好像在说"太重了，太沉了，别把我给压折了"！

学生：我好像听见挑山工们气喘如牛。

教师：我似乎看见同学们想象的翅膀在飞翔！

学生：虽然艰辛无比，可挑山工们没有丝毫的怨言，没有一点松懈的意思。

---

[1] 杨鸿. 如何提高课堂教学技能 [M]. 长沙：国防科技大学出版社，2001.
[2] 引自：小学课堂网，http://www.xxkt.cn/yuwen/2009/39311.html。

学生：他们的表情那么乐观，一步一步迈得那么坚实！

学生：他们每登一个台阶就接近目标一点点，他们就有一种成功的喜悦！

教师：这是一群乐观的、踏踏实实的挑山工。你们的语言里充满了对挑山工的赞扬和敬佩之情！

教师：泰山上的自然景观与人文景观都非常丰富，可作者特别关注的却是挑山工，挑山工牢牢地印在作者的心里，深深地震撼着作者的心灵。同学们通过看画面就有这么多的发现。在待会儿学习课文的过程中肯定有更多的发现！

先向学生展示视频和图片，吸引学生注意力，可以激发学生的兴趣，更好地投入到学习中，然后再开始新课的讲授，效果会更好。本例中先用视频和图片让学生充分地感受挑山工的辛劳，为文中学生体会文字表达做了很好的铺垫，让学生能够更加深刻地体会到挑山工顽强的意志、坚韧的性格、不达目标誓不罢休的精神。

案例22 运动和静止[①]

在讲"运动和静止"之前：

教师：同学们，你们听说过用手抓飞行中子弹的事吗？

同学们神色惊讶，表示不可思议。

学生：子弹飞得那么快，能用手抓住吗？

教师：第一次世界大战期间，一名法国飞行员在2000米的高空飞行时，感觉到有一个小虫似的东西在身边蠕动，伸手一抓惊奇地发现，原来抓到的竟是一颗德国制造的子弹。

同学们个个十分惊疑。

教师：我们今天学的课题"运动和静止"就要探讨这个问题。

在进行故事导入时，教师除了要挑选趣味性强的故事，还要注意综合运用词语、语气、语调、体态等方式，增强通过讲故事导入的效果。

案例23 钠[②]

教师用小刀切下一小块钠，问："这表明钠有什么样的物理性质？"

然后让同学们观察钠的颜色，问："钠的颜色如何？是否具有金属光泽？"再将一小块钠投入水中，钠浮于水面，产生燃烧，迅速熔成小球，直到最后消失。问："钠的比重如何？燃烧说明钠有什么样的化学性质？"向反应后

[①] 李如密. 教学艺术论 [M]. 济南：山东教育出版社，1995：180-186.
[②] 孟宪恺. 微格教学基本教程 [M]. 北京：北京师范大学出版社，1992：33-34.

的溶液滴入几滴酚酞试液，溶液变成红色，问："这说明生成了什么性质的物质？"学生一边观察，一边思考，兴趣盎然。教师抓住机会，及时呈现这节课的主题："这就是我们本堂课的学习内容'钠的物理和化学性质'，希望通过本节的学习，大家都能掌握钠的性质，知道上述问题的答案。"

案例 24　温度计[①]

有一个物理教师在讲"温度计"时，他先在桌子上从左到右依次放置 3 杯水，分别编号为 1，2，3，杯中的水分别是热的、温的、冷的，让两位同学分别用手指放入 1 号杯和 3 号杯的水中，稍等片刻，又分别要求两人把手指从 1 号杯和 3 号杯中抽出来并立即一起放入 2 号杯的水中，问："2 号杯的水是热的还是冷的？"左边同学回答是"冷的"，而右边同学回答是"热的"。"为什么两位同学对同一物体的温度会产生不同的感觉？"

问题、疑问或矛盾等是激发人们思考的源头。富有挑战性的问题导入方式，是一种可以使学生顿时产生疑虑，促使他们进一步思考、渴求学习的导入方法。利用提出问题的方式来导入新课，能够使学生思维活跃，兴趣较浓。

案例 25　《春》[②]

某老师在教朱自清的《春》一课时，是这样导入的："一提到春天，我们就会想到春光明媚，绿满天下，鸟语花香，万象更新。古往今来，许多文人墨客用彩笔描绘它，歌颂它。同学们想一想，诗人杜甫在《绝句》中是怎样描绘春色的？（学生背）王安石在《泊船瓜洲》中怎样描绘的？（学生背）苏舜钦的《淮中晚泊犊头》一诗中又是怎样写春的呢？（学生背）现在我们就欢快地生活在阳春三月的日子里，但是我们往往知春，而不会写春，那么请看朱自清先生是怎样来描绘春景的色彩、姿态的呢？"

这段导语先温习以前所学关于春的诗句之后顺势引入新课。回味古诗，无形之中，学生就感受到春天的绚丽多彩，而朱自清的《春》更对他们有了诱惑力。这样导入，学生就会迫不及待地去赏《春》。

案例 26　《匆匆》[③]

教师在讲《匆匆》一课时，是这样开始这节课的：

教师：同学们，你们一定积累了不少的名言。今天，咱们就来比试比试，

[①] 李志河. 微格教学概论 [M]. 北京：北京交通大学出版社，2009：45.
[②] 李志河. 微格教学概论 [M]. 北京：北京交通大学出版社，2009：46.
[③] 引自：慈城中心小学，http://www.jbedu.org/cczxxx/Article_Show.asp?ArticleID=428。

看谁的记性好,谁先来说说有关时间的名言?

学生:光阴似箭,日月如梭。

学生:虽然明天还会有新的太阳,但永远不会有今天的太阳。

学生:光阴好比河中水,只能流去不流回……

教师:大家的记性可真好,从这些名言中,你们可以感受到什么?

学生:时间真是过得太快了,转瞬即逝。

学生:时间是一去不回头的。

学生:时间是宝贵的,我们要珍惜它。

教师:是啊,每个人都在感慨时间太少了,太快了,老师也想起了一句关于时间的名言,(有感情朗诵)"燕子去了,有再来的时候;杨柳枯了,有再青的时候;桃花谢了,有再开的时候。但是,聪明的你能告诉我,我们的日子为什么一去不复返吗?"这句名言就是作家朱自清在一篇关于时间的散文《匆匆》中写到的。

用学生所熟知的知识引入,既可以让学生回顾原有的知识,又可以吸引学生的注意力,从而提高学生的学习兴趣。本例就是用表示时间的名言名句进行引入的。

案例27 《白公鹅》[①]

一位教师在讲"白公鹅"的时候,是这样进行导入的:

教师:同学们,我们刚刚认识了丰子恺笔下那只"架子十足"的白鹅,它是那样可笑而又可爱。今天,我们又要去认识俄国作家叶·诺索夫描写的鹅(板书:白公鹅)。在学课文之前,让我们大胆推测一下,这只鹅会有哪些特点呢?

学生:我想既然同样是鹅,一定和丰子恺笔下的白鹅差不多,也是很高傲的吧。

教师:有道理,尽管一只是中国的,一只是俄国的,但都是鹅嘛(板书:高傲)。

学生:这篇课文的题目特别强调是公鹅,它一定很爱打架,比那只白鹅厉害。

教师:你从"公鹅"推测它很好斗(板书:好斗),有理有据,不错!

学生:它的叫声一定更严厉,步态更傲慢,吃东西时是不是也得有一个

---

① 引自:小学语文,http://www.pep.com.cn/xiaoyu/jiaoshi/tbjxzy/jiaocan/xy4s/200807/t20080721-496574.htm。

人伺候……

教师：同学们已经做出了很多猜想，下面就让我们读一读这篇课文，看看两只鹅到底有什么异同，作者的写法又与丰子恺有哪些异同呢？读书时有了新发现，可以在书上写一写。

二、讲解能力训练

讲解能力训练就是训练受训者通过语言来传递知识和信息，感情交流和信息交流的能力。

（一）讲解能力训练要点

（1）要注意将每一个小阶段的讲解内容按逻辑关系构成流畅的框架结构。
（2）讲解的内容要紧凑连贯，使用语言要清晰流畅。
（3）在适当的时机，合理使用例证法。
（4）对重要信息进行强调，突出主要因素和重点。
（5）要向学生明确讲解的各小部分间的逻辑关系，并强调它们之间有转折和过渡，非简单的1，2，3，…顺序。
（6）要注意讲解过程中，及时恰当地与学生进行互动，并获得反馈。

（二）讲解能力训练的评价标准（表6-2）

表6-2　讲解能力训练的评价标准

评价项目	等级					权重
	A (1.0)	B (0.8)	C (0.6)	D (0.4)	E (0.2)	
1.讲解传授的知识信息与本课程内容密切联系						0.10
2.描述、分析概念清楚						0.10
3.能创设情景，激起学生兴趣						0.15
4.能启发学生思考，培养思维能力						0.10
5.采用相关的例子、类比等变化方法						0.10
6.讲解内容、方法与学生认知水平相当						0.10

续表

评价项目	等级					权重
	A (1.0)	B (0.8)	C (0.6)	D (0.4)	E (0.2)	
7. 声音清晰，音量适中，有感染力						0.05
8. 讲解用词语规范化、科学化						0.10
9. 与其他技能配合，能与学生呼应						0.10
10. 注意来自学生的反馈，并及时调整						0.10
对此段微格教学片段的评价						

（三）讲解能力应用案例[①]

案例1　对蟾蜍的特征的叙述

蟾蜍俗称癞蛤蟆，是一种有趣的两栖动物。它的身体一般长10厘米左右，外表灰褐色，皮肤表面有疙瘩，而且干燥粗糙……如果受到挤压或惊吓，它便会周身泛潮，受伤害的部位立即分泌出一种使入侵者有烧灼感的白色液汁，这就是供药用的名贵的蟾酥。

案例2　对龙卷风破坏力的描述

龙卷风的力气是很大的，1956年9月24日上海曾发生过一次龙卷风。它轻而易举地把一个11万千克重的大储油罐"举"到15米的高空，再甩到120米以外的地方。

案例3　什么是平行四边形？

平行四边形的定义是：两组对边分别平行的四边形叫平行四边形。进而由定义做分析性说明：一个四边形的两组对边分别平行，它一定是平行四边形；一个四边形是平行四边形，那么它的两组对边一定分别平行；"四边形两组对边平行"与"它是平行四边形"是一回事；四边形只有一组对边平行，它不是平行四边形。通过分析性说明，使学生理解定义的条件与结论是"一回事"。

案例4　关于1摩尔里的原子数庞大到何等地步的说明

假设10亿人来数某一种元素（如硫元素）的1摩尔里的原子数，如果每

[①] 案例1～6均引用于：裘大彭，任平. 课堂教学中的讲解技能[J]. 人民教育，1994（3）：40-42；案例9～11均引用于：李颖. 语文课中的讲解技能[J]. 北京教育学院学报（社会科学版），1996（4）：61-66.

人都以每秒数一个原子的速度连续不断地数,那么,要数清全部这些原子约需要200万年。

案例5　"鱼"的概念

引入:大家见过鱼,吃过鱼,也可能养过鱼,那么什么是鱼呢?

论证:要认识什么是鱼,需要分析一下鱼有什么特点。鱼是动物,在水中生活,有鳞、尾和鳍,用鳃呼吸……例如,海中的黄花鱼,河、湖、水塘中的草鱼,供人玩赏的金鱼等都有上述特点。可是鲸鱼是鱼吗?鲸在水中生活,有鳍和尾,但用肺呼吸,不是鱼。鳄鱼是鱼吗?鳄在水中也在陆地上生活,有肺无鳍,用肺呼吸,也不是鱼。泥鳅是鱼吗?泥鳅在水中生活,有鳍、尾,无鳞,用鳃呼吸,它是鱼。通过分析、比较,可以看出,用鳃呼吸是鱼的特有属性,在水中生活,有鳞、鳍、尾,是鱼的一般属性。

结论:鱼是有鳞、尾和鳍,并用鳃呼吸的水生动物。

案例6　试管操作示范

握持试管的操作要领是:三指(拇指、食指和中指)握,二指(无名指和小指)拳,要握持试管的口部。这样操作便于观察,动作又灵便。当振荡试管时,拳起的二指离开试管,便于腕动臂不摇地振荡试管里的物质。当该二指抵靠试管时,可使试管平稳,便于加入试剂。教师边讲边示范操作,并指导学生练习。

案例7　《物质跨膜运输》

"物质跨膜运输"是第四章细胞的物质输入和输出的第一节。由于本节课介绍的是生物的微观世界——细胞的水分代谢情况,因为内容比较抽象,所以学生不易理解。教师可以通过两个生活实例轻松引入正题后抛出本节课和学生共同探讨的问题:细胞在怎样的情况下吸水和失水?教师在围绕这一问题进行讲解的过程中可以配合演示实验、图片、问题来启发学生思维,学生更易于接受。通过本节课的教学旨在使学生得出细胞吸水和失水的规律,并能熟练地运用渗透原理解决实际问题。

案例8　《月光曲》

某特级教师在教《月光曲》一课时发现学生对贝多芬为什么要给茅屋里的盲姑娘弹琴很不理解,而要理解一个素不相识的人能从弹琴的声音中听出弹琴的人是谁,更是一个难点。怎样引导学生去突破难点,体会人物的思想感情呢?教师首先出示了一幅挂图,然后很形象地给学生讲了一个典故:"古代有两个人,一个叫俞伯牙,一个叫钟子期,伯牙喜欢弹琴,弹得非常好,钟子期在旁

边听着,十分欣赏。有一次,伯牙刚弹到描写高山的时候,钟子期就情不自禁地说:'善哉,峨峨兮若泰山。'(弹得真好啊,高呀,高峻得像泰山一样!)当伯牙弹到描写流水的时候,钟子期又说:'善哉,洋洋兮若江河。'(妙啊,盛大得像滔滔的江河!)伯牙非常高兴,觉得世界上再也没有人像钟子期这样了解自己,他是自己的知音。后来,钟子期死了,伯牙就再不弹琴,因为……"老师的话还没说完,学生就举手站起来回答:"老师,我明白了,盲姑娘像钟子期一样,是贝多芬的知音。"教师用同类比较的方法启发学生,调动学生的联想力,让学生自己寻找到答案,真正理解这个问题。

案例 9 《孔乙己》

讲解《孔乙己》一文,一位教师选择了课文最后一句话作为讲解课文的突破口,设计的主问题是:为什么说孔乙己是"大约的确死了"?并由此带出了一系列问题,按文章思路走向,构建了学习本文的思维框架:

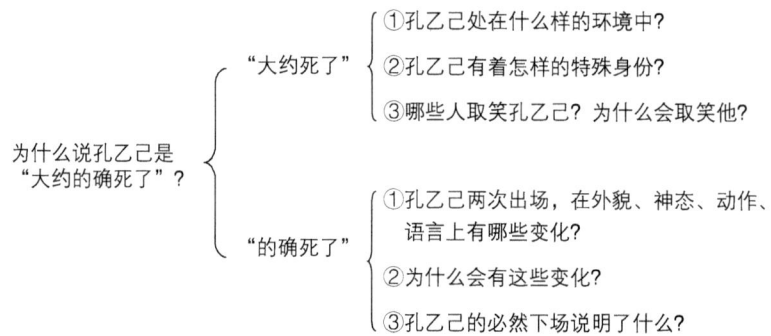

教师根据主问题中既矛盾又统一的两个词语,依据文章结构走向,分别设置了两组共6个问题。第一组是以"大约死了"为主线,3个问题环环相扣,主要是帮助学生搞清楚人物生活的环境,说明孔乙己是一个可有可无的多余人,他不为社会各阶层所重视,他活着只不过是供人们取笑的笑料而已。他的生命价值连十九文钱都不如,因此,无人关心他、过问他,谁也不知道他的生死存亡,因而他是"大约死了"。解决这一组问题,可引导学生从文章1~9段中去寻找答案。第二组是以"的确死了"为主线,3个问题环环相扣,主要是帮助学生弄清楚孔乙己是封建制度的牺牲品。他在科举制度毒害下迂腐、麻木,至死不悟,必然走上死路,因而他"的确死了"。这两组问题的解决,就告诉我们,孔乙己的悲剧是在笑声中进行的悲剧,他的悲剧既是社会的悲剧,也是个人的悲剧。

这个讲解的设计，所抓的主问题能起到纲举目张的作用，牵一发而动全身，6个关键问题形成系列，构成了一个清晰的思维框架。在教师的导控下，学生在依次解决6个问题的过程中，不仅逐步掌握了课文的主要内容、作者的写作意图，同时还把握了文章的结构，从内容与形式的统一中全面、正确地理解了文章的主题。

案例10 《拿来主义》

一位教师讲解《拿来主义》一课时，在明确文章的主体部分的比喻本体之后，师生之间有以下的对话。

教师：鱼翅、鸦片、烟枪和烟灯、姨太太这些事物，同学们见过吗？

学生：没见过！

教师：真的没见过吗？我觉得大家是见过的，想一想。

（学生无语）

教师：同学们看过二十世纪二三十年代的一些电影：那些达官显贵吃的是山珍海味，吃完了，就吸鸦片，吸鸦片就要有烟枪，而旁边就站着一位姨太太。

（学生有所领悟）

鲁迅先生如此善用比喻，同学们同样能用。下面我们共同创设一个比喻，说明我国改革开放，学习外国的东西必须选择"拿来"，好吗？假如把我们国家比成一间大教室，我们要开放学习，可用什么做比？

学生：打开门窗。

教师：打开门窗的目的是什么？

学生：为了呼吸新鲜空气。

教师：进来的仅仅只有空气吗？

学生：还有苍蝇、蚊子。

教师：怎么办？大家也学鲁迅先生，先说会有哪些错误的做法？

学生1：是愤然关窗的。

教师：关窗的行为像鲁迅先生批判的什么？

学生1：暴头、昏蛋。

学生2：还有不理睬，像废物。

教师：那么正确的做法是？

学生3：安上纱窗、纱门，既使空气流通，又防止苍蝇、蚊子进来。

教师：说得好！运用生动形象、通俗易懂的比喻说理，使人易于理解，易于接受。同学们能运用到写作中去，定会文采斐然，妙趣横生。

鲁迅先生的文章在时间上距离学生较远，文中所提到的事物对今天的中学生来说是比较陌生的。要使学生深刻地理解文章中的比喻，进而理解主题，教师以电影中的镜头为例，使其比喻形象、具体；在此基础上，又引导学生创设比喻，进一步加深印象。举例要符合学生的认识水平，又要通俗易懂，使学生通过这些实例加深对文章内容的理解。

案例 11　《荷塘月色》

一位教师讲解《荷塘月色》一文，在整体上把握了课文感情发展变化的线索：彷徨苦闷—暂时解脱—茫然失落，朦胧向往之后，阅读进入对局部内容的分析。

教师：作品中描写的景物，随着作者思想感情的发展，也呈现出不完全相同的格调。前面讲过，景物描写的生命在于作者的思想感情，把握了这种思想感情的变化过程，就把握住了作品的生命脉搏。作者思想感情发展过程中，情绪最为稳定的阶段，可以说是带点喜悦的阶段，所描写的景物也最富有美的魅力。这是哪一部分？

学生1：第4、第5段。

教师：这两段描写的对象是一样的吗？

学生2：不完全一样。第4段描写月色下的荷塘，第5段描写荷塘上的月色。

教师：对的。下面我们就来看看作者是怎样描写的……

教学由对文章思想感情的总体把握转入对写景的局部分析时，教师以"景物描写的生命在于作者的思想感情，把握了这种思想感情的变化过程，就把握住了作品的生命脉搏"的论述，把抒情与写景之间的辩证关系分析得十分透彻，很自然地将前后教学环节衔接起来了。

又如讲解《荷塘月色》中的"通感"这一修辞手法时，教学是这样进行的。

教师：在描写景物的时候，作者用得最多的修辞手法是什么？

学生：比喻、拟人。

教师：不错。这里所使用的一连串比喻，描写了些什么本体？

学生：荷花、荷叶、清香、颤动。

教师：它们的喻体呢？

学生："一粒粒的明珠""碧天里的星星""渺茫的歌声""闪电""凝碧的波浪"。

教师：很好！不知道大家注意没有，在刚才这些比喻中，本体与喻体之间的关系有特别的一点。看出来没有？

学生1："微风过处，送来缕缕清香，仿佛远处高楼上渺茫的歌声似的"一句，有些特别。

教师：哪儿特别？

学生1：一个闻到的，一个听到的。

教师：对，本体和喻体一个是嗅觉形象，一个是听觉形象。有些比喻，本体和喻体在表面上差距很大。台湾诗人余光中写了一首诗《乡愁》，诗中的比喻用得很好。他是这样写的：

小时候 / 乡愁是一枚小小的邮票 / 我在这头 / 母亲在那头

长大后 / 乡愁是一张窄窄的船票 / 我在这头 / 新娘在那头

后来啊 / 乡愁是一方矮矮的坟墓 / 我在外头 / 母亲在里头

而现在 / 乡愁是一湾浅浅的海峡 / 我在这头 / 大陆在那头

教师：写得好吗？

学生：好！

教师：诗里边把乡愁比成什么？

学生2：邮票、船票、坟墓、海峡。

教师：这些比喻为诗作增添了魅力，它们追求的不是事物形体的表面的相似，而是强调它们内在的本质的相似及情绪上的联系。用得好，给人新颖的感受。这类比喻还有一个特点，就是能以简洁的形式，从多方面去丰富读者的感受。像课文中的例子，把人的嗅觉和听觉沟通起来了，这在修辞上叫作"通感"，沟通感觉。这个句子是比喻和通感的融合，或者说比喻中有通感。

这是一个形成连接比较好的实例。讲解修辞手法时首先应结合课文复习有关比喻的知识，并提示学生注意这些比喻的特点，做到新旧知识的结合；进而引入有关资料——余光中的诗作《乡愁》，帮助学生理解"通感"这种修辞手法的特征，扩大学生的知识面，提高他们的理性认识。这种以"比喻"辞格为台阶，上升到"通感"的层次，使得讲解过渡自然，结构严谨，学生很容易在心理上接受深层次的知识。

案例12 杠杆平衡原理[①]

教师在讲授"杠杆平衡原理"时，可对其做如下讲解。

[①] 郑金洲. 新编教学工作技能训练[M]. 上海：华东师范大学出版社，2007：77.

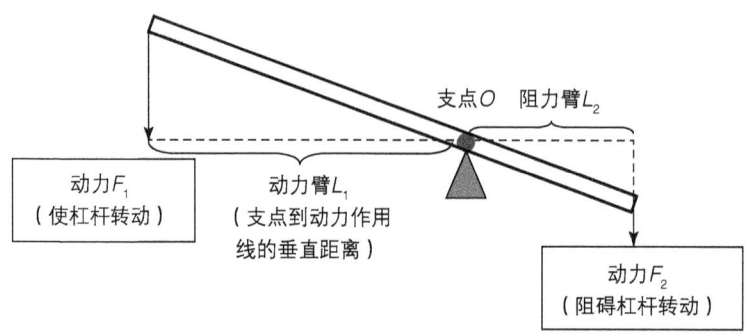

公式：动力×动力臂=阻力×阻力臂

图示讲解法的重点是图示，如何设计出一个简明扼要、简单准确的图示是非常重要的，要求教师事先要熟知教材的内容，篇章结构、重点及难点，本质内涵，要非常清楚各知识点之间的相互关系。上面的案例，教师用图示法讲解"杠杆原理"，让学生可以一目了然地认识各种平衡的条件，掌握相关的原理，有助于学生更好地进入学习，提高学生的学习兴趣。

案例 13　虎门销烟的史实[①]

在讲述"虎门销烟的史实"时，有位特级教师是这样讲述虎门销烟的：

1839 年 6 月 3 日，林则徐主持的闻名世界的"虎门销烟"开始了。他派人在广州城南虎门滩的高处挖了两个大水池，长宽各 15 丈，池前开了个洞口，池后一条进水沟。先引入海水，撒入食盐，再把收缴来的鸦片切碎，抛入池中，浸泡半天。然后放进生石灰，利用生石灰和盐水的化学反应销毁鸦片。等退潮时打开池前的洞口，将鸦片渣子随潮水冲入大海。两个池子交替使用，一连 23 天，销毁全部鸦片。林则徐自始至终在海滩上监督，群众成千上万来到虎门海滩，看到池水翻滚、烟雾腾空的时候，拍手称快，欢呼不绝。

在本例中，教师没有死板地按照材料讲解，而是通过语言描述了整个"虎门销烟"的场景，这种方式更加形象，可以让学生更好地了解当时的实际情况和实际场景，避免学生对于材料的一些误解，最大限度地还原当时的场景，让学生对学习的内容产生兴趣。在文科教学中，有一些词组表达不到的地方，会经常使用这种讲解方式，让学生更好地理解文章。

---

① 胡淑珍. 教学技能 [M]. 长沙：湖南师范大学出版社，1996：79.

案例 14　人民民主专政[①]

讲授教材中关于"人民民主专政"概念，其定义是："工人阶级领导，以工农联盟为基础，在人民内部实行民主，对敌人实行专政的国家政权。"教师可以把它分解为 3 层。

①人民民主专政是一种国家政权。

②这种国家政权的阶级特征是：实行工人阶级领导，以工农联盟为基础。

③这种国家政权有两个基本职能：在人民内部实行民主，对敌人实行专政。

简言之：一是政权，二是特征，三是职能。这样的分解释义，其内涵与外延都很清楚，学生容易记忆、理解。

在本例中，教师用分层递进的方式引导学生学习"人民民主专政"这个概念，首先对每一层次的语言含义进行分析，最后总结概括。对于一些抽象和综合性的概念，通过分层递进式的讲解，可以对整个概念更好地进行讲解，让学生对相关概念的理解和认识更加透彻。

三、组织能力训练

组织能力训练就是训练受训者对课堂进行有效的组织和管理的能力。

（一）组织能力训练要点

（1）要运用适时和恰当的变化（教师教态、师生交流方式、学生活动安排），激发学生的学习兴趣。

（2）要通过适当的提问，唤起学生的求知欲。

（3）要使用行为、言语、目光的暗示作用，引导学生学习。

（4）在合适的时机采用竞赛等方式，刺激学生，集中学生的注意力，调动学生的学习积极性。

[①] 孙菊如. 课堂教学艺术 [M]. 北京：北京大学出版社，2006：183.

(二)组织能力训练的评价标准(表6-3)

表6-3 组织能力训练的评价标准

评价项目	等级					权重
	A (1.0)	B (0.8)	C (0.6)	D (0.4)	E (0.2)	
1. 语言恰当,要求明确,控制教学效果好						0.10
2. 组织引导的方法得当						0.10
3. 能使学生始终处于积极状态						0.10
4. 及时运用反馈,调整教学好						0.10
5. 控制教学进度,时间掌握好						0.10
6. 组织管理中能体现尊重学生						0.10
7. 组织教学的方式灵活多样						0.10
8. 面对各种情况,善于应变						0.10
9. 处理少数和多数、个别和一般学生的策略方法恰当						0.10
10. 教学进程自然,师生相互合作好						0.10
对此段微格教学片段的评价						

(三)组织能力应用案例

案例1 学生上课迟到的处理

学生上课迟到,教师不同的处理方法就有完全不同的效果。

妥善的方法:

教师:王军,你怎么迟到了?

学生:老师,我的自行车在路上坏了,我推车跑到学校还是迟到了。

教师:你跑步上学的精神很好。希望你以后早一点儿出发,有什么意外也好及时处理。

不妥的方法:

教师:王军,你为什么迟到?真不像话!

学生:老师,我的自行车在路上坏了。

教师:我不管你有什么理由,反正不能迟到,迟到就该受罚。

案例2 磁铁的性质

一位小学的自然老师在讲磁铁的性质时,有些同学对老师的讲课内容不太感兴趣,有点儿走神。这时老师端出了事先准备的一盆米放在讲台上,接着就演示给学生看。学生看到后,感到非常奇怪,迫切希望知道其中的奥妙。在强烈的求知欲驱使下,学生兴趣盎然,注意力集中地进入了学习状态。

案例3　《白杨礼赞》

(教师看着分神的同学说。)

教师:你见过白杨树吗?能不能给大家描述一下?如果不能,请你读读作者对白杨树的描写……

(教师的目光扫视大家之后,再落到个别分神的同学身上,或走近他,拍拍他的肩膀暗示他回答这一问题,使他调整自己的注意力。)

暗示纠正的基础是爱护学生、尊重学生。教师采用眼色、手势、走动或旁敲侧击的暗示方式,引而不发,引导学生自我发现问题,自觉调整自己的注意力达到自我教育的目的,同时也保持了课堂良好的气氛。该案例中,教师在课堂教学中发现个别学生分神时,便先提出一个比较简单易答的问题,让全体同学考虑。然后,教师的目光扫视全班同学,最后落到分神的同学身上,并注视着他,暗示他回答这一问题,使他的注意力回到学习上来。这种做法是善意的,是尊重学生人格的表现,体现了教师的批评艺术。

案例4　《古诗歌教学》

在对古诗歌进行赏析后,教师向学生提出要求:流畅地、有抑扬地背诵,字音标准,分组计分。教师准备记分卡,以满分10分计,把计分卡放在各组第一桌前,分规定内容和附加内容。每组同学们都希望本组夺第一,准备得很认真,踊跃背诵,气氛热烈,注意力高度集中,效果很好。

中小学生的自尊心、争强好胜心,教师引导得法,就会成为上进的驱动力,不仅有益于学生身心健康地发展,而且还会成为努力学习的动力。竞赛刺激法是一个实效明显的方法。该教例中把学生分成若干组,要求学生经过准备背诵诗歌,然后分组打分以别优劣,极大地调动了学生的积极性,使学生注意力高度集中,取得理想的教学效果。

案例5　《我为你骄傲》[①]

教师在讲《我为你骄傲》时是这样组织学生的:

这篇课文,讲述的是"我"一不小心砸破了老奶奶家的玻璃,尽管当时没敢承认,但内疚的心理和责任感伴随着"我"。当"我"用自己攒了3个

---

① 引自:小学教学网,http://xxteacher.cn/Article/HTML/3740.htm。

星期的送报纸的钱赔给老奶奶并附上道歉信时，在慈爱又善于教育后辈的老奶奶眼中，那不是7美元的钱，是孩子纯真的情、悔过的心，是值得为孩子骄傲的美好品德——诚信。孩子的诚信让老奶奶感动，老奶奶那博大的胸怀也值得我们称赞。

当讲到"我把钱和一张便条装进信封，在便条上向老奶奶说明了事情的经过，并真诚地向她道歉"时：

教师：小男孩为什么要写便条，不当面向老奶奶道歉呢？你们想想这是为什么，他不当面认错？大家通过阅读、讨论来回答。

学生：因为他害怕老奶奶不肯原谅，当面骂他，所以他用便条向老奶奶认错，这样就不用看老奶奶的脸色了。

学生：因为他觉得这样老奶奶就算生气了，也骂不到他。

教师：有这种可能，还有其他看法吗？

学生：因为他觉得老奶奶天天微笑着跟他打招呼，而他却一直没有认错，到现在才向她说明事情的经过，很难为情，所以他只好用便条来认错了……（教师微笑着鼓励学生继续说）他没有勇气面对老奶奶。

教师：是呀，那么如果你就是这位小男孩，你会在这张便条里写些什么呢？思考一下。

学生：老奶奶，对不起，您家的玻璃是我打碎的，我一直没敢承认，今天我已经攒了7美元了，给您修窗子用，请原谅我。

学生：亲爱的老奶奶，真的很对不起，那天我不是故意打破您家窗子的，这些天来我一直很内疚，不敢跟您说，每当看到您，我都觉得很不自在，今天我鼓起了勇气，向您认错了，而且我把7美元也准备好给您了，希望您能原谅我的过错。

教师：这真是一个……

学生：这真是一个勇敢的小男孩呀！

学生：这真是一个诚实的小男孩呀！

学生：这真是一个能承担责任的小男孩呀！

教师：那么老奶奶收到信后，是不是很生气，想骂人呢？

学生：不是的（齐说）。

教师：你是从哪里知道的？

学生：她微笑着接过报纸，说："我有点儿东西给你。"说明她当时没有生气。

学生：我打开信封一看，里面是7美元和一张便条，上面写着：我为你骄傲。

教师：那她当时怎么想的？

学生：这孩子真不错，我还是原谅他，我把钱还给他吧。

学生：他能主动来认错，并给我钱，真是一个能承担责任的好孩子。

教师：因此老奶奶没有收下钱，但是她收下了什么？

学生：她收下了便条。

学生：她收下了孩子的道歉。

学生：她收下了小男孩的一片心意。

本例中，牢牢抓住了实质，激发了学生阅读和表达的兴趣，让学生在与老师、同学的对话中，充分发挥创造性和灵活性，有助于学生更加深入地阅读，也能够让学生自由表达自己得到的体会和自己对材料的理解。

案例6　种子含水分实验[①]

种子中含有水分实验的结论，是以小麦种子加热后在试管壁上出现水珠而证明的。如何使学生从个别（小麦种子）的实验结果，推导出一般的结论——种子中含有水分呢？当实验出现结果时，有的教师提出了以下的问题。

教师：在实验中你们观察到了什么现象？

学生：试管壁上出现了水珠。

教师：水是从哪里来的呢？

学生：是小麦种子受热后散发出来的。

教师：这说明了什么？

学生：说明种子里含有水分。

教师：我们是以什么材料进行实验的？

学生：小麦种子。

教师：用小麦种子做实验的结果说明什么呢？

学生：说明小麦种子里含有水分。

教师：对啦。这个实验只能说明小麦种子里含有水分，其他种子里是否含有水分，还要通过实验来证明。科学家进行了大量的实验证明了种子里都含有水分，才得出了"水分是组成种子的一种成分"的结论。

本案例的课堂教学组织方式中，没有采用"填鸭式"的方式来传授知识和引导学生的思路，采用的是启发引导的方式，让学生顺着某个思维方向去

[①] 郭友，杨善禄，白蓝. 教师教学技能 [M]. 北京：首都师范大学出版社，1997.

探索和得出结论。

四、结束能力训练

结束能力训练就是训练受训者在课程结束时总结归纳本模块的教学内容要点和引导学生对其形成系统性认识的能力。

(一) 结束能力训练要点

(1) 明确训练的过程是：回忆所学知识—明确重点难点—新旧知识联系—构建知识结构—深化拓展思维。

(2) 做好课前规划，合理安排时间，课中严格执行。

(3) 要注意整个课堂教学的结构完整，合理安排结束部分，要做到自然流畅，首尾呼应。

(4) 要用简洁精练的语言，完成梳理知识结构、总结浓缩内容、强调重点难点等任务。

(5) 要为学生设置疑问、引起他们的思考，并培养学生思维的扩展。

(二) 结束能力训练的评价标准（表 6-4）

表 6-4　结束能力训练的评价标准

评价项目	等级					权重
	A (1.0)	B (0.8)	C (0.6)	D (0.4)	E (0.2)	
1. 结束环节目的明确，紧扣教材内容						0.15
2. 结束有利于巩固所学的内容						0.15
3. 结束环节及时反馈了教学信息						0.15
4. 结束有利于促进学生思维						0.10
5. 结束安排学生活动						0.10
6. 教师语言清晰、简练生动						0.05
7. 结束布置的作业及活动面向全体学生						0.10
8. 结束活动进一步激发学生兴趣，且余味无穷						0.10
9. 结束环节时间掌握好						0.10
对此段微格教学片段的评价						

(三)结束能力应用案例
案例 1　《敬畏自然》

这是一篇以议论为主的散文,主要谈论的是人与自然的关系。作者对观点的阐释是层层深入的:首先否定了人类"征服自然"的口号,认为这实在是不自量力的妄想,因为与大自然相比,人类的智慧实在是算不了什么,人类的许多认识很幼稚,而大自然的智慧却是无与伦比的;接下来作者进一步强调人类的智慧也是大自然所赋予的,是自然智慧的一部分,人类与大自然中的其他事物其实是兄弟关系。因此,我们应该敬畏自然。全文以"提出问题—分析问题—解决问题"的思路展开,由引论到本论,层层推进,水到渠成。本文的语言也极有特色,富有文学色彩,有浓郁的抒情成分和感情色彩,洒脱隽永,令读者赏心悦目。

这样的收束,既有对课文内容的总结,又有对课文艺术特色的归纳,能够加深学生的印象,起到强化和深化的作用。

案例 2　《三国鼎立》[①]

有位教师对《三国鼎立》一课的结束总结如下:

200 年的官渡之战,曹操以少胜多,打败强敌袁绍,为曹操统一北方奠定了基础。208 年赤壁之战,孙刘联军以弱胜强,打败强大的曹操,奠定了三国鼎立的局面。同样一个曹操为何在这关键的两大战役中却是一胜一败呢?原因正是在于曹操在这两次战役中的思想准备、精神状态有着相反的表现:在官渡之战中,曹操谨慎从事,认真对待,听取意见,以己之长,攻敌之短,因而胜之;反之,在赤壁之战中,曹操挟战胜袁绍之威,骄傲轻敌,听不进正确意见,而孙刘联军虽处下风位置,却能团结一致,看出敌方破绽,以己之长,攻敌之短,使曹操大败。

这样的总结,抓住相去不远的两个关键性的战役进行对比分析,既概括了全课内容,讲清三国鼎立局面形成的这一重点,又提高了学生分析战争胜败原因的能力。

案例 3　原子[②]

在"原子"(初中化学)这一节的结尾,可进行原子与元素的对比。

---

① 刘启艳. 微格教学理论专题讲座:第三讲　结束技能 [J]. 贵州教育,1996(10).
② 裘大彭,任平. 课堂教学中的讲解技能 [J]. 人民教育,1994(3):40-41.

	原子	元素
定义	是化学变化中的最小微粒	具有相同核电荷数的同一类原子的总称
区别	1. 既论种类，又论个数（是颗粒）。例如，可以说："几个氧原子" 2. 在微观领域使用，构成分子和物质。例如，水分子中含有2个氢原子和1个氧原子 3. 原子（天然和人造）有1600多种，因为同一种元素可以有多种不同的原子存在	1. 论种类，不论个数（是颗粒的种类），例如，不能说："几个氧元素" 2. 在宏观领域使用，元素组成物质。例如，水里含有氢元素和氧元素 3. 已发现109种元素
联系	原子是体现元素性质的最小微粒；具有相同核电荷数的同一类原子总称为一种元素	

案例4 《春》

学习完《春》一课之后，教师通过下面的综合性板书来梳理讲授内容，厘清知识脉络并突出重点和难点。

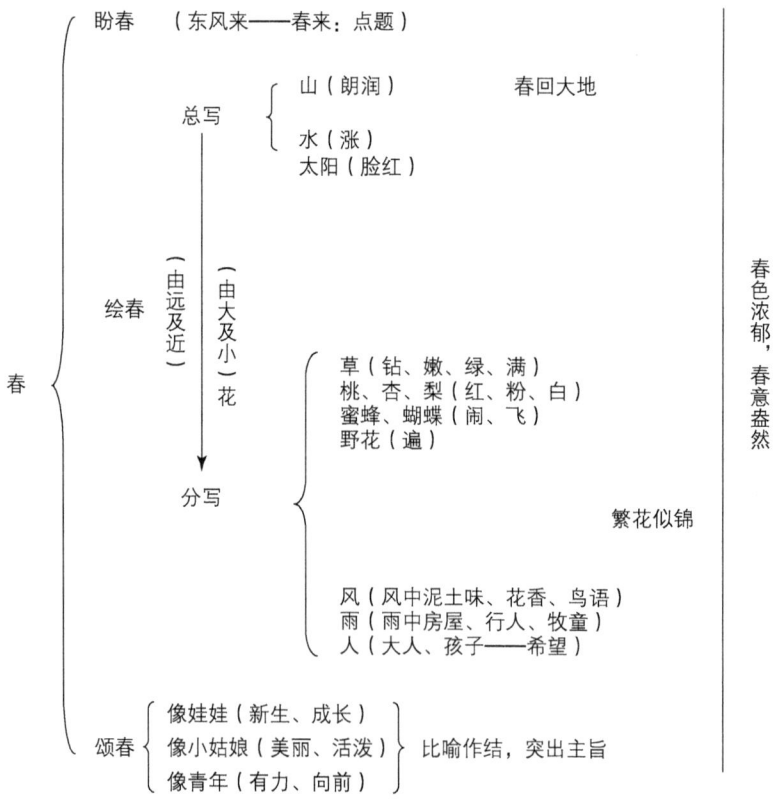

通过图示方式，将知识的结构脉络通过直观的方式展示，更有利于学生掌握整个教学内容，并做好所学知识归纳总结。图示法可以直观地展示文章的主要内容、重点难点、结构脉络、写作方法等。通过图的方式来讲解，虽然简单概括，但是提纲结构明确，可以激发学生的学习兴趣，并让学生对文章知识结构有一个整体性的、清晰的认识。

案例 5　《狼》

教师：同学们，通过学习我们已经掌握了《狼》这一课的基本内容。我想提出一个问题，请同学们回答。

你们小时候，大概都听过《狼外婆的故事》，还学过《东郭先生和狼》吧？今天我们又学了《狼》这篇课文，这3个故事中的"狼"在习性上有什么共同特点？

学生：狡猾，会装，凶狠，忘恩负义。

教师：同学们总结得很准确。狼的确很狡猾，因此对狼这种动物的形容都是一些贬义词，谁能说出一些成语来？

学生：狼心狗肺、狼狈为奸、狼子野心、鬼哭狼嚎、狼狈逃窜。

教师：有一则谜语说：像狗不是狗，野地四处走，爱吃小动物，是个害人兽。这指的是什么？

学生：狼。

教师：对，是指狼。从这则谜语中，我们可以看出狼的长相与狗相似，但由于性情不同，人们对待它们的态度也全然不同。请同学们在课下写一篇关于狗的故事。

这种举一反三的结课方式，增强了知识的连贯性，认知的深刻性。

案例 6　叶序

某老师在讲"叶序"以后出示了盆栽的天竺葵。稍倾斜着花盆对学生说："你们可以看到，天竺葵相邻两节的叶片总是互不遮盖的。在植物界中，无论叶在茎上着生的次序属于互生、对生还是轮生都是这样，这叫叶镶嵌，这种排列方式使植物能获得更多的阳光。"接着她又说："研究植物的结构和功能是非常有趣的，模仿生物来设计新型建筑物，在今天应用得很广泛。例如，数学家研究了车前草的叶，发现它的叶子是按对数螺旋线的规律排列，每片叶子的夹角是137°30′28″。这样的排列，每片叶子都会得到充足的阳光来进行光合作用。叶的对数螺旋线排列是采用光面积最大的排列方式。有人根据车前草调节叶片接受日光辐射的原理，设计了几十层大厦，使每个房间都能得到温暖、明亮的阳光。"

这样的结尾,不但复习巩固了教学内容的要点,而且还拓宽了学生的知识面,引起学生对生物学更加浓厚的研究和学习兴趣,对学生今后的学习和发展有着不可忽视的重要作用。

案例7 《皇帝的新装》

《皇帝的新装》一文的结课可这样设计:"假如皇帝发现自己上当受骗,他会如何对待两个骗子,如何对待大臣和说真话的小孩?请同学们课后大胆思考,续写一段。"

案例8 消化与吸收

生物教学中"消化与吸收"一节结束后,学生了解到生物体吸收的营养成分最终运送给了细胞,这时可这样结尾:"你们经常吃牛肉、猪肉,但为什么你们身上却没有长出牛肉、猪肉?人体又是怎样利用吸收来的营养成分的?这些营养成分在人体内发生了什么变化?"这样激发了学生学习的欲望,但又告之学生这些问题我们将在下一章中得到解决,学生为了探根究底,会提前预习教材,就为下一章的学习打下了基础。

案例9 《会摇尾巴的狼》

教师:这节课,我们学完了《会摇尾巴的狼》这篇课文。剩下的时间,我们采取角色朗读的方式,把课文读一遍。谁来读狼说的部分?谁来读羊说的部分?(指定学生)其余的同学集体朗读课文中叙述部分的文字。

(学生进行角色朗读。)

这种在课堂教学活动结束时采取角色朗读的活动办法,既能加深学生对课文内容的理解,又能提高学生的语言表达能力,还能激发学生的学习兴趣,培养学生的表演能力。

案例10 圆的认识

教师:怎样在操场上画一个大的圆?

学生1:绳子。

学生2:竹竿(2种画法)。

学生3:手拉手,几个小朋友手拉手,第一个不动。

教师:手拉手应注意什么?(不能随意弯曲。)

(总结学生提出的方法都可行。其原理是找圆心,定半径。)

案例9《会摇尾巴的狼》是以朗读的活动方式结束的,而案例10"圆的认识"则以讨论的方式结束。这两种方式的目的在于加深认识,促进理解。

案例 11　《荔枝蜜》[①]

（1）教师小结

1）蜜蜂美不美？为什么？

蜜蜂是美的，虽然它不像花蝴蝶那样有五彩斑斓的外表，但它的精神是美的。它美在勤劳，美在忘我，美在奉献，美在为人类酿造甜美的蜜。只有为人类创造美好生活的人才是最美的人。

2）《荔枝蜜》这篇散文美不美？为什么？

它美在语言。本文语言凝练、优美。如描绘蜜蜂时用"出出进进""飞来飞去"等词，生动而形象地勾勒出蜜蜂辛勤劳作的情景。又如描写从化的春绿："那里四周是山，环抱着一潭春水，简直是一幅山清水秀的山水画。"粗粗几笔，用拟人和比喻，就描绘出南方山水的美丽。

它美在结构。文章以对蜜蜂感情变化为线索，精心选材组材，件件切合题意，事事符合情理，首尾呼应，浑然一体，的确是散文中的精品。

它美在思想。文章借赞美蜜蜂的辛勤酿蜜，热情地歌颂了亿万劳动人民为建设社会主义新生活而进行的忘我劳动，文章激励人们去为创造美而献身。

（2）组词练习（略）

（3）作文

写一篇描写物的记叙文（给参考题目）。

案例 12　五四运动

教师总结：巴黎和会上中国外交的失败（导火线）—"五四"北京学生集会（爆发）—口号"外争国权，内惩国贼"（性质）—东交民巷示威，火烧赵家楼—"六二"大逮捕（运动扩大）—"六五"上海工人投入斗争，工人阶级独立登上历史舞台（中心与主力的转移）—释放学生。撤办"三贼"，拒签《巴黎条约》（斗争的胜利）。

案例 13　环境保护[②]

一位教师在"环境保护"授课结束时，提出以下几个问题让学生来交流（可以从中选一条或几条来回答）。

①最大收获是什么？我还疑惑的是什么？

②我自己的表现如何，有什么感想？

[①] 裘大彭，任平. 课堂教学中的讲解技能 [J]. 人民教育，1994（3）：40-41.
[②] 引自：蔡六玲的博客家园，http://eblog.cersp.com/userlog13/120274/archives/2007/514229.shtml.

③我从同学身上学到了什么?

④老师的意见或建议是什么,我如何改正?

课上,先后有七八位同学踊跃举手发言。在这里我们摘要一些课堂实录:

学生:我的最大收获是了解了引起环境污染的一些因素,意识到了保护环境的重要性,还有学会了如何上网查资料。不过,我不知道我们作为学生能为环境保护做些什么?

教师:既然你学会了上网搜索,何不利用互联网再去搜索一下相关信息呢?

学生:虽然我今天只是扮演了一个小小的角色——陪审员,不过,这是我第一次上台表演呢。我对自己的表现还算满意。

教师:多给自己一些信心,你会更棒!

学生:我觉得第三小组同学准备的最充分,合作也是最默契的。

教师:是啊,合作也是很重要的。

学生:这节化学课过得特别快,很有意义,也很精彩。谢谢老师给我们这样的机会。

教师:应该感谢同学自己才对。这节课因为同学而有意义,而更精彩!(全体同学自觉鼓掌。)

下课铃响了……

根据新的课程标准要求——获得知识与掌握技能、采用过程与实施方法、情感传递与价值观形成,以上案例结束课程的方式较好地满足了这3个要求,它在充分调动学生积极性的同时,促使学生及时对课程内容进行思考,每个人会有不同的思考结果,从而促进了学生之间的相互启发,不但培养了学生的思维能力和语言能力,也为学生提供了表现的舞台和机会,促进了学生学习方式的转变。

案例14 《少年闰土》①

在讲授《少年闰土》一课时,教师课尾就可以这样引导学生:"作者和闰土惜别后,很长时间没有再见面。长大成人后的闰土是怎样的呢?"之后,教师再出示拓展阅读语段。

这来的便是闰土。虽然我一见便知道是闰土,但这又不是我记忆中的闰土了。他身材增加了一倍;先前的紫色的圆脸,已经变作灰黄,而且加上了

---

① 引自:司徒青云的博客,http://blog.xxyw.com/u/50/21724.html。

很深的皱纹；眼睛也像他父亲一样，周围都肿得通红，这我知道，在海边种地的人，终日吹着海风，大抵是这样的。他头上是一顶破毡帽，身上只一件极薄的棉衣，浑身瑟缩着；手里提着一个纸包和一支长烟管，那手也不是我所记得的红润圆实的手，却又粗又笨而且开裂，像是松树皮了。

学生默读这一语段后，肯定会产生"闰土为什么会有如此大的变化"的疑惑。这时，教师就可这样引导学生："《少年闰土》和同学们刚刚读的这段话都节选自鲁迅先生的《故乡》。同学们读读《故乡》，再读读鲁迅先生的其他作品，就会逐渐明白闰土为什么会有如此大的变化了。"

教师在结束课程时进行内容外延，学生不但掌握了文章内容，了解了正是因为封建时代君主的残暴，导致了中国长期的落后和国民的愚昧及麻木，也了解了鲁迅所处的那个时代是中华民族处于灾难和存亡危急关头的半殖民地半封建社会，更激发起了学生的爱国情怀和学习热情。

第二节　教学扩展能力训练要点

对于传授能力型的课程，仅仅只掌握基础教学能力是不够的，还需训练受训者的一些教学扩展能力，这是一个更为广泛的知识领域，根据不同的技能有不同的方法和材料，可参考相关的书籍。这里仅举几个相关扩展能力的训练要点。

一、扩展能力训练要点

（一）手工能力训练要点
（1）制作过程动作的规范性。
（2）制作后成品的安全性。
（3）制作成品与比照实物相似。

（二）示范能力训练要点
（1）示范语言及动作的规范。
（2）示范过程中要穿插经验的讲解。
（3）示范过程要有始有终，不能断章取义，半途而废。

（三）PPT 制作能力训练要点

（1）PPT 总的结构清晰，让学生易于接受。

（2）PPT 要适当使用视频、图片、声音等媒介，但是不能占主要部分。

（3）PPT 与课程和讲解内容关系紧密。

二、扩展能力评价列举

针对不同的扩展能力，对其训练的评价要求也不相同，制定的评价标准也应不同。就手工能力、示范能力和 PPT 制作能力而言，扩展能力训练的评价标准如表 6-5 所示。

表 6-5　扩展能力训练的评价标准

评价项目	等级					权重
	A (1.0)	B (0.8)	C (0.6)	D (0.4)	E (0.2)	
1. 教师制作过程动作规范						0.10
2. 制作后成品安全、可靠						0.15
3. 制作成品与比照实物相似						0.10
4. 示范语言及动作规范						0.10
5. 示范过程中要穿插讲解经验						0.15
6. 示范过程要有始有终						0.10
7. PPT 总述及分项结构清晰						0.10
8. PPT 适当使用视频、图片、声音，且使用量合适						0.10
9. PPT 与课程内容关系紧密，不花哨						0.10
综合评价						

》》 本章作业

一、问答题

1. 教学调节能力训练的目的是什么?
2. 教学扩展能力训练的评价标准应该怎样灵活应用?

二、实训题

1. 按教师要求编写课堂调节教学能力训练方案。
2. 按教师要求编写课堂扩展教学能力训练方案。

三、思考题

1. 请认真阅读各微格教学能力训练的案例。
2. 请思考自己的能力特点,怎样自我训练和提高?

第七章　微格教学基本模式

要上好一堂精彩的课，不但要有雄厚的专业基础、扎实的教学能力，而且还要使用恰当的教学模式。通过前面几章的学习，在了解了教学能力的基础知识和训练方法后，还要学会根据不同的课程性质、不同的教学内容和不同的教学对象等因素，选择不同的教学模式。本章将介绍教学模式的相关知识。本章所引用的基本概念，除特别注明外，均引自百度百科和大部分业界人士达成共识的观点；引用的部分教学模式均改选自刘宗南主编的《微格教学概论》。

第一节　教学模式概述

一、教学模式的概念

20 世纪 70 年代，美国学者最先将"模式"一词引入到教学领域，并进行了系统的研究。1972 年，美国师范教育家乔伊斯（B. Joyce）与威尔（M. Weil）在他们合作编著的《教学模式》一书中认为："教学模式是一种可以用来设置课程、设计教学材料、指导课堂或其他场合的教学计划或类别。"直至 80 年代中后期，教学模式开始成为中国教学研究的热点，目前正在或已经成为较为丰富而成熟的教学理论并应用于各类教改项目当中。教学活动的实践是千姿百态的，丰富多彩的，富有艺术性和创造性的，但同时也有科学性、规定性的一面，因此有可能形成一定的模式，也就是说，有可能在一定理论指导下，从教学实践中抽象概括出相对稳定的有效的一类教学活动的样式。实际上每个教师在教学工作中都是自觉不自觉地按照某种教学模式组织和设计教学活动。

(一)教学模式的定义

教学模式是在一定教学思想或教学理论指导下建立起来的较为稳定的教学活动结构框架和活动程序。作为结构框架,突出了教学模式从宏观上把握教学活动整体及各要素之间内部的关系和功能;作为活动程序则突出了教学模式的有序性和可操作性,它是经验与理论之间的一种可操作性的知识系统,是再现现实的一种理论性的简化结构。

(二)教学模式的形成

从教育发展的历史看,教学模式的形成基本有两种途径,或者说有两种构成逻辑。一种是归纳式,即从长期的教学实践中积累了经验,逐步归纳出来的。例如,某理工大学汉语国际教育专业本科教学改革项目——"汉堡包"式的人才培养模式,即是学生在学校进行两年的基础理论课学习后,到国外进行一年的顶岗汉语教学实习,再回到学校进一步学习提高,并完成毕业课题研究。这种培养模式是在培养过程中,加入大量的海外汉语教学实习环节,在不断积累教学经验的基础上,通过边学习教育理论,边改革实践,最后进行总结归纳逐步形成的。形成教学模式的另一途径是演绎式。学者专家们根据一定的认识论、心理学和教育学原理,确定教学目标,设计特定的教学活动方式、程序和结构,运用于教学实践,并通过教学实践加以验证,形成教学模式。例如,新行为主义者根据"刺激—反应"原理构想的程序教学模式,人本主义者根据人类观和学习观构想的非指导性教学模式。教学模式形成不论采用何种逻辑或途径都离不开教学实践。但教学模式不是被动地反映教学实践,而是教育理论与教育实践者根据一定的哲学思想和教学原理,创造性地提出教学活动的新范式,以此积极地指导教学实践。①

(三)教学模式的分类

关于教育模式的分类,国内外学者从不同角度出发有不同的分类,若根据理论根源和学习行为方式,一般归结为以下两大类。

一是根据教学模式的理论根源,可分为4种类型的教学模式。

---

① 改选自360个人图书馆:教学模式的概念,网址:http://www.360doc.com/content/12/0426/10/153944_206622711.shtml。

1. 信息加工教学模式

这种类型的教学模式依据的是信息加工理论，把教学看作是一种创造性的信息加工过程，依据计算机、人工智能的运行规程确定教学的程序。属于这种类型的教学模式有：施沃德的科学探索教学模式、布鲁纳的概念获得教学模式、皮亚杰和西格尔的认知发展教学模式、奥苏伯尔的先行组织者教学模式等。

2. 人格（人性）发展教学模式

人格发展教学模式以个别化教学的理论与人本主义教学思想为基础，强调个人在整个教学过程中的主观能动性，坚持个别化教学，如外国留学生一对一汉语课教学。典型的例子还有罗杰的无指导者教学模式、格拉斯尔的教室集会教学模式等。

3. 社会交往教学模式

社会交往教学模式以社会互动理论为指导，强调教师与学生、学生与学生的相互影响和社会联系，典型的有：杜威和塞林的小组探索模式、奥利佛和夏沃尔的法理学教学模式、马歇尔和考克斯的社会探究式等。

4. 行为修正教学模式

行为修正教学模式以行为主义心理学为依托，它把教学看作是一种不断修正的过程，典型的有：斯金纳的操作性条件反射教学模式。

二是根据学习行为方式，可分为3种类型教学模式。

（1）系统传授型教学模式，即师生系统地传授和学习书本知识的教学模式。

（2）辅导自学型教学模式，即教师辅导学生从教学活动中自己学习知识的教学模式。

（3）传授自学型教学模式，即折中以上两种类型之间的教学模式。

根据不同的理论、不同的分类原则和不同的分类方法，国内外还分出许多不同的教学模式。

（四）教学模式的理论依据

教学模式是一定的教学理论或教学思想的反映，是一定理论指导下的教学行为规范。不同的教育观往往提出不同的教学模式。例如，概念获得模式和先行组织模式的理论依据是认知心理学的学习理论，而情境陶冶模式的理论依据则是人的有意识心理活动与无意识心理活动、理智与情感活动在认知中的统一。

（五）教学模式与教学目标

任何教学模式都指向和完成一定的教学目标，在教学模式的结构中教学目标处于核心地位，并对构成教学模式的其他因素起着制约作用，它决定着教学模式的操作程序和师生在教学活动中的组合关系，也是教学评价的标准和尺度。正是由于教学模式与教学目标的这种极强的内在统一性，决定了不同教学模式的个性。不同教学模式是为完成一定的教学目标服务的。

（六）教学模式的操作程序

每一种教学模式都有其特定的逻辑步骤和操作程序，它规定了在教学活动中师生先做什么、后做什么，各步骤应当完成的任务。

（七）教学模式的实现条件

教学模式的实现条件是指能使教学模式发挥效力的各种条件因素，如教师、学生、教学内容、教学手段、教学环境、教学时间等。

（八）教学评价

教学评价是指各种教学模式所特有的完成教学任务、达到教学目标的评价方法和标准等。由于不同教学模式所要完成的教学任务和达到的教学目的不同，使用的程序和条件也不同，当然其评价的方法和标准也有所不同。除了一些比较成熟的教学模式已经形成了一套相应的评价方法和标准外，还有不少教学模式没有形成自己独特的评价方法和标准。

二、教学模式的特点

根据以上教学模式的相关概念，可概括出教学模式具有以下 5 个特点。

（一）指向性

由于任何一种教学模式都是围绕着一定的教学目标设计的，而且每种教学模式的有效运用也需要一定的条件，因此不存在对任何教学过程都适用的普适性的模式，也谈不上哪一种教学模式是最好的。评价教学模式最好的标

准是在一定的情况下达到特定目标的最有效的教学模式。教学过程中在选择教学模式时必须注意不同教学模式的特点和性能，注意教学模式的指向性。

（二）操作性

教学模式是一种具体化、操作化的教学思想或理论，它把某种教学理论或活动方式中最核心的部分用简化的形式反映出来，为人们提供了一个比抽象的理论具体得多的教学行为框架，具体地规定了教师的教学行为，使得教师在课堂上有章可循，便于教师理解、把握和运用。

（三）完整性

教学模式是教学现实和教学理论构想的统一，所以它有一套完整的结构和一系列的运行要求，体现着理论上的自圆其说和过程上的有始有终。

（四）稳定性

教学模式是大量教学实践活动的理论概括，在一定程度上揭示了教学活动带有的普遍性规律。一般情况下，教学模式并不涉及具体的学科内容，所提供的程序对教学起着普遍的参考作用，具有一定的稳定性。但是教学模式是依据一定的理论或教学思想提出来的，而一定的教学理论和教学思想又是一定社会的产物，因此教学模式总是与一定历史时期社会政治、经济、科学、文化、教育的水平联系，受到教育方针和教育目的制约。因此这种稳定性又是相对的。

（五）灵活性

作为并非针对特定的教学内容教学、体现某种理论或思想，又要在具体的教学过程中进行操作的教学模式，在运用的过程中必须考虑到学科的特点、教学的内容、现有的教学条件和师生的具体情况，进行细微的方法上的调整，以体现对学科特点的主动适应。

三、教学模式的作用

（一）教学模式的中介作用

教学模式的中介作用是指教学模式能为各科教学提供一定理论依据的模

式化的教学法体系，使教师摆脱只凭经验和感觉，在实践中从头摸索进行教学的状况，搭起了一座理论与实践之间的桥梁。教学模式的这种中介作用，和它既来源于实践又是某种理论的简化形式的特点分不开。一方面，教学模式来源于实践，是对一定的具体教学活动方式进行优选、概括、加工的结果，是为某一类教学及其所涉及的各种因素和它们之间的关系提供一种相对稳定的操作框架，这种框架有着内在的逻辑关系的理论依据，已经具备了理论层面的意义。另一方面，教学模式又是某种理论的简化表现方式，它可以通过简明扼要的象征性的符号、图式和关系的解释，来反映它所依据的教学理论的基本特征，使人们在头脑中形成一个比抽象理论具体得多的教学程序性的实施程序，便于人们对某一教学理论的理解，也是抽象理论得以发挥其实践功能的中间环节，是教学理论得以具体指导教学，并在实践中运用的中介。

（二）教学模式的方法论意义

教学模式的研究是教学研究方法论上的一种革新。长期以来，人们在教学研究上习惯于采取单一刻板的思维方式，比较重视用分析的方法对教学的各个部分进行研究，而忽视各部分之间的联系或关系；或习惯于停留在对各部分关系的抽象的辩证理解上，而缺乏作为教学活动的特色和可操作性。教学模式的研究指导人们从整体上去综合地探讨教学过程中各因素之间的互相作用和其多样化的表现形态，以动态的观点去把握教学过程的本质和规律，同时对加强教学设计、研究教学过程的优化组合也有一定的促进作用。

第二节　教学模式沿革及发展

一、教学模式的历史

教学模式是教学活动的基本结构，每个教师在教学工作中都在自觉不自觉地按照一定的教学模式进行教学，只不过这里有一个你采取的方式方法是否科学合理的问题。了解教学模式的历史发展有助于人们借鉴传统和对当代各种新教学模式的理解，有助于人们把握教学模式的发展趋势。系统完整的教学模式是从近代教育学形成独立体系开始的，"教学模式"这一概念与理论在 20 世纪 50 年代以后才出现。不过在中外教学实践和教学思想中，很早

就有了教学模式的雏形。古代教学的典型模式就是传授式，其结构是"讲—听—读—记—练"。其特点是教师灌输知识，学生被动机械地接受知识，书中文字与教师的讲解几乎完全一致，学生对答与书本或教师的讲解一致，学生靠机械的重复进行学习。到了17世纪，随着学校教学中自然科学内容和直观教学法的引入，班级授课制度的实施，夸美纽斯提出应当把讲解、质疑、问答、练习统一于课堂教学中，并把观察等直观活动纳入教学活动体系之中，首次提出了以"感知—记忆—理解—判断"为程序结构的教学模式。

19世纪是一个科学实验兴旺繁荣的时期。赫尔巴特的理论在相当的程度上反映了当时科学发展的趋势。他从统觉论出发，研究人的心理活动，认为学生在学习的过程中，只有当新经验已经与构成心理的统觉团中的概念发生联系时，才能真正掌握知识。所以教师的任务就是选择正确的材料，以适当的程序提示学生，形成他们的学习背景或称统觉团。从这一理论出发，他提出了"明了—联合—系统—方法"的四阶段教学模式。以后他的学生莱因又将其改造为"预备—提示—联合—总结—应用"的五阶段教学模式。

以上这些教学模式都有一个共性，它们都忽视了学生在学习中的主体性，片面强调灌输方式，在不同程度上压抑和阻碍了学生的个性发展。所以在19世纪20年代，随着资本主义大工业的发展，强调个性发展的思想的普遍深入与流行，以赫尔巴特为代表的传统的教学模式受到了挑战，应运而生的杜威的实用主义的教育理论得到了社会的推崇，同时也促进了教学模式向前推进了一步。

杜威提出了"以儿童为中心"的"做中学"为基础的实用主义教学模式。这一模式的基本程序是"创设情境—确定问题—占有资料—提出假设—检验假设"。这种教学模式打破了以往教学模式单一化的倾向，弥补了赫尔巴特教学模式的不足，强调学生的主体作用。强调活动教学，促进学生发现探索的技能，获得探究问题和解决问题的能力，开辟了现代教学模式的新路。当然，实用主义教学模式也有其缺陷。它把教学过程和科学研究过程等同起来，降低了教师在教学过程中的指导作用，片面强调直接经验的重要性，忽视知识系统性的学习，影响了教学质量。因此在20世纪50年代受到了社会的强烈批评。

二、教学模式的发展

20世纪50年代以来，随着科学技术的发展，教育面临着新的科技革命的挑战，促进人们利用新的理论和技术去研究学校教育与教学问题。凭借现代心理学和思维科学对人脑活动机制的揭示，发生认识论对个体认识过程的概括、认知心理学对人脑接受和选择信息活动的研究，特别是系统论、控制论、信息加工理论等的产生，对教学实践产生了深刻的影响，也给教学模式提出了许多新的课题。因此这一阶段在教育领域出现了许多的教学思想和理论，与此同时，也产生了许多新的教学模式。归纳而言，主要有以下四大发展趋势。

（一）从单一教学模式向多样化教学模式发展

自从赫尔巴特提出"四段论"教学模式以来，经过其学生的实践和发展逐渐以"传统教学模式"的名称成为20世纪教学模式的主导。20世纪初杜威打着反传统的旗号，提出了实用主义教学模式。50年代以后，由于新的教学思想层出不穷，再加上新的科学技术革命使教学产生了很大的变化，教学模式出现了"百花齐放、百家争鸣"的繁荣局面。据乔伊斯和威尔1980年的统计显示，共出现了23种教学模式，较有影响的有塔巴（Hizda，TaBa）的归纳教学模式、布鲁纳的概念获得教学模式、皮亚杰和西格尔的认知发展教学模式、奥苏贝尔的先行组织者教学模式、罗杰斯（Carl Ranson Rogers）的非指导性教学模式、斯金纳（Burrhus Frederic Skinnner）的操作条件反射教学模式等。

（二）由归纳型向演绎型教学模式发展

归纳型教学模式重视从经验中总结、归纳，它的起点是经验，形成思维的过程是归纳。演绎型教学模式指的是从一种科学理论假设出发，推演出一种教学模式，然后用严密的实验来验证其效用。它的起点是理论假设，形成思维的过程是演绎。归纳型教学模式来自于对教学实践的总结，难免有些不确定性，有些地方还不能自圆其说。而演绎型教学模式有一定的理论基础，能够自圆其说，有自己完备的体系。

（三）由以"教"为主向以"学"为主的教学模式发展

传统教学模式都是从教师如何去教这个角度来进行阐释，忽视了学生如何学这个问题，杜威的"反传统"教学模式，使人们认识到学生应当是学习的主体，由此开始了以"学"为主的教学模式的研究。现代教学模式的发展趋势是重视教学活动中学生的主体性，重视学生对教学的参与，根据教学的需要合理设计"教"与"学"的活动。

（四）教学模式的日益现代化

在当代教学模式的研究中，越来越重视引进现代科学技术的新理论、新成果。大部分教学模式已经开始注意利用计算机等先进的科学技术成果，教学条件的科技含量越来越高，充分利用了可提供的教学条件设计教学模式。

第三节 微格教学模式

微格教学模式不是理想化教学模式，因为理想模型是为了便于研究而建立的一种高度抽象的理想客体。然而，微格教学模式受研究者的教学观念和主张制约，即使同一节微格课，研究者从不同角度也会做出不同的评价，其教学模式的研究将更趋于科学化和多样化。随着教学理论的深入发展，微格教学研究者还会打破常规，不基于固定套路，总结更多的、实用的微格教学的培训模式，从而使微格教学的组织指导达到最优化，取得教学技能培训的最佳效果。所以，要根据教学目标导向、学科性质、教学内容、学生身心发展水平、学生学习特点及风格，现有的教学设备及条件来选择相应的教学模式，科学地编写教案，才能达到最优和最佳的训练效果。

一、微格教学模式概述

微格教学是受训者在一定的条件下进行学习和训练，集中解决某个特定问题的教学行为，是建立在现代教学理论和现代教育技术的基础上，借助现代的视听技术，采用可控的教学环境，培训、提高受训者的课堂教学技能的一种操作简便、灵活可行的教学模式。如何根据教学内容和技能训练目标，对微格教学的教学模式进行设计，将所需训练的教学能力恰如其分地运用于课堂教学过程中，是微格教学训练中最为重要而复杂的工作。

微格教学模式是用模式方法分析微格教学的技能培训问题，将微格教学的因素、关系、状态、过程突出地显露出来，便于人们观察、模仿、实践和进行理论分析。微格教学模式从层次上分有宏观、中观、微观3个层次：宏观上是微格教学发展战略模式，如教师职前、职初和在职继续教育培训模式；中观层面是研究微格教学培训系统模式，如理论学习、示范、角色扮演等；

微观则研究掌握教学技能培训的教学模式。本书所提及的主要是指微格教学技能培训的微观模式。

（一）微格教学模式的概念

微格教学模式是指在现代教育思想的指导下，在微格教室或微格实验师中展开的教学活动进程的稳定结构形式。它是教学模式的子范畴，是微格教学理论与应用的中介，是连接理论与实践的桥梁；为微格教学实践训练提供了一个系统的、稳定的、层次清晰的理论范型。微格教学模式主要由以下几个因素构成。

（1）受训者：指参加微格教学和相关培训的受训者，一般为师范生、准师范生或在职教师，受训者一般是以小组的形式进行组织的。

（2）指导教师：一般指导教师给受训者提供及时的反馈和指导，每一小组原则上配备1名指导教师。

（3）教学设施：包括微格教学场地、微格教学环境、微格教学软件和硬件系统。

（4）教学软件：在微格教学控制室中，为受训者准备了大量的优秀教师的课堂教学影像资料和大量的教学参考书，以便随时调用和查看。

微格教学模式是对传统教学模式的强化和补充，注重的是对教学组织者的培训和提高，研究的对象是师范生、准师范生或在职教师。在教学过程中，教师更应在教学思想上，着重技能的训练与能力的培养；在师生关系上，强调以学生为中心，实行民主教学，做到指导与帮助相结合；在教学方法上，以"启发式"的创造性教学为主，主张教学相长，使学生学会学习方法；在组织教学上，教师应让学生在较为自由、和谐的气氛中进行学习和训练。

（二）微格教学模式的结构

结合现代教育理论最新研究成果、微格教学的理论与实践，微格教学模式包括准备模块、教学技能实践模块、教学技能整合与升华模块。

1. 准备模块

准备模块的具体内容有三：一是为受训者提供参考书目，使其亲自去获取教育理论研究者关于现代教育理论的精辟阐述，并对其进行分析、综合、内化；二是组织讨论，加深受训者的理论认识，做好学习准备；三是观摩精品课，指导教师和受训者共同探讨课堂教学技能的种类。

2. 教学技能实践模块

这是微格教学最具特色的阶段。它是受训者在教师的典型范例或优秀课例和自己教学录像的帮助下，系统地进行课堂教学技能的理论探索与实践的过程。其中，教学评价在技能训练中的作用非常重要。

一般来说，在受训者试讲后，组内同学先进行口头评价、集体评价，之后受训者要进行自我评价。一方面，这为受训者提供了一个"申辩"的机会；另一方面，为所有学习者展示了不同试讲者出现各种教学问题的种种原因，促使受训者对自身教学实践进行反省和改进。在此模块中，如何为每一种教学技能提供一个行之有效的培训方案是非常重要的。

3. 教学技能整合与升华模块

根据受训者训练所选择的教学技能的种类、数量，教师帮助其在单一技能训练过程中，探索教学技能的优化组合。这其中就包括对形成自身教学风格的认识和探讨。在这个过程中，教师要给予适当的引导和评价。

（三）微格教学模式设计的原则

微格教学模式设计是将日常复杂的课堂教学进行分解和细化，并为培训教学技能而建构的科学的训练环境和方法，使受训学生获得大量及时的反馈信息。微格教学模式的设计与普通教学模式设计类似，需要遵循以下原则。

1. 目标控制原则

微格教学具有课堂教学和技能训练的双重目标。微格教学作为课堂教学的子系统，其目的是在实现课堂教学目标的前提下灵活运用和掌握教学技能。微格教学的模式设计必须以实现课堂教学目标为先导，以教学技能训练目标为手段，进行教学策略的微观方案设计。若偏离了课堂教学目标，不管运用什么样的教学技能都是毫无意义的。

2. 系统设计原则

微格教学模式的设计过程应体现教学系统设计的思想和方法，即在微格教学的系统设计过程中通过系统分析技术（学习需要分析、学习内容分析、学习者分析）形成制定、选择教学策略的基础，通过解决问题的策略优化技术（教学策略的制定、教学媒体的选择）及评价调控技术（试验、形成性评价、修改和总结性评价）使得解决复杂教学问题的最优微观教学方案逐步形成，从而取得最佳的学习效果。

3. 优选决策原则

对于微格教学来说，没有任何单一的策略能够适用于所有的教学技能训练的情况。最好的教学策略是在一定的情况下达到特定教学目标的最有效的方法体系。为了达到特定教学目标，必须充分考虑多种不同的教学策略，包括选择和设计课堂教学过程和教学媒体等，优选出具有实际可操作性的教学方案，力求将最佳的教学策略应用于特定的教学情境。

4. 反馈评价原则

教育传播理论认为，反馈可以使教育者了解到信息的传递效果，并对学生的学习情况做出及时准确的评价，同时，对自身的传播行为做出改进。微格教学运用现代科技手段进行信息反馈。当微格教学课结束后，受训者一定要及时观看自己的授课记录，并与指导教师和同学进行讨论总结，从而获得广泛而深入的评价反馈信息，快速地找出改进教学效果的方法和提高教学技能的对策。

二、微格教学模式分类

根据教师掌握教学技能训练方式的特点，结合普通教学模式的分类，可以将微格教学模式分为：自主训练模式、教师指导模式、协作学习模式、课堂检验模式四大类，具体如下。

（一）自主训练模式

这种模式充分发挥主体的主观能动性，采用自我学习训练的方法掌握教学技能。具体模式主要有问题解决自训式、课前模拟探索式和课后评改矫正式。

1. 问题解决自训式

问题解决自训式是受训者通过课堂教学评价，找出自身存在的主要问题，自拟训练目标，开展针对性训练。该模式的结构是：问题—目标—训练—评价。例如，某受训者知道自己上课过程中教学语言表达常用些语助词，如"啊""哩"等，然后依据教学语言技能训练的要求进行矫正练习，根据教学录像进行反馈、评价，直到自己满意为止。

2. 课前模拟探索式

课前模拟探索式是受训者在上课之前对课堂组织等情况没有把握，通过在课前自己组织、设计小课堂进行模拟教学，探索理想的教学方式，为上好

大课积累教学经验。该模式的结构是:备课—模拟—反馈—修改。例如,教师在上课之前,选择一部分教学内容(一个知识点或一个概念),做一个教案,选择几名学生进行模拟教学,根据上课实际效果再修改、完善教学方案,以积累教学经验,这种模式对新教师完善教学和老教师研究教学都适用。

3. 课后评改矫正式

课后评改矫正式是受训者在课堂教学时用摄像机记录教学实况,课后自己进行反馈评价,然后研究改进教学。该模式的结构是:课堂教学记录—反馈评价—总结改进。这种教学模式的好处是受训者能自己练习,自由度较大,有利于发挥主动性;缺点是受训者需要自备录像设备,并且该模式不借助其他人为帮助,听不到来自各方面好的建议。

(二)教师指导模式

教师指导模式是由指导教师进行总体技能培训的模式,既体现出一般课堂教学的组成特点,又具有微格教学特色。该模式主要有七环节循环增值式、传授指导讲解式、观察示范讨论式、评改教案反思式、子项训练分解式、协调统筹式、教研促进式和观摩矫正式。

1. 七环节循环增值式

七环节循环增值式是微格教学对教学技能培训的基本模式,它的特点是全面地按照技能培训流程进行培训,每一个教学技能都有具体的要求,经过循环训练,达到全面掌握教学技能的目的。其结构是:学习理论—观看示范—编写教案—尝试教学—讨论研究—改进—再次上课。这个模式带有一定的综合性,它既可以在一个微格单位教学时间内使用,也可以在一个宏观教学单元使用。

2. 传授指导讲解式

传授指导讲解式主要指由指导教师传授微格教学理论,重在指导受训者形成认知结构。该模式的结构是:讲解—示范分析—理解练习—评价,讲解并不是要求指导教师实行灌输式教学,而是把讲解与示范结合起来,教师要注意改进教法,实行启发式教学,还要重视讲解后学员的运用效果。

3. 观察示范讨论式

观察示范讨论式不仅仅是进行理论传授,而是把理论与实际教学范例结合起来学习,为学员提供模仿、迁移的样板。该模式的结构是:理论—示范演示—讨论消化—建立心智程序。

受训者先自学微格教学理论，指导教师带领学员观看示范教学，然后指导教师与学员一起利用微格教学理论讨论、分析、交流听课的收获和体会，以此形成教学技能的心智程序，这种模式的关键是受训者弄懂微格教学理论，否则在听课时精神就不易集中，达不到微格训练的预期效果。

4. 评改教案反思式

评改教案反思式是指指导教师与受训者在进行微格教学前，对受训者编制的微格教案和微格教学设计做提前研究与整改，在实施微格教学前发现问题，并让学生有机会重新规划教案并加以改进。一般的模式为：拟教案—批阅教案—修改教案。这种模式虽然省去一部分精力和时间，但始终把微格教学实际局限在"蓝纸"阶段，而且忽略了微格教学过程中遇到的随机事件，制约了受训者锻炼随机应变的能力，加之，提前评价对受训者心理会造成一定影响。

5. 子项训练分解式

子项训练分解式就是把某一项教学技能分解开来进行训练。如提问技能，可以先练习提问类型，再练习提问方式和技巧；又如讲解技能，可先训练讲授知识点的方式，再训练培养学生的兴趣方法，第三训练启发学生创造性思维。这种模式的结构为：技能—分解—整合—评价反馈。这种模式的优点是细化教学技能的各个要点，做到逐一攻破，但对于某些微格教学单元来说，太过细化不利于受训者厘清理解该教学技能的头绪。

6. 协调统筹式

协调统筹式是子项训练分解式的扩大版本，所谓协调统筹式就是先训练不同的教学技能，随后再根据微格教学需求（教学目标、教材和学生）将不同的教学技能优化整合在一起，达到事半功倍的效果。其一般模式为：教学技能 A—教学技能 B—教学技能 C—综合训练。

7. 教研促进式

教研促进式要求指导教师事先让受训者自拟关于微格教学的教研题目，指导教师组织受训者一起研讨后，受训者按照此题目来进行微格教学实验，以促进微格教学研究，这也是利用微格技术进行教学改革研究的一般方法。其模式为：课题—研究—微格教学实践。

8. 观摩矫正式

观摩矫正式是指指导教师与受训者一起观看微格教学实况录像，并及时给出改进建议，由受训者根据现场建议进行改进。该模式的结构是：评价—分析研究—再次上课—再评价。这种模式着重在后面的再评价，前提是受训

者必须理解微格教学理论,用教学技能理论去评课。

(三)协作学习模式

协作学习模式是发挥以教师为主导、受训学生为主体教学思想的重要模式,开展协作学习,重在师生之间、学生之间的交流。该模式主要有平衡指导激励式、角色互换体验式和竞技比赛式。

1. 平衡指导激励式

平衡指导激励式实行积极的教学评价,即在评价受训者时既指出优点,又指出不足,但是评价内容以 1~2 个优点和缺点为宜,符合人在学习中的心理学规律。一方面对受训者进行表扬(侧重);另一方面对其进行批评,先抑后扬,使受训者能够愉快地学习,可使受训者盼望的目标得以实现,需要得以满足,紧张得以消除,获得愉快的情绪体验。该模式的结构是:激励信心—鼓励评价—改掉缺点—奖励。

2. 角色互换体验式

角色互换体验式即受训学生变成指导老师,互教互学,达到掌握技能、完善教学的目的。该模式的结构是:准备材料—互换角色—反馈评价—交流总结。这种模式突出体现了受训学生在学习过程中的主体地位,可以充分发挥其积极性,激发创新精神。

3. 竞技比赛式

竞技比赛式即受训者经过一个阶段的培训,可以按规定进行比赛。比赛要做真实记录、赛后反馈评分,然后公布结果。比赛单位既可以是个人也可以是团队,这种模式有利于培养学生的竞争意识和团队意识。该模式的结构是:提出比赛题目—精心准备—竞技比赛—反馈评价—评议结果。这种模式生动活泼,建议在多次微格教学培训后采用。

(四)课堂检验模式

微格教学对教学技能培训的目的是提高受训者的教学能力,因此,在微格教学小课堂里培训的教学技能是否被真正掌握,还要由受训学生到真实的课堂中去体验,然后再决定下一步教学技能培训的策略。这是微格教学对教学进行动态研究的重要方式之一。课堂检验模式主要有课堂实践评价式、观摩评课导师式和专家指导式。

1. 课堂实践评价式

课堂实践评价式是受训学生将在微格教学课堂里学到的教学技能运用到实际课堂教学中，这种模式直接检验学生的技能训练成果。这种模式在运用中，要严格进行观察、记录、课后评价，最后要提出今后的教学技能训练目标。该模式的结构是：微格实践—观察记录—课后评价—改进教学。

由于课堂实践是在真实的课堂教学环境中进行的，观察受训学生教学技能掌握程度如何，需要指导教师准确观察并记录下体现教学技能训练的特点，这样才能准确地评价受训学生并提出合理的建议。

2. 观摩评课导师式

观摩评课导师式是指受训者掌握了技能理论，通过培训也有了经验体会，他们可将自己的知识经验用于教学实际。在这种模式中，观摩、评价、分析他人的课堂教学，进行取长补短十分重要。该模式的结构是：听课记录—评价—提高。

经过教学技能训练的受训学生可独立地运用教学技能的知识解决教学实际问题。只有在教学工作中运用教学技能改进教学，才能真正反映出是否掌握了微格教学的基本知识。

3. 专家指导式

专家指导式是受训者对自己学习技能情况进行总结，集体讨论，宣讲自己的学习体会，使自己既有实践经验积累，又有理论认识的提高。这样可以使所有受训学生都有体会和提高。该模式的结构是：问题—探索—总结—形成报告（或论文）—集体交流—讨论评价。受训者可通过学习总结，从实践到理论，从更深层次理解微格教学的内涵，形成自己的教学风格。

在实际的微格教学过程中，并不是使用一种模式贯彻始终，而是几种模式的综合和折中，教学模式受使用者的教学观念影响，同一节课，使用者会选择不同的模式。随着微格教学的深入开展，对微格教学模式的选择也将更趋科学化、合理化和多元化。

第四节 中国的微格教学模式

中国对于微格教学模式的研究也由来已久，北京教育学院较早开始了对微格教学的研究。1984 年，北京教育学院代表团访问西欧 4 国和中国香港，

带回了有关微格教学的资料，开始对微格教学进行引入和研究。1987年，北京教育学院开始进行微格教学实验，逐步对教法课进行改革。同年，中日"教育工学"（教育技术学）合作项目中开设了微格教学的内容，详细地展开了对微格教学模式的界定，并在训练方法、相关理论及评价标准等方面展开研究。2005年2月，中华人民共和国民政部正式批准中国教育技术协会微格教学专业委员会为国家二级学会。

2007年，孟宪凯主编《教学技能有效训练——微格教学》由北京出版社出版。书中详尽介绍了当时微格教学的基本模式和探索模式，随着科技及现代教育技术的不断发展壮大，当今中国有了自己微格教学训练模式。本节着重介绍了中国当下基本的微格教学模式，同时引入了其主流形式——基于导生制的微格教学模式。

微格教学自20世纪80年代中期引入中国后，先后在一些教育学院及高等、中等师范院校和许多中小学展开了积极的研究与实践，并进行了广泛的交流。起初研究和实践主要集中在吸收、借鉴与移植方面。北京教育学院微格教学研究室在引进、借鉴国外微格教学的基础上，对以上问题进行了认真的研究，取得了系列研究成果。随着研究的深入，各地教育工作者在应用微格教学时，都结合了本地区、本学校的实际情况，对微格教学的基本模式有所变通和发展，使之成为发展中国师资、开展师资培训教育的有效方式。

一、微格教学模式的内涵

中国微格教学实践中的微格教学基本模式是：理论学习研究—提出培训目标—建立示范原型—模仿原型练习（微型课、角色扮演、录音录像）—自评点评反馈（重放录像、自我分析、讨论评价）—修改扩展补正—再次实施微格教学。各阶段的主要内涵如下。

（1）理论学习研究：微格教学是在现代教育理论指导下，对教师教学技能培训的实践活动。在实施模拟教学之前受训者应学习有关现代教育理论、微格教学理论、教学目标分类、教学技能分类及教学设计等内容，通过理论学习，形成一定的认知结构，促进日后学习向教学的迁移。

（2）提出培训目标：确定要培训的教学技能，指导、教育、讲解此项教学技能的类型、特点、作用及典型事例运用的一般原则，使用方法及注意事项。

（3）建立示范原型：原型是指规范的课堂教学技能的示范，指导教师讲解、说明单项教学技能的要领，并做出示范；观摩优秀教师的课堂示范课。

（4）模仿原型练习：系统模仿原型和实际练习是掌握课堂教学技能的关键。在这一阶段，受训者学习小组和教师在微格教室内组成一个小型的教学组织，受训学生就某一项具体的课堂教学技能进行模仿练习。这一过程通过室内的摄像机录制下来，以备下一阶段使用。

（5）自评点评反馈：这一阶段包括受训学生的自我评价、指导教师的评价和录像评价。受训学生的自我评价是其根据自己实际模仿练习的感受，对自己的教学技能进行分析、评价并找出不足；小组成员之间的评价是小组成员根据各自的观点，对模仿者进行评价，找出其不足，并提出改进建议；指导教师的评价是教师根据自己对教学技能的理解和掌握，对教师所展示的课堂教学技能进行分析和评价；微格教学的一个重要特征是运用现代声像技术将受训者的教学技能记录下来，使其获得教学行为的直接反馈，通过小组成员和教师的共同观看，对其展示的教学技能进行分析和评价，使受训者对自己的教学技能有一个比较清晰全面的认识，找出自己的不足。这样就可以在下一轮循环中逐步改进，进一步完善自己的教学技能。

（6）修改、扩展、补正：这一阶段包括对教案进行修改、扩展和补正。修改是指在原有教案的基础上，收集各评价方意见和建议，按整改需要，进行教案具体内容的调整和修改；扩展是引导受训者展示、辨析、比较在演练中的不同教学思维过程，尤其是标新立异式的思维过程，从中优选科学的教学思维方式；补正是引导受训学生找出演练中暴露出来的症结，采用修改微格教学教案等多种方法补缺矫正。

（7）再次实施微格教学：在对第一次实施完的微格教学进行修改、扩展和补正后，必须重新演练，对微格教学中出现的不足进行完善，以进一步提高教学能力。

这种教学模式不仅适用于教学技能的培训，而且也适用于其他专业技能的培训。但值得注意的是，微格教学模式只是培养技能的一种方法，它不能完全代替教学现场的操作实习，只有使二者相互补充、相互协调，才能取得最优化的教学效果。

二、导生制微格教学模式

导生一般指在大学教育中，由于高校教师通常较忙，就由高年级部分优秀学生对刚入学的新生进行熟悉大学生活和学习的教育，以便新生更好、更快地适应新环境。导生并不是一种凌驾于同班同学之上的角色，相反，他们十分友善、耐心，都很好相处，积极帮助新生解答疑难、适应大学生活。很多导生在新生的价值观、择业观方面起到了引导作用和模范作用。因此在导生离任后，很多导生与所带班级同学成了亦师亦友的关系。

这类群体是作为教师以外能够帮助他人学习的重要人力资源，广泛地存在于学生群体中。基于导生的微格教学是将导生导学机制引入微格教学，训练学生教师职业技能的一种模式。

（一）导生制的产生

微格教学作为一种现代化的提高教学技能的培训方法，在长期的教学实践和研究中已经历练形成了一定的教学模式，然而在利用微格教学的手段和方法培养师范生课堂教学技能的教学实践中，却遇到了很大的困难与挑战，以某理工大学为例，学校仅有的 3 个微格实验室，最多只能允许 10 名学生同时进入实验室接受微格训练，实验条件比较简陋；微格教学主要在汉语国际教育专业和学校新进教师培训中组织实施，培训班级人数较多时，至多只有 2 位指导老师，在实训中，讲授、观摩和评价等环节中指导教师无法顾及所有受训者，同一批受训者又存在知识水平、认知能力和思维能力的差距，指导教师只能取中间水平的受训者确定教学目标，这样照顾不到两头的受训者，微格教学效果大打折扣，加之实训场地受限，同一时间能容纳的人数有限，单靠指导教师巡视和现场指导往往"鞭长莫及"，在这些状况之下，按照微格教学模式实施教学基本无法完成教学任务，也无法实现预期的教学目标。因此，自 2000 年起，全国大部分师范类院校（或专业）培养了一批技能尖子生，从受训者中找到表现优异的学生作为导生，组建导生班，一方面辅助教师完成教学任务；另一方面苦练教学技能，提升自身的水平。通过一段时间的探索与实践，取得了一定的成效，导生制在微格教学中的应用就这样产生了。

（二）导生制的优势和特点

导生制教学模式巧妙地借助了学生之间的认知差异，由教师精心选择一些成绩优秀的学生充任导生，先让他们接受教学内容，然后再由导生组织和主持教学，将新知识转教给同组的其他学生，最后由导生对自己所带领的十多名学生的学习状况和学习结果进行检查与考试。总体来看，导生制教学模式主要有以下几个方面的特点。

（1）导生制实质为一种两级教育传播模式，即知识首先由教师传递给导生，而后再由导生传递给其他学生。

（2）导生来自于学生群体，是同一学习群体当中年纪较大的或学习成绩较好的学生。

（3）导生由任课教师直接指定，因而选择方法比较简单和单一。

（4）导生主导下的学习小组人数较少，一般由10名左右的学生组成（适合微格教学的基本规模）。

（5）导生在学习中主要承担辅学职能和评价职能。导生主要负责把所学的新知识准确无误地传授给小组的其他学生，并且还要对学习的成效进行检查和评估。

（6）学习一般发生在固定的时间和固定的场地，如导生主导下的小组学习一般在课堂教学时间和固定的教室里进行。

（7）导生制教学的教学效率很高，能够使一名教师同时教授几百名学生。

（8）导生制之所以是高效的，主要是由于导生对教学的直接介入，使得教学可以在多组同学之间并行发生。例如，在同一时间段内，同时可以有多组学生在导生的带领下学习相同的内容，降低了劳动成本，大大提高了微格实训的效率。

三、导生制模式设计原则

基于导生的微格教学模式的提出源自于对江苏大学微格教学实践问题的反思，促动于对问题解决思路和方法的思考与探索，落脚于通过模式的创设与应用，最终达到解决实际问题、促进微格教学行为的合理改进。基于导生制的微格教学模式设计的目标应为：在实验条件、教师配置及受训学生数量基本保持不变的条件下，通过导生及导生导学机制的引入，促进传统微格教学模式向提高效率的纬度改变，使其既能保持微格教学基本特征，又能保证良好微格教学质量。

作为一种实现特定教学目标的教学活动结构和教学方式，基于导生制的微格教学模式设计应当具备一般教学模式的基本特征，即简明性、操作性和创建性，并且突出其解决问题的高效。为此，基于导生制的微格教学模式设计应遵循如下原则。

(1)简明性原则：模式设计应该是简单明了的，是对导生主导下的微格教学活动主要特征的突显和表征，而非包罗万象的面面俱到。

(2)操作性原则：模式设计应该是可操作的、易于实践操作的，其试图构建的教学模式应基于实践问题而产生，基于实践问题的解决为归宿，因此，模式必须能够在教学实践中使用，方便在教学实践中应用。

(3)创建性原则：模式设计应该具有一定的创建性，能够体现出对教学实践的积极指导作用。

(4)高效率原则：模式设计应该具有比较高的教学效率，通过模式的实践应用要能够基本上在既定的条件下实现课程教学目标和完成课程教学任务。

四、导生制模式基本结构

基于导生制的微格教学模式结构由以下3个相对独立的工作阶段组成。

(1)集体学习阶段：主要包括事先的学习研究、观摩示范录像、编写教案、微格教学实践4个子环节。这些环节教学的组织和实施基本上保留了传统微格模式的教学方式，如整个教学活动均由教师组织和具体实施，教学活动以训练班级为单位集体施教等。

(2)导生选拔阶段：主要是从训练班级学生群体当中选拔若干名（视班级人数来定）优秀学生担任导生。导生的选拔安排一般是在微格教学实践之后进行。导生的选拔是一项比较复杂的工作，需要综合考虑到多方面的因素和来自各方面的意见与建议。在微格教学实践活动中，教师通过对每一位学生教学训练过程的观察和记录，了解学生教学技能理解和掌握的总体状况，发现那些学习主动积极、语言表达和交流能力突出、能够比较好地理解教学技能和运用教学技能组织教学的学生，为导生选拔活动积累经验并形成一个选择导生的范围。

(3)小组学习阶段：主要包括两个相互独立的学习过程。第一个过程为导生接受反馈和评价，需要指导教师亲自参与和组织实施，主要完成两方面的任务：一是导生在指导教师的带领下，对自己的讲课录像进行分析和评价，完成自己的训练任务；二是通过让每位导生事先参与反馈评价活动，了解和熟悉微格教学反馈、评价活动的工作组织流程和掌握一定的导学技能，从而为其独立展开导学工作积累经验。

在反馈评价教学完成后，教学就进入了新一轮的教学技能学习与实践，教学活动继续按照模式的基本结构和程序展开，如此往复，直到完成微格教学计划所规定的所有训练项目。

五、导生制模式教学案例

训练对象：某理工大学 13 级汉语国际教育专业全体学生。
训练内容：导入技能和讲解技能。
实训学时：15 分钟。

（一）分组人数的确定

一般来说，每个小组的人数通常是由任课教师根据现有的实验条件、课时安排状况及微格教学组织方式等因素来确定。微格教学反馈与评价环节的这一特点在一定程度上限制了同一小组的人数不能过多，否则，小组学习的过程将会拉得很长，其效果和质量将难以保证。另外，由于导生来自学生，其真实身份是其他学生的同班同学，因而，导生导学的权威性和号召力可能会不如教师，如果小组人数较多，势必会给导生的组织学习工作带来一定的困难和影响。当然，小组人数也并非是绝对的越少越好。相反，每个小组只有保持一定数量的人数，才能使更多学生得到锻炼和提升，只有让"教学"的经历、经验为集体所共享，也才能更有利于每个人从各个不同的侧面和角度发表看法，阐述观点，从而使针对教学实况录像的分析讨论更加全面、精确和更具价值。本案例每一个小组的人数均为 12 人。俗话说，"三个臭皮匠，顶个诸葛亮"，就是这个道理。

（二）小组人员的组成

在确定了小组及每个小组的人数之后，另一个需要解决的问题就是每个小组的成员应该怎样组合和搭配才能更有利于工作的开展。针对这个问题，指导教师和受训者们进行了认真的交流与讨论，一致认为，由于反馈评价环节要在课堂以外的时间和场地里进行，因而，分组首先应该考虑在课外相对集中的一段时间里，把一组学生召集在某个固定场地里的可能性和便利性。建议在分组时，基本上采用了以宿舍为单位划分小组的做法，同时，兼用了"自愿入伙"的策略作为补充。

（三）理论学习

在教学技能训练展开之前，通过教授、集中讨论等教学方式，组织汉语国际教育专业全体学生，对即将训练的两个技能的相关理论进行了系统的学习。并且，在理论教授的同时，精心选择几个比较典型的教学技能应用示范录像穿插其中。这样做的目的是，一方面通过老师的讲解，帮助学生理解将要训练的导入技能和讲解技能的特定内涵，熟悉其基本类型和应用方式，了解其使用的基本要求和特点，从而为后续的训练活动打好理论基础；另一方面又通过典型录像的播放和评析，为学生提供鲜活的形象材料和直观经验，帮助学生在具体教学应用实例中认识和理解教学技能。

（四）编写微格教案

编写微格教案就是要求学生在理论学习的基础上，结合对示范录像的体验和体会，围绕即将要训练的教学技能，自主选择教学内容，并根据所设定的教学目标进行教学设计，生成教学实施方案。考虑到学生编写教案的过程需要查阅和占用资料，因此，在教学实践中，应将微格教案的编写作为课程作业布置给学生课外完成。

（五）反馈和评价

这是在指导教师直接参与下、组织导生观看他们自己的讲课实况录像，以教学技能评价量表（见第五章和第六章相关表格）为依据，对讲课录像逐一进行分析、讨论和评价。这一阶段需要实现的目标是：通过重放录像、自我分析、讨论评价等过程，帮助导生查找问题和不足，提出进一步改动的意见和建议；通过对反馈与评价活动的参与，训练导生的"导学"能力。训练并提高导生的"导学"能力，教师可以将主持和组织的权力交给学生，而教师可作为一名"学生"参与讨论。

具体做法是：首先，由教师将教学技能评价量表的每一个评价指标向几位导生做详细讲解，使每个导生能够在反馈评价开始之前，初步体会、理解每一个评价指标的含义和使用要领。其次，教师将活动的组织权和主持任务交给导生，导生轮流担任组织者和主持人，组织大家对他人的讲课录像进行反馈和评价。在整个活动过程中，所有导生都扮演了反馈评价活动的组织者和主持人的角色，他们不但完成了自己的学习任务，也对导学过程进行了实战演练，这为他们下一阶段能够独自开展工作奠定了一定的基础。值得注意的是，在整个反馈评价活动中，教师一方面以"学生"的身份参与了讨论；另一方面又对每一个主持人的组织活动提出了自己的看法和评价，提出他们在今后的工作中需要改进的意见和建议。

微格教学更加强调学生学习的自主性和协商性。例如，反馈和评价环节，就要求教师角色、学生角色及指导教师能够一起观看教学实况录像，在看过录像之后，还应该从各自的立场对教学实践过程进行讨论、分析和评价，指出教学之优缺点，提出修改的意见和建议。显然，基于导生制的微格教学模式，在很大程度上缓解了教师的教学压力并提升微格教学的效率，同时，也能够保证原有微格教学的质量和效果不会发生太大变化。另外，只要使用方法得当，这种模式实施所需要的各种条件也比较容易实现。

>>> 本章作业

一、问答题

1. 什么是教学模式？什么是微格教学模式？它们之间是什么关系？
2. 教学模式有哪5个特点？
3. 影响微格教学模式的因素有哪些？
4. 微格教学模式设计的原则是什么？

二、思考题

1. 请认真思考四大类17个微格教学模式的区别。
2. 请分析导生制微格教学模式的优缺点。

第八章　微格教学设计

教学设计不仅是教学工作的前期准备，而且还是一门艺术的创作过程。它是建立在教育心理学、学习理论、艺术理论、信息传播理论、系统科学理论和现代教育技术等理论及技术基础之上的。对同样的教材和教学对象，不同的教师授课效果不同，即便是同一名教师，身处不同的教学环境中，其教学效果也大相径庭。而教学设计绝对不是一项纯技能的工作，它依托相关的理论和技术条件，也包含着深刻的艺术性内容。因此，微格受训者绝对不能只靠知识和经验，他还应该成为一个具备高素养、富有创造力的教学艺术家。本章主要阐述微格教学设计的基础知识。

受训者在学习完教学技能之后要通过上微格实训课对所学的教学技能进行实战训练，使其理论在实践过程中得到充分的提高和完善。如何根据教学内容和技能训练目标，对微格课的教学实施方案和过程进行设计，将要训练的教学技能恰如其分地运用于微格实训的每一个环节，这是微格教学中最重要的工作。教学设计是微格教学过程中的一个重要环节，也是微格实训的前提和基础，它几乎贯穿微格教学训练的全过程，要求受训者在微格教学改革实践中站在设计的高度认识并操作整个过程，使微格教学的训练更加科学化、系统化。

第一节　微格教学设计基础

微格教学设计是教学理论运用于教学实践的重要环节，是教学实践的开端。由于微格教学既是普通课堂教学的缩影，又是一种特殊的教学形式，因而，微格教学设计既与一般的课堂教学设计有共性，又有所区别。

一、微格教学设计的优点

(1) 微格教学设计有利于教学对象这一主体地位的落实，并用发展的眼光来设计微型课程。与传统备课最为本质的不同是：设计是为了学生的学而设计，备课是为了受训者的教授而准备。

（2）微格教学设计主张在教学设计时，目标、策略和评价协调一致，因而更具科学性，这里的"协调一致"是指使用的教学策略对学习目标来说是适合的，并且和评估学生已经达到什么程度的测试相适应。

（3）微格教学设计有利于实现高效的、趣味性的教学。教学设计通过对授课对象的初始能力和学习任务的详细分析使教学有目的、有针对性地展开。降低了授课对象因知识欠缺导致无效教学的可能性。这样一来，对于受训者的教和授课对象的学都进行了关注，教学吸引力得到了提高。

（4）微格教学设计有利于受训者或教师素养和修养的提高。利用科学的观点和理论来设计微格教学，有助于提高受训者的教学业务素质（如不断优化某一个教学技能），培养受训者用科学的方法和态度解决问题，微格教学设计侧重于理念指导下的教学实践和实训，有利于将理论和实践紧密结合，将教学理念转化为教学行为，在其转化过程中，微格教学设计作为一个必要的媒介存在于微格教学的全过程。

二、微格教学设计的要求

（一）程序性要求

微格教学设计实际上是一项系统工程，各子系统的排列组合具有程序性的特点，即各子系统有序地成等级结构排列，且前一子系统制约、影响着后一子系统，而后一子系统依存并制约着前一子系统。根据教学设计的程序性特点，教学设计中应体现出其程序的规定性和联系性，确保教学设计的科学性。

其实程序性也是系统理论的最佳体现，它既注重微格教学中每个子模块之间的关系，又注重这些模块和关系（功能合力）最终促成的效果。设计微格教学就类似设计一道菜式、一个房间、一个旅行计划一样，有自己独有的步骤，只有每一个步骤串联在一起并形成不同的合力和组合，才能将微型课的效果发挥到最佳，真正做到"井然有序、有条不紊"。很多初学者将微格教学搞得一塌糊涂就是忘了规矩和程序，搞得贻笑大方。所以，要做好微格教学设计，就必须讲究程序性原则，在执行和操作前必须熟悉和熟练这一原则。

（二）可行性要求

微格教学设计要求能够用来指导微格实训。微格教学设计的实施必须具

备以下两个可行性条件：一是符合主客观条件，主观条件应考虑受训者的水平和授课对象的年龄特点、已有知识水平；二是客观条件应考虑教学设备、跨文化等因素。对微格教学而言，没有任何单一的策略能够适用于所有的教学情况，为达到教学目的，必须采用可行的方案，或者说当可行性方案较多时，选择一个最优的方案。所以，在微格教学设计的过程中，必须遵循可行性原则。

（三）可操作性要求

微格教学设计的实施必须具有可操作性，一般而言，解决某一个问题的方案有多个，为了达到预期目标，必须选择一个可行的、最优的方案实施。微格教学是完整教学的一小部分，它虽然不是一个完整的教学单元，但在微型课程中有着双重目标，即教学目标和教学技能训练目标，要达到这些目标必须考虑、研究和分析教学内容及教学对象，研究当下符合或适合实施教学的教学内容、教学组织形式、教学方法和技术，形成具有效率意义的特定的教学方案，在条件不满足时应如何创造条件，设计最优的方案来执行教学。

（四）反馈评价要求

为了能指导微格实训，在微格教学设计时，应该设计反馈环节，即在教学过程中，教师和学生要从教学活动中及时地获得反馈信息，及时地调节和控制微格教学活动，提高微格教学效率。贯彻这一原则的基本要求为：一是师生要善于通过多种渠道，及时获得教与学的反馈信息；二是师生要及时评价所获得的反馈信息，恰当地调节教学活动；三是要培养学生自我反馈调节能力，提高学生学习的主动性。微格教学的评价应该具有客观性、整体性、指导性和科学性，在确定以上评价特点时，必须强调微格教学的反馈是客观、完整、有指导意义和科学的。

反馈评价的立足点是被评价者的能力发展。在反馈评价中，评价者不仅仅是被评价者的老师，还可以包括其他与之有密切关系的同学，其他受训者、外部同行，也包括当事人自己。也就是说，它是从不同层面的评价者中收集评价信息，最后把评价结果反馈给被评价者，这将促使受训者全面地认识自己和评价自己，360°无死角地评判自己，以最快的速率找到缺点和不足，加以改善，以提高自身的教学技能。

中国教育界泰斗李秉德先生指出，"学习受反馈推动的原则已为心理学界所公认"。其实反馈评价是一个信息双向反馈的过程，现代教学不仅有信息的单向传递，也有信息的双向交流。直至20世纪70年代中期，中国学者才意识到学生才是学习知识文化的主体，应注重双向师生交流和相关教学反馈。为此，在微格教学设计时，必须注意对教学评价信息进行收集，同时还应设计出微格教学评价的指标体系，利用反馈信息来控制和调整教学过程。在微型课结束后，专管人员（或设备）应将整个微型课记录在案，受训者和评价员可以及时观看授课记录，并与微格指导教师和同学进行讨论和评价，从而获得横向和纵向的反馈评价信息，对应微型课授课具体情况，一同找出解决问题、补充不足和改善技能的方案加以改进。因此，进行微格教学设计时，应充分利用反馈评价的原则和方法，提高微格实训的教学效果和训练效果。

三、微格教学设计的原则

事物的发展是有规律性、延续性和因果性的，教师在微格教学设计时，应根据教材和学生特点，根据对旧知识掌握的情况、新知识的特点、教这部分知识的经验等，预先对教学过程做出科学的设计，把握成功的因素，避免失误的出现，使教学过程处于最佳状态。根据微格教学设计的理论和目标要求，相关研究表明，微格教学设计应该遵循以下几个基本原则。

（一）目标控制原则

目标是个人、组织或某个系统所期望实现的成果，是一切活动的标的物，目标是对活动预期结果的主观设想，是在头脑中形成的一种主观意识形态。以主观意识反映客观现实的程度，可分为必然目标、或然目标和不可能目标；目标的价值性、可操作性构成了目标的现实性。从现实目标满足期望程度看，有理想目标、满意目标、勉强目标和不得已目标；目标应受社会政治、经济制度、文化传统、意识形态制约。所以目标都是一定社会环境下的目标，而具有社会性；目标具有为实践活动指明方向的作用，只有通过实践活动才能实现目标。教学目标是教学的出发点和最终目的，是在实施教学的过程中，使学生在思维、情感和行为上习得科学文化知识的描述。一方面教学目标制约了教学设计的方向；另一方面它对教学活动的设计起着指导性作用，教学目标的制定和达成是衡量课程好坏的主要尺度。

随着教育技术的不断革新，当今的微格教学已成为一种建立在现代教育理论和现代教育技术基础上系统地培训师范生基本教学技能的教学方法。实际上，它提供了一种教学训练和教学实战的机制，把复杂、多变的课程教学拆分成教学片段、子单元或微型课，使受多种因素制约的教学能力的培养变成有清晰目标、可观察、可描述、可操作的单一教学技能的训练。所以微格教学具有两个层面的目标：一个层面是课堂教学目标；另一个层面是教学技能训练目标。

因此，在进行微格教学设计之前，必须明确微格教学的目标和教学技能训练的目标，并将具体的教学目标和使用到的教学技能列在微格教案中，以便查看和评价。微型课的教学目标可以服从整个教学的目标，也可以另立目标，但该目标必须服从大的教学目标，发挥大的教学目标的子目标、支撑点、里程碑等功效，为实现大的教学目标做准备和铺垫。微格教学设计必须用设置好的教学目标控制整个微型课的教学方向、授课模式、教学方法，乃至教学仪器设备等，用以控制学生的学习活动，规范各类评价的标准。教学技能实际上是为达到微型课的教学目标而采用的方法、方式和技巧。在这里，值得一提的是，微格教学设计中的教学目标一般为或然目标，具有不确定性，例如，在对某个微型课中教学对象和教学内容进行分析后，产出教学设计方案A，在该方案实施后，却未达成或者达成部分教学目标，假设已达成技能训练目标的情况下，对于学生（教学对象）和教师（受训者）而言，教学并未达成，故此教学目标不是不能达成的，也不是必然达成的，在不考虑达成程度的情况下，只能把微格教学目标归为或然目标。

综上所述，微格教学设计必须以实现大的教学目标为导向、以教学技能训练目标为手段来设计微型课实施方案和细节。若偏离了大的教学目标，用再多天花乱坠的教学技能都是没有用的。当然，为达到预定的教学目标，受训者又必须熟练掌握和灵活运用本书中提到的教学技能，明确待训练教学技能的训练目标后方能较好地实现课堂教学目标。

（二）科学合理原则

微格教学设计等于工程师设计蓝图的某个部分，部分须为整体服务，符合系统理论，必须具有科学性。就是说要以"全面的、联系的、发展的"观点看待和研究每个教学片段、每一个教学技能，按系统控制、整体优化的标准进行教学设计。科学的教学设计要科学，就要体现科学的本质特点，注重学生科学素养的培养：一是要实事求是，实证意识的培养，微格教学设计要让学生从观察、实验、调查等活动中获取事实和证据，用事实说话。二是逻辑思维的培养，设计要注意让学生根据观察到的现象和事实展开符合逻辑的思考。三是质疑精神的培养，设计要让学生大胆质疑科学和老师。也就是说，设计要体现科学的本质，就必须设计开放的子课堂。

（三）教学统一原则

人类是靠掌握方法去获取知识的，又靠掌握方法把知识内化而形成自身的能力。达尔文曾经这样说过"最有价值的知识是关于方法的知识"。微格课程的教学，既要设计好教学方法，又要设计好学法指导，把教法与学法统一起来研究，以教法带学法，以指导学法促进教法研究，启发式教学能把知识、方法、能力与思想教育很好地结合起来，利用仅有的几个教学技能调动学生的学习积极性，提高学习效率。教学改革发展的必然趋势之一是教法与学法同步研究，相辅相成，使教与学成为一个有机的整体。因此备课要把学法指导作为一个重要环节，做出合理的设计。

（四）精粗结合原则

一方面我们要力求精讲；另一方面又力求让学生得到多一点收获，这就有个量与质的关系。没有一定的数量，很难产生高的质量。以阅读教学为例，没有一定范围的粗略的浏览，不可能提供精读的基础。因此，"粗"与"略"的部分不可忽视。一节课中，粗略讲解的内容不能马虎了事。由于要粗略地讲，教师在概括、提炼方面更需要下功夫，不下功夫，无法在"粗"与"略"之处提纲挈领点到即止。但更多的情况是取舍不当，该略讲的舍不得略讲，误认为讲课的覆盖面越广越好。于是，"粗"覆盖掉了"精"，"详"覆盖了"略"，面面俱到，"讲深讲透"，结果达不到预期的教学效果。合理的设计应该是以精带粗，以详带略，从课堂训练这方面说，练不是越多越好，不要光追求课堂的"密度"，机械重复的所谓"大运动量"的练习，这只能让学生厌烦。要使一定数量的训练为提高学习质量服务，必须练到实处。题目的设计应有层次，循序渐进，让学生在训练中进一步掌握知识，学到方法。

（五）准确得当原则

课堂教学要求正确地传授知识，准确讲解概念，这是常识。但是，假如一节课什么地方都要百分之百地准确表达出来，那么，语文课简直无法教下去，就是最讲究准确性的数学，圆周率也不是绝对准确的。因陋就简，教学

尤其是语文教学，有时必须用模糊的手法才能使学生心领神会，豁然开朗。以小学语文的词语教学为例，有些词语固然要准确解释，但有很多却只可意会。最不得法的是上课以词解词，课后让学生背词语解释，学生把"标准"的词义背得滚瓜烂熟，心里却茫然无知。其实，很多词语学生能联系上下文明白意思，学会运用就行了。

（六）密度适度原则

微格教学是教学的某个片段，要讲究密度，而密度又与课堂节奏有关。一节课密度过大，节奏过快，学生吃不消，思维跟不上，课堂气氛立即低沉下来；密度过小，节奏过慢，学生注意力不集中，兴奋不起来，课堂气氛也立即低沉下来。因此，课堂上要讲究节奏，强弱、快慢、张弛、松紧都要有"度"。层次的设计是教学设计的重要内容。一堂微格课分为多少个组块，用什么样的教学结构，哪些部分是重点，哪些需要深化，都要在设计时用心考究。"结构决定功能"，如果层次不清，讲练都乱了套，不会有好的教学效果。切记不要把"导入技能"和"结束技能"同时运用到同一堂微格课中，这个是最大的禁忌。

在讲究课堂气氛方面，一定要注意调动学生学习积极性以提高教学质量。微格教学设计要考虑知识量适度，课堂提问有启发性，准备好教具等。要有效地搞活课堂气氛应从教学语言、教学活动和课堂高潮三方面进行设计。

第二节　微格教学目标设计

教学设计是一个系统设计和实现学习目标的过程，它遵循学习效果最优的原则，是运用系统方法分析研究教学过程中相互联系的各部分的问题和需求。在连续模式中确立解决它们的方法步骤，然后评价教学成果的系统计划过程。而微格教学设计的内容具体包括教学目标设计、教材设计、学生设计和教学方法设计等。

一、微格教学目标的设计

教学目标（学习目标）是对学习者通过教学后应该表现出来的可见行为

的具体的、明确的表述。一般要求用明确、具体、详细的行为术语来描述。目标不能定得太笼统、太抽象，如"培养学生创新能力"，个人的理解可能相去甚远。此外，用以陈述教学目的的词语常常是用以说明学习者内部心理过程的词语，如"掌握""领会"等，而这些内部过程常常是无法观察和测量的，导致学生无法衡量和确定学习重点。教学目标设计是教学设计中最关键的一环，设计是否体现前述要求和原则将直接影响教学效果和教学质量，并关系着大的教学目标能否实现。教学设计在整个教育教学活动中举足轻重，是开展教学活动的第一要素和基本前提，是选择教学内容和教学方法的根本依据。在微格实训中，大的教学目标是微型课程目标的有力引导，可直接指导微格教学效果测评，指导教学方案的选择与组合，指引学生主动、积极地学习。

（一）教学目标的分类

按照国内外研究现状，结合业界学者对教学目标的分类研究，现将教学目标分为以下三类。

1. 布鲁姆的教学目标分类理论

本杰明·布鲁姆（Benjamin Bloom）是美国当代著名的心理学家、教育家，芝加哥大学教育系教育学教授，曾担任美国教育研究协会会长，是国际教育评价协会评价和课程专家。他认为，"学生具备从事每一个新的学习任务所需的认知条件越充分，他们对该学科的学习就越积极"。学生原有的认知结构决定着新的知识的输入、理解和接纳，对学习结果及其以后学习都有重大的影响。所以，他十分强调学生在学习前应具备所需的认知结构。由于不同学生的认知结构在数量和质量上存在着差异，布鲁姆主张教师在学期初，应先对学生进行诊断性评价：确定学生是否具备了先决技能、先决态度和先决习惯；鉴定学生对教学目标的掌握程度；辨别学生需要帮助的程度。根据诊断性评价的结果，为学生提供预期性知识，"使教学适合学生的需要和背景"。他将教学目标分为以下几类。

（1）认知学习领域目标分类：识记、领会、运用、分析、综合、评价。

（2）动作技能学习领域目标分类：感知、适应、技能、体力等。

（3）情感学习领域目标分类：接受或注意、反应、评价、组织、价值与价值体系的性格化。

2. 加涅的学习结果分类系统

加涅是美国教育心理学家，原是经过严格的行为主义心理学训练的心理学家。在其学术生涯的后期,他吸收了信息加工心理学的思想和建构主义认知学习心理学的思想,形成了有理论支持也有技术操作支持的学习理论。他认为学习结果可按言语信息、智力技能、认知策略、动作技能、态度来分类。

3. 中国对教学目标的分类

中国国内学者对微格教学的研究较晚,但是都结合了以上思路,并结合了中国教育的特点,整合出了以下分类。

(1) 认知学习领域学习水平的分类:记忆、理解、简单应用、综合应用、创见。

(2) 动作技能领域学习水平分类:模仿、对模仿动作的理解、动作组合协调、动作评价、新动作的创造。

(3) 情感学习领域学习水平分类:接受、思考、兴趣、热爱、品格形成。

只有先确定了大的教学目标的类型,才能具体确定某一章或某一节内容中的教学目标及分类,以及这些教学目标之间的关系,这也是受训者全面、准确把握教学目标类型的基础。如对学习层次关系的划分,为教学目标设计中目标层次、顺序的划分和安排提供了依据,这对于教师全面把握教学目标、合理安排教学顺序、科学测量和评价教学目标达成的程度、保证课程目标的全面实现具有重要的意义。

(二)教学目标设计的模式

借助以上流行观点,我们可以运用布鲁姆、克拉斯伍、加涅等人的学习目标分类作为框架,结合中国的教育教学模式,把教学目标分成不同的层次,通过设计双向细目表的方式完成。以研究行为目标而著称的马杰(Robert Mager)强调应该以具体明确的方式说明学生完成学习任务后能做什么。他在1962年出版的《程序教学目标编写》中提出,一个完整的教学目标应该包括3个要素,即行为、条件、标准。在教学实践中,中国教育研究者认为有必要在马杰的三要素基础上,加上对教学对象的描述。这样,一个规范的学习目标就包括 4 个要素,简称为 ABCD 模式。各自含义如下。

A—对象(Audience):阐明教学对象。

B—行为(Behavior):说明通过学习后,学习者能做什么(行为的变化)。

C—条件(Condition):说明上述行为在什么条件下产生,或者是完成规定行为时所处的情境。

D—标准(Degree):说明达到上述行为的最低标准(即达到所要求行

为的程度），为完成质量可被接受的最低程度的衡量依据。一般从行为的速度、准确性和质量三方面来确定。

以上4个单词缩写为 ABCD，我们也将这种模式定义为 ABCD 模式。应用 ABCD 模式应该注意以下事项。

（1）教学目标的行为主体必须是学习者，而不能是教师。

（2）教学目标必须用教学活动的结果而不能用教学活动的过程或手段来描述。

（3）教学目标的行为动词是具体的，而不能是抽象的。

使用提示：除了在教学目标的阐明中包括对象的表述、行为的表述、条件的表述、标准的表述等方面外，在实际操作中，也要兼顾外显行为变化和心理过程变化，弥补行为目标的不足。此方法需重点掌握，熟练运用。

（三）教学目标设计举例

ABCD 模式在全球教育界都有极为广泛的应用，现仅结合微格教学的特点，提出以下基于 ABCD 描述法的具体应用举例。

1. 教学对象

学习目标是针对学生的行为而写的，在微格教学中就是听众，或者同行评价者，又或者是负责评价的教师，所以描述学习目标时应指明特定的教学对象。有时候如果教学对象已经明确了，就可以从目标中省去这个要素。一般描述为：某某班同学、某某专业同学、某评价组等。

2. 行为

行为是学习目标中必不可少的要素，它表明学生经过学习以后能做什么反应和应该达到的能力水平，这样教师才能从学生的行为变化中了解到学习目标是否已经实现了。一般情况下，我们使用一个动宾结构的短语来描述行为，其中动词是一个行为动词，它表明了学习的类型，而宾语则说明某一学科的具体学习内容。这样就构成了教学目标中关于行为的表述。

针对不同的学习领域及不同层次的学习目标，有一些可供受训者参考选用的动词。例如，在编写认知学习领域的目标时，可以选用下面的动词。

（1）知识：说出名称、列举、选择、背诵、辨认、回忆、描述、指出、说明等。

（2）领会：分类、叙述、解释、选择、区别、归纳、举例说明、改写等。

（3）应用：运用、计算、改变、解释、解答、说明、证明、利用、列举等。

(4) 分析：分类、比较、对照、区别、检查、指出、评论、猜测、举例说明、图示、计算等。

(5) 综合：编写、设计、提出、排列、组合、建立、形成、重写、归纳、总结等。

(6) 评价：鉴别、讨论、选择、对比、比较、评价、判断、总结、证明等。

在编写情感学习领域的目标时，则可以选用下面这些动词。

(1) 注意：知道、看出、注意、选择、接受等。

(2) 反应：陈述、回答、完成、选择、列举、遵守、称赞、表现、帮助等。

(3) 价值判断：接受、承认、参加、完成、决定、影响、区别、解释、评价等。

(4) 组织：讨论、组织、判断、确定、选择、比较、定义、权衡、系统阐述、决定等。

(5) 价值体系个性化：改变、接受、判断、拒绝、相信、解决、要求、抵制等。

编写行为的具体方法是：首先根据前面讲过的学习目标分类方法，结合学科内容分成不同类别的学习目标，然后从上面提供的动词中选择出合适的行为动词，最后再把学科内容作为动宾结构中的宾语就可以了。例如，学习内容是"现代社会中的不文明现象"，要求学生能够列举一两个例子，说明人们在生活中怎样来处理不文明现象。这是一个认知学习领域的目标，其目标层次是应用，所以应该从"应用"一行中查找动词，如使用"列举"这个词，这样"行为"就可以被描写成"列举生活中的一至两个例子，说明人们怎样处理不文明现象"。

3. 条件

这个要素说明了上述行为是在什么样的条件下产生的，所以在评价学生的学习结果时，也应以这个条件来衡量。条件一般包括下列因素：环境、设备、时间、信息及同学或老师等有关人的因素。例如，"在 1 分钟内用 Ipad 找出 10 个以'一'字开头的成语"，就规定了找出正确成语的具体时间和可借助的工具；又如，"查英汉大字典，翻译这首诗歌"，就说明了信息方面要求。

4. 标准

这个要素表明了行为合格的最低要求，受训者可以用它不定期衡量学生的行为是否合格，学生也能够以此来检查自己的行为与学习目标之间是否还有差距。例如，"在 15 分钟内，以书面形式复述短文"，这个标准表明了行为的速度；又如，"在吉他弹奏考试中，如果出现 3 处以上的错误，就视为基本合格"，这个标准规定了行为的准确度。以上两个标准都采用了定量表示法，在这种方法中除了可以使用数字外，也可以采用百分比和尺度来表示。除此之外，标准还可以用定性的方法，或定量与定性相结合的方法来表示，受主观因素制约的行为一般采用定性的方法，受客观因素制约的行为一般采用定量的方法进行确定和描述。

值得我们注意的是：标准是对每一个学生的行为质量的最起码的要求，它也从一个侧面反映了教师所要达到的教学效果。但是在编写学习目标时，一定要从学生的行为出发，而不能以教师的教学行为为标准。

把以上 4 个要素综合在一起的时候，就可以写出一个完整的学习目标了。例如，"初中一年级下学期的学生（教学对象），能在 1 分钟内（条件），写出铁与硫酸铜反应的化学方程式（行为），准确率达 100%（标准）。"

其实采用 ABCD 模式，并不意味着 4 个要素必须一应俱全。其中只有行为要素不能省略，而其他 3 个要素都可以根据具体情况适当省略。有时学习目标中的条件与标准是很难区分的，如上例中的"在 1 分钟内"既可以看成是表明时间限制的条件，又可以理解为表明行为速度的标准。遇到这种情况，我们可以不去细分它到底是条件还是标准，而是应该考虑学习目标是否能够用来指导教学及其评价。

（四）教学目标描述动词表

表 8-1 至表 8-4 给出了部分认知学习领域目标动词，动作技能学习领域目标动词，情感学习领域目标动词和态度、价值观学习领域目标动词。

表 8-1　认知学习领域目标动词

学习目标层次	特征	可参考选用的动词
知道	对信息的回忆	为……下定义、列举、说出（写出）……的名称、复述、排列、背诵、辨认、回忆、选择、描述、标明、指明
领会	用自己的语言解释信息	分类、叙述、解释、鉴别、选择、转换、区别、估计、引申、归纳、举例说明、猜测、摘要、改写
应用	将知识运用到新的情境中	运用、计算、示范、改变、阐述、解释、说明、修改、订出……计划、制定……方案、解答

续表

学习目标层次	特征	可参考选用的动词
分析	将知识分解，找出各部分之间的联系	分析、分类、比较、对照、图示、区别、检查、指出、评析
综合	将知识各部分重新组合，形成一个新的整体	编写、写作、创造、设计、提出、组织、计划、综合、归纳、总结
评价	根据一定标准做出价值判断	鉴别、比较、评定、判断、总结、证明、说出……价值

表8-2 动作技能学习领域目标动词

学习目标层次	特征	可参考选用的动词
感知能力	根据环境刺激做出调节	旋转、屈身、保持平衡、接住（某物体）、踢、移动
体力	基本素质的提高	提高耐力、迅速反应、举重
技能动作	进行复杂的动作	演奏、使用、装配、操作、调节
有意交流	传递情感的动作	用动作、手势、眼神或脸色表达……感情、用一段舞蹈表达……思想情感

表8-3 情感学习领域目标动词

学习目标层次	特征	可参考选用的动词
接受或注意	愿意注意某事件或活动	听讲、知道、看出、注意、选择、接受、赞同、容忍
反应	乐意以某种方式加入某事，以示做出反应	陈述、回答、完成、选择、列举、遵守、记录、听从、称赞、欢呼、表现、帮助
评价	对现象或行为做价值判断，从而表示接受、追求某事，并表现出一定的坚定性	接受、承认、参加、完成、决定、影响、支持、辩论、论证、判别、区别、解释、评价
组织	把许多不同的价值标准组成一个体系并确定它们之间的相互关系，建立重要的和一般的价值观念	讨论、组织、判断、使联系、确定、建立、选择、比较、定义、系统阐述、权衡、选择、制订计划、决定
价值与价值体系的性格化	能自觉控制自己的行为并逐渐发展为性格化的价值体系	修正、改变、接受、判断、拒绝、相信、继续、解决、贯彻、要求、抵制、认为……以至、正视

表 8-4 态度、价值观学习领域目标动词

学习目标层次	特征	可参考选用的动词
经历（感受）	包括独立从事或合作参与相关活动，建立感性认识	经历、感受、参加、参与、尝试、讨论、交流、合作、考察、体验
反应（认同）	在经历基础上表达感受、态度和价值判断，做出相应的反应	遵守、拒绝、认同、着重、接受、同意、反对、欣赏、关心、关注
领悟（内化）	具有相对稳定的态度，表现出持续的行为，具有个性化的价值观念	形成、养成、热爱、树立、坚持、保持、确立、追求

需要指出：培养学习者的某些态度、树立某种观念、养成某种良好的习惯、形成高尚的道德品质等，都是情感学习的目标，一种方法是把学习者的具体言行看成是思想意识的外在表现，然后通过学习者的言行表现（这是可以观察的）来间接推断学习目标是否达到；另一种方法是采用类似内外结合的表述方法。

马杰把学习者的肯定、积极的表现称为接近意向，把消极的表现称为回避意向。接近意向也仅说明学习目标可能已经达到，并不能直接测量学习目标达到的程度。一般说来，提出情感学习目标中的主体要求较容易，但从哪些具体方面来判断目标是否达到，则需要学科教师和教学设计者共同研究。有的教师提出可以以具体的行为指标为依据，来测量学生通过教学以后，是否具有接近意向。艾斯纳提出了表现性目标。这种目标要求明确规定学习者应参加的活动及情境，但不提出可测量的学习结果。表现性目标可以作为学习目标的一种补充。

综上所述，确定教学目标的水平和行为就是确定教学目标的行为表现及其在一定的框架内所达到的程度。划分目标水平的目的在于使教学结果可清楚鉴别和准确测量。

二、目标设计常见的问题

（一）宏观方面的问题

宏观上说，在设计教学目标时容易出现的常见问题如下。

1.教学目标的设计偏重于教师的"教"

由于理解上的片面，或者是传统模式的影响，教师在进行教学设计过程

中，对教学目标的制定建立在以教为内容的基础上。如"通过分析，使学生懂得……""听录音、看图片，让学生……"等。这类目标的设计，主要是从教师如何教着手的，它显然背离了教学目标的设计以学生为主体这一中心。因此，教师在制定教学目标时，应明确通过本次的教学应达到什么样的目的，使学生会做什么，而并非是教师怎样去教，教什么。

2. 教学目标与教学要求等同看待

教学目标指的是教学想要达到的境地或标准，具有明确的目的性；而教学要求则是教学过程中所提出的具体愿望或条件，希望得到实现。很显然，教学要求与教学目标并非一回事。在教学要求上，教师可就"如何教"设计自己的方案，以实现教学目标，行为主体是教师；而教学目标是"应表述通过学习后学生的行为发生什么变化"，往往要求的是学生通过学习达到的结果，行为主体是学生。教师在教学目标的制定上，应明确教学目标与教学要求的联系与区别，不能喧宾夺主。

3. 三个维度和三个方面混淆不清

中国新的课程标准提出了教学目标的设计应建立在三个维度（知识和能力、过程和方法、情感态度和价值观）的基础上，"三个方面相互渗透，融为一体"，而在实际的教学目标设计中，教师更倾向于从三个方面对教学目标进行阐述。

4. 重结果，轻过程

在中国应试教育的前提下，教师往往将教学目标与考试、过级等结果挂钩，忽略了学生这个主体的主观能动性的发挥，往往都是"填鸭式"教育，将知识强行灌输给学生，无法让学生在情感、态度和价值观方面得到升华。忽略了强调学习过程的重要性和必要性。某次考试的结果也成为评价教师教学质量的重要指标，然而一次考试是不能代表学生的学习认知水平的，国外各高校都在着力推广过程学习，而非结果学习。近年来，中国的教育也从原来的应试教育向素质教育过度，过程学习是素质教育的关键和突破口，只有重视学生学的过程，才能突出其主体地位，才能更好地展现其学习能力和水平。

5. 重教材，轻学生

实际上，在国外的教育中没有教材一说，老师只会提供学生一些参考书籍，而非我们所谓的"教材"。的确，教材是教学的主要内容，但非必要内容，某个学科或者某门课程的学习不能局限在某一本教材上，而是要集思广益，研究教学对象当下对该门学科或课程的认识、知识水平，结合学科或课程的内容展开教学，在不同的学习阶段筛选不同的内容进行讲解，才能让学生真正"有所得"。

（二）微观方面的问题

微观来讲，在我们的日常微格教学过程中，总会出现这样那样的小问题，特别是微格教学目标的设计方面，出现的问题比较多，这也是一直以来困惑我们的问题。

1. 目标虚设和缺失的问题

目标虚设与缺失是指在课程授课过程中所制定的教学目标与教学内容严重脱节，不符合教学的要求，与教材内容和教学环节严重不符。如果教学目标设计大、空、宽，目标虚设、缺失、错位，从而造成了前期教学目标和后期学生学习行为的不一致，容易用惯用的套话来呈现一堂课的教学目标。这一点体现在两个方面：一是目标设定过大过多，超出了教学内容的范围；二是教学目标的内容没有完全涵盖教学内容的范围，过于笼统，不能起到一目了然的教学效果。

2. 教学目标未分层次设计

教学目标设计过程中不注意因材施教，一刀切，不注意分层次设计教学目标，让不同层次的学生在自身基础上都有所提高。一般来讲，教科书是根据普通生的水平来编辑的，而我们教师应根据学生的不同水平和层次，对他们设计不同程度的作业，否则会使学生两极分化更加严重。

3. 教学目标要与教材内容设置相联系

在制定教学目标之前，要对教材内容加以调整整合，取长补短，取其精华，去其糟粕，要围绕教学内容和目标加以分析取舍，作为制定教学目标的一个重要参考和依据。大部分受训者不够大胆去删减教材的部分内容，不太敢去调整教学程序，应根据学情，大胆删减教材的部分内容和调整教学程序。

4. 重视显性目标，忽视隐性目标

显性目标是通过教学产生的明显易见的行为，隐性目标则是不易或不能直接看出的。所谓显性教学目标，主要指掌握基础知识和基本技能，是教师能够用语言、文字、符号表达的，在教材上显现出来的，是现在能够达到的教学目标，也可称为"即时目标"。所谓隐性教学目标是指学生经历和体验过程、情感、态度和价值观目标，是即将和将来达到的教学目标，也可称为"长

远目标"。显性目标的特点是：广泛性、可观测性、系统性；而隐性目标的特点是：非量化性、非系统性、局限性。显性目标与隐性目标都是教学目标设计的重要组成部分，受训者在重视显性目标的同时，也应该重视隐性目标的实现，而不应该忽略其中任何一种目标，这样才能高效、顺利地达到最终的教学目标。

5. 教学目标机械化

课堂教学不只是由教师和学生执行预设的教学计划的活动，更是师生在真实具体的教学情境中通过双方和多方的互动，主动创造和生成的过程。实际上，每一个课堂都是由教师、学生、教材和情境组成的多元化系统，充满变化并极富有个性。因此，在实施教学过程中，教师不能机械地、一成不变地执行教学目标，而应根据即时的教学内容、教学策略、教学情境、学生实际等调整教学目标，发挥教学机制，捕捉动态生成的教学资源，生成新的教学目标，使预设的目标和生成的目标相结合，共同影响学生的发展。

总而言之，教学目标设计不应是静止的、僵化的、教条的，而是一种动态发展、推进的过程，应注意：教学目标的设计对于教师的教和学生的学都至关重要，要切合教学实际，及时发现问题，分析问题，并及时解决出现的一些问题，制定出行之有效的教学目标，使学生一目了然，最起码得让学生了解本微型课要学习什么内容，达到什么要求，把握什么学习方向。一般来讲，教学目标的设计，教师首先要在大的教学目标前提下研究具体的课程内容标准，将课程的宏观目标与具体的内容标准融为一体，使微型课程目标贯穿和体现于教学目标之中，但不能以部分课程内容标准代替教学目标。其次，教学目标的设计必须符合学生的实际水平和学习规律，考虑学生的起点水平，使起点到目标之间的跨度适当，学生经过努力可以到达终点。再次，每节课的目标设计应按照层次之间的关系设计，应突出重点，确定主要目标，其他目标尽可能围绕主要目标设计，防止由于目标过于分散而影响学习效果。最后，注意教学目标设计与实施目标的关系。教师在教学前，应将各教学单元目标进行分析和设计，对各类目标进行综合安排，以保证各类目标的实现和分布均衡。

微格受训者也应根据具体教学进程中动态的课堂情境灵活处理，随机应变，及时调整教学目标，使教学目标更贴近学生的成长和发展。

第三节 微格教材分析

一、教材分析的目的

教学设计和教学方法选用是由教学中的多种因素来决定的,教材就是其中最重要的一个因素。只有对教材进行具体分析,优化处理和利用好教材,才能更好地助推教学设计和优化教学方法。在教材分析中,如何将潜在的方法论因素发掘出来,是教材分析中的一大任务。另外,从教材的整体和综合性方面分析还要注意对知识的价值和功能进行分析,以便充分发挥知识的作用。在教材的分析过程中,受训者要善于以学科发展史料为线索,运用学科发展中的基本研究方法对比、剖析与挖掘、总结教材中的方法论因素,在教学中可以有意识地将方法论渗透到教学过程中去。总而言之,只有在对教材进行深入分析的基础上设计的教学过程、确定的教学方法才是可行且可靠的。

(一)教材分析的意义

所谓教材,是指教学中使用的教学材料或参考书目。而教科书是教学活动中最主要、最基本的教材,但不是唯一的教材。根据课程性质和教学目标的要求,教材具有纸质版教材和电子版教材两种形式,纸质版教材就是教师和学生在上课时使用的同样的教学材料和依据,电子版教材大部分用于课前、课后教师查找材料、学生预习等情况。在新的形势下,教师应创造性地使用教材,由"教教材"转变为"用教材教"。"用教材"的起点是教材分析,终点是教学目标的实现。

现代教学论认为,要实现教学最优化,就必须实现教学目标最优化和教学过程最优化。教材的分析和教法的研究,正是实现教学过程最优化的重要内容和手段。教材分析是教师备课中一项重要的工作,是教师进行教学设计编写教案、制订教学计划的基础;是备好课、上好课和达到预期的教学目的的前提和关键,对顺利完成教学任务具有十分重要的意义。教材分析有利于清理知识障碍;有利于制定教学目标;有利于确定重点和难点;有利于拓展教学内容;有利于选择教学方法。

教师讲课的关键是组织好教学内容,体现在文字上就是写出教案或教学

设计。组织教学内容的第一步就是做教材分析,它是备课的重要一环,是做好教学设计、写好教案的前提。研究教材非常重要,作为一个微格实训的受训者,首先要认真研究教科书,这是一门博大精深的学问,也是一名教师专业化的重要途径。

(二)教材与教学的关系

我们不能把某门学科的知识习题等同于教材,不能把教学等同于教授教材。教学应以教科书为依据,但又不能局限于教科书。教学过程应该向学生呈现具体生动的学科知识和内容,而不是简单复述教材中的文字。

二、教材分析的关键

(一)分析教材的编写意图

受训者应充分领会教材的编写意图,熟悉整个教材的基本内容,了解教材的各个部分在整个学科、篇、章或课时中所处的地位;具体分析教材的内容:包括教材的知识结构体系,教材的教学目的和要求,教材的特点,教材的重点、难点和关键;能根据教学目的、内容和教学原则,按照教学要求,结合学校、教师和学生的实际情况,研究如何优化利用教材,如何突出重点、抓住关键、克服难点,明确教材中培养学生的能力因素;选择恰当的教学方法和教学手段,写出可行的教学方案,通过教材分析提高教学质量,提高教师的教学业务能力。

(二)分析教材的知识结构

教材分析的关键是梳理知识结构。知识结构是学科知识、概念、规律、定理等组成的纵横交错的网络结构。只有清楚地认识教材的知识结构,明确各部分知识的逻辑关系,才有可能根据教学实际和自己的经验,重新组织教材内容,整体优化教学设计,提高教学质量。在分析教材时,要从整体和局部两方面入手,先掌握整本书的知识结构,再深入钻研每一个章节的教材。也可以先分析每一节微型课的结构,再分析单元结构和整本书的结构。

1. 梳理一节课的知识结构

第一步是阅读课文,搞清楚这节课讲了哪几个方面的问题;第二步就是要具体分析这几个问题,分析每个"目"内部的关系及"目"之间的关系。

一节课的知识结构一般来说有3种类型：并列关系的结构；因果关系的结构；专题类型的结构。

2. 梳理一个单元的知识结构

一般而言，一个单元是指一个特定的教学单元，单元的知识结构取决于整本书的编写体裁。教材的编写一般采用通史或专题史形式。也有通史与专题史并用的。分析单元结构的方式和前面讲过的课的分析相似。

3. 梳理一本书的知识结构

一本书的知识结构就是由几个单元构成的纵向发展线索。目录呈现了全书的知识结构。

4. 解析微格课程的知识结构

一般来说，微格课程是一个标准教学学时的子单元，时间大概在10～15分钟；要上好一堂微格课，必须在分析以上3个范畴的教材内容的基础上加以解析；一堂微格课讲授宽度较窄，要特别注意时间的把控和教材知识传授的效率问题。

教材分析实际上就是要建立一个知识网络系统。在这个系统里，一节课的内容可以称之为"点"；一个单元的内容是一个教学单元，就是"面"；贯通单元的纵向发展线索是"线"。点、线、面构成的就是网络的结构体系，将这3个元素共同呈现在一幅画面，就可以较为清晰地把握教材。

（三）确定课时教学目标

课时教学目标不能是宽泛的、概括的甚至是模糊的，而应该是具体的，只有详细、具体的目标才可以对实际的课堂教学起到指引作用。一般来说，每节课的教学都应该使学生在知识、技能、方法、能力、情感、态度与价值观方面有所受益。

本章上节提到的ABCD法构成了教学目标表述中的行为主体、行为动词、行为条件和表现程度，以体现学习者通过教学所要达到的行为上的变化。当然，在实际的教学设计时，要完全按照这4个方面来表述教学目标是较为困难的。但一般地讲，目标的表述中主体必须明确，在一定条件下的行为及内容是要具体表示出来的。对教学目标的制定和表述并不是一件可有可无的事，也不是随随便便就可以搞出来的，这需要我们的受训者进行认真的学习和思考。教师编写出适用的教学目标，才能够更好地处理、整合教材，选择、组织教学内容，设计、安排教学活动，进而形成详细的教案，并在课堂教学的实际中与学生一起完成教学的任务。

（四）确定教材的重点与难点

从理论上讲，教学重点是体现教学目标要求的最本质的部分，是集中反映教学内容中心思想的部分。教学中的重点有多种类型，但大致可分为两类：一是知识性的重点，如重要的现象、事件、概念、定义等；另一类是认识性的重点，如重要的思想或观念、重要的阐释和理解，也包括重要的问题。

教学难点则是由教材的特点、学生学习经历的思维规律和特点决定的。确定教学难点一定要从学生实际出发，重视对学生学习心理的分析。重点不一定就是难点，难点不一定就是重点。

另外，教学重点的设定和组织涉及教学过程的设计、教学方法的运用等问题，也反映了教学理念、教学思路的问题，并关系到教学结果、教学质量的问题，是受训者需要经常思考和研究的问题。对这一问题，如果教师能够处理得合理、恰当、有效，一定会大大提升课堂教学的水平。

三、教材分析的步骤

（一）仔细研读课程标准

课程标准一般是学科教学的指导性文件，是编写教材和进行教学的依据，它详细规定了课程的性质、任务、教学目的等。因此，在分析教材时应以课标为依据，以课标的要求为目的，认真研读课标是正确进行教材分析的前提。

（二）通读教材整合内容

通读教材，对教材的体系结构、地位和作用、文字内容、语言表达等方面进行整体了解。只有全面熟悉教材，吃透教材，才能掌握教材的技能体系和知识体系，才能弄清教材要实现的目标，才有利于分析、处理教材，教师熟悉了教材的体系结构和目标定位，教学设计时，就可以前后照应、整合内容、反复渗透，就可以很容易地把教材的线索串联起来。

（三）分析教材的内容

任何事物都不是孤立存在的，而是和周围事物或现象处于一定的相互联系中。反映在教材分析上，就是要充分结合每一个学校自己的特色进行分析和处理。教材分析的最终目的是更好地选择适合教学对象的教学。为了达到教学过程的最优化，教材分析一定要脚踏实地，分析具体事实，弄清教材要素、对象、过程及特点，教材在教学过程中的地位和作用。要分析教材在帮助学生学习、促进学生智力和思想品德成长方面的深层的结构体系，抓住重点和难点这个教学网上的结与纲，科学地选择、整合教学内容。根据教材本身的知识内容、结构体系和教材之外的其他因素，教材内容分析又分为静态内容分析和动态内容分析。

（1）静态内容分析主要包括：①全套教材及各章节的教学目标要求（三维目标）；②教材中科学的思想、方法体系；③教材所包含的适用性知识和生活知识的分量与类型；④教材的知识体系结构；⑤教材所安排习题的分量、能力水平及难度；⑥教材编排的实验特点及作用；⑦各种表达形式之间的关系和规律；⑧教材所展示的知识发生与发展过程；⑨教材中的概念、定理、定义；⑩各章节在整套教材中的地位和功能；⑪每一节课所安排的学习活动的频密度、各种活动之间的默契程度；⑫教材与其他学科配合上的问题；⑬教材的表达形式，如文字、插图等；⑭教材所规定的评定学生学习成绩的方法。

（2）动态内容分析包括：①学生学业成绩变化及各方面的成长发展情况对教材使用的影响；②教师对教材的知识体系、科学性及教材所表现的文化内涵同学生的认知与心理规律协调性的分析和判断；③学生对教材的使用方式；④社会对教材的评论和反映；⑤学校对教材的看法与改进意见；⑥实际教学过程和教学方法与教材设计的差异。

教材分析的另一个侧重点是要分析教材与教师、学生、教学环境、教育目的、社会因素等的相互作用，可能使各个方面发生的变化，对这种变化的预判，对教学设计与提高教学质量与效益是必要的。

（四）分析学生的学习状况

学生是教学的主体，是教材的使用者，也是微格教学的受训者，教师应在教学中充分认识和把握学生学习的心理规律。只有充分把握住学生在认识活动中的智力和非智力因素的影响，才能使教学活动落实到学生身上。因而分析学生学习的接受水平、心理特点和思维规律是分析教材的另一个重要依据。同时，又要不失时机地、适时地利用抽象思维，重视进行因果逻辑思维的训练。此外，分析学生学习的心理因素和思维规律，也是分析教材特别是酝酿设计教学过程的重要依据。受训者只有通过创设情景，充分发挥通过情景教学中所形成的感性材料的作用，才能进一步帮助学生形成概念、认识和理解知识形成过程、启发学生思维发展。

四、教材分析的实例

《赵州桥》原文如下：

河北省赵县的洨河上，有一座世界闻名的石拱桥，叫安济桥，又叫赵州桥。它是隋朝的石匠李春设计和参加建造的，到现在已经有一千三百多年了。

赵州桥非常雄伟。桥长五十多米，有九米多宽，中间行车马，两旁走人。这么长的桥，全部用石头砌成，下面没有桥墩，只有一个拱形的大桥洞，横跨在三十七米多宽的河面上。大桥洞顶上的左右两边，还各有两个拱形的小桥洞。平时，河水从大桥洞流过，发大水的时候，河水还可以从四个小桥洞流过。这种设计，在建桥史上是一个创举，既减轻了流水对桥身的冲击力，使桥不容易被大水冲毁，又减轻了桥身的重量，节省了石料。

这座桥不但坚固，而且美观。桥面两侧有石栏，栏板上雕刻着精美的图案：有的刻着两条相互缠绕的龙，前爪相互抵着，各自回首遥望；还有的刻着双龙戏珠。所有的龙似乎都在游动，真像活了一样。

赵州桥表现了劳动人民的智慧和才干，是中国宝贵的历史遗产。[①]

（一）教材简说

这篇说明性的课文向我们介绍了赵州桥的雄伟、坚固和美观。课文语言准确、简练、又不乏生动。短短的几百字，不但写明了赵州桥的位置、设计者、建造年代，更重要的是，把赵州桥的外形特点清楚地展现在人们眼前；然后讲这样设计的好处：减轻冲击力，节省石料；并对其设计的美观加以描绘，使人们仿佛身临其境，感受古代劳动人民的智慧和才干。

这篇课文，从建筑艺术这个侧面，介绍了中华优秀的传统文化。通过学习这篇课文，激发学生强烈的民族自豪感和爱国情绪。

本课的教学重点是让学生了解赵州桥的建造特点，体会作者的表达方法；

[①] 本案例取自中学语文《赵州桥》一课，摘自小语网"赵州桥教材理解 赵州桥综合资料"，网址：http://www.520xy8.com/Article/201508/95422.shtml。

教学难点是帮助学生理解赵州桥设计上的特点及其好处。

（二）学习目标设定

（1）认识10个生字，会写14个生字。正确读写"设计、参加、雄伟、全部、横跨、创举、减轻、冲击力、重量、节省、坚固、美观、石栏、栏板、精美、图案、前爪、回首、遥望、双龙戏珠、才干、宝贵、遗产"等词语。

（2）有感情地朗读课文，并背诵喜欢的部分。

（3）了解中国古代劳动人民的智慧和才干，增强民族自豪感。

（4）在积累语言的同时，学习怎样围绕一个意思写一段话。

（三）教学建议

（1）课前可以建议学生了解关于桥的一些知识，例如，桥有哪些种？世界上著名的桥有哪些？可以通过文字、邮票或图片来获取这些知识。

（2）本课要求认识的10个字中，"县"字可以结合学生生活识记，"抵"字可以和"低""底"进行比较识记，"雕"字可以和"准""堆""推"等字比较识记。可以让学生充分交流各自的识记方法，并在读准字音的基础上，给学生多提供一些由这些字组成的词语或句子，在语言环境中多次复现生字，以达到巩固的目的。本课新学多音字"爪"，可以通过查字典的方法或组词的方法区分它的不同用法。爪（zhǎo）：张牙舞爪；爪（zhuǎ）：爪子、鸡爪。

本课要求写的字较多，有14个。要抓住难点进行指导，例如，"县"字的上面是两横，不是三横，且与左竖相连；"设"字的右上角，第二笔是横折弯，不是横折弯钩；"横"字要引导学生仔细观察，不要把其中的"由"写成"田"；"举"字的下面只有两横，不是三横，且上短下长；"贵"字上面不是"虫"，不要多写一点，这些易错的部分要提醒学生注意。另外，"参"字下面三撇的占位，"案"字的结构布局，是把字写美观的关键所在，要引导学生仔细观察，认真模仿。

（3）为了帮助学生从整体上把握课文内容，教师可以提出总览全局的问题：作者是从哪几个方面写赵州桥的？学生在反复阅读课文的基础上，小组交流阅读所得。

（4）学生在总体把握课文内容之后，可以抓住关键的词语和句子，引导学生重点感悟，以帮助学生深入体会课文的内容和表达方法。

①"赵州桥非常雄伟。"这是一个总起句,后面介绍了赵州桥的长度、宽度、建筑材料、形状特点等,都是围绕"雄伟"展开的具体描写。可以让学生在朗读中体会这种围绕一句话把内容写具体的方法。

②"这座桥不但坚固,而且美观。"这句话起着承上启下的作用,隐含的意思就是前面的内容讲了"坚固",下面的内容即将要讲"美观"。课文使用这样的表达方式,使文章显得眉目清楚。在教学时,可以让学生感悟、交流这样写的好处。阅读课文中有这样的提示:"这句话这样写,好在哪儿呢?"学生在交流对这个问题的看法时,不一定要求说出很深的道理,只要学生了解到,这个句子既概括了前面的内容,又引出了下面的内容就可以了。

③"这种设计,在建桥史上是一个创举。"在理解课文时,可以提出这个问题让学生讨论:"什么是'创举'?为什么说赵州桥是一个'创举'?"学生可以用查字典的方法,比较"创举"和"创造"的异同;也可以用举例子的方法说说对"创举"的理解。然后联系上下文中对赵州桥的描写,如减轻冲击力、节省石料,谈谈自己对这句话的理解,并在理解这句话的同时自然而然地激发出自豪的情感。

这几个句子,不一定由教师提出来交给学生理解,可以鼓励学生运用已经掌握的读书方法,在自主读书的过程中动脑思考,发现问题,提出问题,想办法解决问题,并在与同学交流的过程中体会表达的精妙之处。

④课文写赵州桥的雄伟,主要运用了数字表达的方法。在学生朗读时,可以引导学生仔细体会这些数字传递给我们的信息,把"雄伟"的气魄读出来。

课文表现赵州桥的美观,刻画得非常细腻,描写栏板上雕刻的图案,生动活泼,要引导学生想象文字所表现出的画面,读出"所有的龙似乎都在游动,真像活了一样"的神态。在通篇文章中,我们能够体会到,作者不仅是在介绍桥,赞美桥,同时也是在赞美造桥的人,我们更能够体会到作者在写作时充满着的骄傲和自豪的感情。所以,读课文时,我们要站在作者的角度,既表达出作者所要表现的情绪,也表达出自己从文本中体验到的情感。

⑤课后练习从3个角度提示学生感悟、积累、运用语言。

第一个题目,是读背的题目,提示了朗读课文的情感基调——自豪。建议学生把喜欢的部分背下来,由学生自主选择想背的部分,可以是某些优美的句子,也可以是某个段落。教师也可以把自己希望学生背诵的部分提出来跟学生交流,由此引导学生发现值得积累的部分。如果有可能,也可以让学生谈谈自己为什么要背某一个部分,从而引导学生欣赏、品评语言的能力。

第二个题目，是在理解课文内容基础上，运用自己的语言练习。题目的角度比较新颖，也比较灵活。学生可以就某一个方面夸赵州桥，也可以从几个不同的侧面来夸赵州桥；可以就课文内容夸赵州桥，也可以把自己从课外了解到的有关赵州桥的知识补充进来；还可以充分展现自己的情绪体验。

第三个题目，是引导学生感悟语言、积累语言的题目。有着直接的指向：第三自然段写得很生动，就像把龙写活了一样。引导学生在品味语言表达的基础上，抄写下来，积累在自己的语料库里。如果学生有兴趣，也可以让他们抄一抄自己喜欢的句段。

⑥课后安排的选做题，建议学生了解家乡某个古建筑的历史，并画下来。这是把学生引向生活实践的一个学习建议，在条件许可的情况下，应该让学生都亲自做一做，并给学生提供交流和展示的机会。

⑦综合性学习建议。这次综合性学习提示，目的是提醒学生对自己前一段的活动做一下小结，并为交流展示做准备。主要任务是整理资料，教师要教给学生整理资料的方法。例如，怎样把搜集到的内容分门别类；用什么形式体现，如用卡片、图表。然后引导学生思考用什么方式展示活动的成果。

⑧参考资料。教师在讲授课文前或后，应让学生查阅赵州桥和石拱桥相关资料，以便学生对赵州桥一课进行相关知识了解，加深印象。

第四节　学生学情分析

现代认知心理学指出，教学的过程是信息交流与传递的过程，是学生主动建构知识的过程。根据传播学的原理，要想保证信息传递与交流的有效性，传播者必须了解接受者对信息的态度、文化背景及有关的知识基础。了解学习者的准备情况、学习风格、学习任务。从而确定学习的起点，学习的任务；教学的难点，目标的体系；为教学内容的组织与安排、教学策略的选择与运用、教学媒体的选择与使用及教学评价的设计等提供依据。

学情分析就是分析学生在学习方面有哪些特点，学习方法怎样，习惯怎样，兴趣是什么，成绩如何等。这个层次的教学设计包括教法和学法及教学设想。学生是教学的主体，学情分析又称为教学对象分析、学生分析。教学对象既可以指学习者，又可以指学习内容；学生分析既可以指分析学生有关学习的情况，又可以指分析学生的身体状况或生理状况，也可以指学生的在

某一学科范畴的知识掌握程度等。

一、学情分析的意义

教学活动必须建立在学生的认知发展水平和已有的知识经验基础之上。这就需要我们深入分析、真正了解学生,"以学定教",增强教学设计的针对性和预见性,使教学设计及其实施建立在客观的、符合学生实际的基础之上。

(1) 学情分析是教学设计初期的的重要前提。一般来说,教学内容是根据需求分析,如社会需要和学科需求与教学对象的接受能力、认知特点和理解水平来选取的。教学设计万万不能脱离对学生的了解,不能与学习内容脱节,要针对性地研究,把握好教学的重点、难点和关键点。

(2) 学情分析是确定教学效果和目标的依据。只有走进学生,悉心地了解他们,对他们接受的教学内容的认识层次和特点有所了解,才可能准确把握他们最近的知识活动和发展趋势,才可能在知识与技能,过程与方法,情感、态度与价值观 3 个维度上设定"接地气"的教与学的目标。

(3) 学情分析是教学方法选取、教学计划部署至课后练习编写的基础。在通常情况下,不同的班级各具风格和学习特点。教师或者微格教学受训者不能一味地专注于训练和提高教学技能,而脱离学生实际状况进行微格教学设计。微格教学中受训者的讲解、实操、教和学的效果都取决于微格教学设计对于教学对象的适应性。

(4) 学情分析有利于提高教学质量,要进行学情分析才能获得教学过程中学生的学习程度和相关数据或资料,最终形成教学设计的总目标,为教学系统设计的一系列后续步骤奠定基础。而分析的透与不透直接影响到教学系统设计各个环节的执行质量和效果,实际上学情分析就是一个教学资源综合优化和组配的过程,只有做好学情分析才能助推教学质量的提高。

二、学情分析的要求

在现代教学中,学生是学习的主体,在微格教学中,学生是最主要的知识接收者,他们是以自己的个性来进行独立学习的,因此,要取得好的教学效果,在教学设计中,必须注重对学情的分析。学情分析要点如下。

(1)"已知"部分。这里的已知是指学生已经具备的与本节内容学习相关的知识经验和能力水平等,它决定着学习的起跑线在哪里。

(2)"未知"部分。未知是相对于已知而言的,它包括学习应该达到的终极目标中所包含的未知知识,而且还包括实现最终目标前还要设计学生所没有习得的知识和技能。

(3)"能知"部分。能知就是通过这节课的教学,所任教班级的学生能达到怎样的目标,它决定了学习目标的定位。这是因材施教的效果和目的。

(4)"想知"部分。想知指学生在学习课程之后,自身想知道和学习的课外内容有哪些,他们还希望知道除课本外有哪些东西和所学内容有联系?他们以教学内容(或者教材内容)为依据,延伸和拓展出来的求知欲。按照常理来说,学生的"想知"范围可能超出任课老师的认知水平和想象,在这种情况下,教师应该多做研究,不断扩展学科知识和体系,指引学生正确的学习方向,有时候需反过来向学生请教。

(5)"如何知"部分。"如何知"反映学生是如何进行学习的,它体现了学生的认知风格和学习方法、习惯等。当代学习方式和方法众多,在人类社会历史进程中,当代的信息技术支持下的学习方式有了很大创新,例如,学生利用移动设备进行移动学习和泛在学习,打破了传统教学在空间和时间上的局限,有效地丰富了学生的学习方式。对于微格教学来说,目前最适合的学习方式是泛在学习。

三、学情分析的内容

学生(情)分析的主要内容包括学生的一般特征分析、学习风格分析和初始能力分析。

(一)学生的一般特征分析

(1)年龄特征:大部分情况下,教学所实施的是班级授课制,同一班级中的学生往往年龄相近,认知结构相似,学习经验和生活经验也十分接近。因此,对学生的一般特征进行分析,了解学生群体的一般心理特征,是进行科学的教学设计的最基本要求。传统教育学和教学论中主张的"量力性原则""可接受性原则",以及教师备课中要"备学生",都是指要对学生进行一般特征分析。

(2) 思维特征：特别是在中学阶段，学生的认知和思维能力处于迅速发展时期，思维形式逐步由形象性转向抽象逻辑性。表现出如下特征：①能通过假设进行思维；②具有一定的预计能力；③不仅仅依靠事实经验，基本实现了思维的形式化；④思维过程中的自我意识和监控能力较强；⑤思维的求异性较强。当然，初中生与高中生还有较大的区别。初中生的逻辑思维虽占优势，但很大程度上还属于经验型，需要感性经验的直接支持；而高中生的抽象逻辑思维则具有理论特征，他们能够掌握基本的辩证思维方法，如由一般到特殊的演绎思维，由特殊到一般的归纳过程等。

(3) 感情特征：在情感发展方面，初中生也比高中生有着明显不同。初中生富有激情，喜欢冲动和幻想，他们开始重视社会道德规范，但对人和事的评价往往由于认知结构的不完善而导致简单化和片面性，在他们的自我调控中，意志行为逐渐增加，抗诱惑力不断增强，但高层调控仍不够稳定。高中阶段，独立性和自主性是情感发展的主要特征，他们更倾向于追求真理、正义和美好的东西，大多数行为表现为意志行，高层自我调控在行为控制中占有主导地位。从初中到高中，学生的学习动机逐步由外在的兴趣型转向内在的信念型。

(4) 文化特征：学生成长过程的自然环境、受教育的历史文化环境、社会道德规范环境、宗教信仰环境等一系列外部文化条件，都会直接影响学生的学习兴趣爱好。学习方法、认知方式、思维习惯等学习因素必然对学习效果产生影响，特别是针对外国留学生的教学，应足够重视其宗教文化背景，必须进行针对性的分析。

（二）学生的学习风格分析

学习风格是学习者持续一贯的带有个性特征的学习方式，是学习策略和学习倾向的总和。包括学习者在信息接收、加工方面的不同方式；对学习环境和学习条件的不同需求；在认知方式上的差异，如场独立性和场依存性、沉思型和冲动型等；某些个性意识倾向性因素，如控制点、焦虑水平等；生理类型的因素，如左右脑功能优势等。研究学生学习风格的目的在于改善教学设计，使其更加具有科学性。

应当注意，任何一种学习风格，既有其长处，也有其不足。教育的最终目的是要扬长补短。因此，适应学习风格差异的教学设计应包含两方面的内容：一是采用与学生学习风格相一致的"匹配策略"；二是针对学习风格中的短处实施弥补性的"故意失配策略"。匹配策略固然有利于学生的学习，但却无法弥补学生学习能力上的不足；有意识的故意失配策略在实施之初可能会在一定程度上影响学习的效率，但坚持使用可以弥补学习方式上的不足，使学生的心理机能得到全面提高，有利于学生以后的学习和发展。因此，在当前以班级授课制为主要形式的学校教学中，分析学生学习风格的目的并不仅仅是顺应每个学生的不同风格，更重要的是培养合理有效的学习风格。

虽然现代学校教学主要是以班级授课制的形式进行的，但这并不能否定和排除学习者个别差异的存在。学习者的个别差异表现在多个方面，如遗传因素导致的智力条件的差异、已有知识基础的差异、成就动机及相应个性特征的差异和学习风格的差异等。为使教学活动对每一个学生更加有效，就有必要对学生的个别差异进行分析。学习风格的分析是其中的重要方面。

（三）学生的初始能力分析

一般来说，学生初始能力分析包括3个方面：一是对新知识的学习所需要的预备知识和技能的分析。二是对目标能力的分析，即了解学生是否已完全掌握或部分掌握教学所要达到的目标，以及达到的程度如何。因为班级授课制中，一名教师同时对几十名学生进行教学活动，而学生的基础水平有时差别较大，了解这些差异对于整体教学设计是十分有益的。三是了解学生对所学内容的态度如何，如是否存在偏见或误解等。

对学生学习初始能力的分析主要通过调查的方法进行。调查可以有多种途径和方式，如传统教学中的"摸底测验"、教师对学生的个别谈话、学习情况调查座谈等，均可以获得关于学生初始能力的基本信息。

学生在进入新的学习单元或学习内容时，其原有的学习习惯、学习方法、知识和技能等因素对将来的学习成败起着决定性作用。著名教育心理学家奥苏伯尔认为，学习就是把新知识和已有知识联系起来，将新知识融入学生已有的认知结构中去的过程。加涅也认为，在教师传授新知识之前，首先必须了解学生已经习得的知识。总而言之，学生的初始能力分析在整个教学设计中具有举足轻重的作用。

四、学情分析的方法

按照普通教法和学法的规律，学情分析的主要方法有观察法、采访法（又

称面试法）、问卷法、材料分析法、访问调查法。

（一）观察法

观察法是教师针对教学设计中的学生分析而使用的频率最高的方法之一。教师身处课堂当中，对于学生的"一举一动""一言一行"都放在眼里，记在心上。要做好学情分析，教师或者受训者必须仔细观察课堂内外学生的心理状况、学习进度，甚至是表面上的学习效果，也许某个学生的言语、神情就能体现有关学习效果的信息，教师应多观察、仔细地观察、用心地观察，要做到准确、全面、具体、有针对性、有目的性、有计划性地持久分析。

（二）采访法

采访法是教师通过与学生面对面交谈来深入了解学生情况。通过交谈，不仅可以沟通师生之间的情感，以便于教师及时、深入地了解学生的所思所想。要想使采访取得好的效果，采访前应该做足功课，设计好采访的主要形式和内容，采访还应选择几个有代表性的学生作为交谈对象。采访时教师的态度要诚恳，结合不同学生的个性特点，采用合适的谈话方式。与此同时，采访时要安排专员进行记录，最后形成纸质文档作归档供随时调用。

（三）问卷法

问卷是教学设计研究中用来收集相关资料的一种工具，也是有效地收集信息的方式。除了采用编制有关知识、技能的小测试等形式进行摸底分析之外，设计专题问卷或量表进行调查。问卷大致可分为开放型和封闭型两种。

（四）材料分析法

这里的材料分析主要是指学生的作业、学业档案、试卷、测验记录、实验表格等学习材料。这种方法主要是分析学生材料的个性化解题思路和过程，包括其过程中产生的错误。此外，还可以通过查阅成绩册和历史试卷来了解该班学生群体和个人的学习情况。

（五）访问调查法

在有必要时，教师可以通过家访来调查学生的学习情况，可以通过与学生家长交心谈心，了解学生的学习兴趣、学习态度、学习习惯等方面的情况。

在学校还可以通过上同一个班课的教师、班主任和辅导员，多方位地掌控学情。

五、常见的学情问题

根据长期的教学经验和积累，学情分析常常会遇到很多问题，总结起来有以下主要状况。

（一）上课走神型

（1）具体表现：①上课或做作业过程中常出现"神游"现象；②学习注意力不集中；③兴趣注意点容易被转移，学习效率差。

（2）形成原因：学生成长过程中缺乏集中注意力的训练，对学科不感兴趣，形成恶性循环，知识基础差，听不进去，又或有身体不适，如疾病、疲劳或饥饿等情况，听课目的不明确，或是心情过于激动等。

（3）解决措施：学生上课走神是经常出现的现象，应该积极地思考和探究问题的根源与解决途径，营造一个轻松、愉悦、高效、和谐的上课氛围。

（二）知识生疏型

（1）具体表现：①对教材基本知识点陌生、不熟悉；②对于常见题型不熟悉；③对于知识体系不熟悉。

（2）形成原因：课前不预习，上课不认真听讲，抑或记忆方法不合理；知识系统混乱，知识点脱节，课后不复习等不良的学习习惯。

（3）解决措施：①以教材为基础，了解、熟悉教材内容；②总结典型例题和习题，对学生进行强化训练；③帮助学生对知识点梳理，构建知识体系。

（三）基础薄弱型

（1）具体表现：①学科基本知识概念模糊；②学习行为机械，没有适当的学习方法；③缺乏概括、分析、提炼、归纳和总结的基本能力与技巧；④对学习缺乏兴趣，排斥甚至抵触情绪比较突出。

（2）形成原因：由于初期没有建立起浓厚的学习兴趣，学习方法不得当，导致学生对相应学科基础知识掌握不扎实，知识出现盲点和断层。

（3）解决措施：①制订旨在提高学生基础知识的辅导计划；②多方式、

多途径培养和激发学生学习兴趣;③采用循环式教学方式。

(四)情绪波动型

(1) 具体表现:①考了高分后,表现出自傲、自满等心理状态;考了低分,表现出焦虑、自卑等情绪状态。②成绩忽高忽低,喜欢的科目成绩很好,不喜欢的科目成绩很差,学生比较感性。

(2) 形成原因:部分青少年学生大多具有内向、敏感、自卑、不自信等生理和心理特点,形成恶性循环,人际关系方面差,容易受环境的影响。

(3) 解决措施:教学过程中采用扬褒抑贬(先抑后扬),在一定范围内扩大学生的优点,缩小缺点。

(五)缺乏思路型

(1) 具体表现:①考试恐惧;②看到试题后不知道从题目整体的角度考虑问题,也不知道怎么审题,不知道怎么运用知识点,不知道解题的方法和步骤,更不知道如何切入题者的思路,知行分离,考试时丢分较多。

(2) 形成原因:存在该问题的学生多数是上课不认真听讲,对例题理解不彻底,做不到举一反三,学习不得方法,思维单一,眼高手低。

(3) 解决措施:①培养和训练理解与思维能力,尤其是知识间的联系;②采用适当合理方式训练学生注意力的集中时间和集中度;③加强基本解题能力和技巧训练。

(六)粗心大意型

(1) 具体表现:①经常犯一些低级错误,如看错题等;②解题过程中,越简单的题越能出错;③做作业或考试中的一些细节把握不好。

(2) 形成原因:这类学生具有外向、冲动、粗心等生理和心理特点,做题技巧不熟悉,审题会错意,做事浅尝辄止,模棱两可。

(3) 解决措施:①帮助孩子找到"粗心点";②让孩子准备一个错题本;③考前须做充分准备。

(七)焦躁好动型

(1) 具体表现:①缺乏耐力与毅力,易轻率做决定;②每隔一段时间都要做一些小动作或有下意识动作;③不能稳下心在家做作业,不服从老师或家长的教育。

（2）形成原因：这类学生性格外向、兴趣爱好较为广泛，但浮躁轻率不踏实；有不良的学习习惯，碰到难题家长帮忙解决，使其对自己不够自信，有依赖思想；对事物敏感，容易受到周围环境影响。

（3）解决措施：①适当培养学生独立思考和解决问题的能力；②帮助学生对广泛的兴趣进行筛选。

（八）苦学无果型

（1）具体表现：①无明确的学习目标和学习计划；②无成就感，无抱负和理想，无求知欲和上进心；③兴趣的中心不在学习上，对学习消极应付。

（2）形成原因：苦学无效型的学生，通常都是没有掌握很好的学习方法，没有掌握提高学习效率的方法，学习没思路没思维，还没"开窍"。

（3）解决措施：①通过激发学生的理想目标，打开他们的心锁；②"以德促学"，激发学习动力；③加强与学生的沟通，锻炼和培养其合作的能力；④增强耐挫力，激发上进心，从而激发学习动力。

（九）一做就错型

（1）具体表现：①对于简单的题掉以轻心，漏题丢分；②对于中等难度的题，分析不清楚，似是而非，模棱两可，可能错，可能对；③对于复杂题，自身知识结构和思路不到位，缺乏分析能力。

（2）形成原因：心态不成熟，容易受情绪影响；做题逻辑性差，做题的过程中偏离原来的思路；做题过程中太依赖于答案，不自信，做题时或想多或想少。

（3）解决措施：要透彻理解书本上和课堂上老师补充的内容，有时要反复思考、再三研究，要能在理解的基础上举一反三，并在勤学的基础上好问。

（十）极端叛逆型

（1）具体表现：①不服从老师或家长的教育；②结成同龄群体，寻找"知音"和"朋友"；③对社会产生不满情绪，向社会挑战等。

（2）形成原因：父母唠叨、要求过高、专制粗暴、过分溺爱、设限过多、没有做好表率、缺少必要的尊重、过分关心、过多批评、要求上的不一致、对孩子的关注不够等。

(3) 解决措施：①积极引导；②尊重孩子的自尊心；③尽量表扬、赞美。

六、学情分析的实例

某理工大学在留学生中进行的学情调查和分析实例如下。

（一）学情分析的目的
(1) 贯彻课程改革的指导思想，深入教学的改革。
(2) 进一步观察学生，了解现在学生的现状，加深师生之间的情感。
(3) 结合学生实际，老师才能更好地备课、上课。
(4) 以学生为本，选择和运用恰当的教学方法。

（二）学情分析的方案

1. 学生采访

结合某高校留学生教学实际，高等数学 A（1）老师在一年级本科班中各找 5 个不同层次的学生进行采访，可以围绕教学单元设计，大致解决以下问题：①了解学生的 HSK 水平如何？②了解学生对高等数学基础知识掌握情况；③学生的兴趣点是什么？④结合每一个国家中学数学教学的基本情况，按照常理来说，中国中学数学教育水平和难度最大；⑤学生喜欢什么样的授课方式；等等。

在采访时，应注意各国间的跨文化性，同时给予人文关怀，尊重访谈对象，尽可能表现出访谈过程是可以帮助他们的。

2. 调查问卷法

结合某高校留学生公共课教学实际，采用集体调查问卷法进行具体分析，调查问卷内容可以设计成选择题和笔答题。调查问卷内容如下。

①你喜欢中国文化吗？喜欢上中国文化老师的课吗？
②你感觉中国文化难吗？
③你喜欢上课回答问题吗？你喜欢问老师问题吗？
④你喜欢线上学习吗？你最喜欢老师怎样上课？
⑤你喜欢老师用中文授课还是英文授课？
⑥你希望作业大约在多少时间内完成？
⑦你晚上除了完成老师布置的作业外，会用多少时间学习中国文化系

列课?

（三）学情分析的结果

（1）1/5 的学生在预习过教材后反映教材内容较难，大部分学生没看教材而且不会主动预习。

（2）学生来自不同国家，中国文化知识基础参差不齐，学习习惯不好。有的学生不交作业，也不预习和复习。有 2/3 的学生除了完成老师留的家庭作业，课后不再学习中国文化。他们每天主动学习的时间最多不超过 30 分钟。

（3）大部分学生喜欢上中国文化课。理由是文化课好学，没有太多要背、要记的东西；也有部分学生的理由是，喜欢中国文化老师上课时给他们宽松的学习气氛；还有一部分学生说能取得高分。学生不喜欢中国文化的理由是中文程度不高，部分同学要求老师不仅用中文上课，还要用英文加以解释。

（4）有 1/4 的学生喜欢上课回答问题，比较积极。大部分学生不爱举手答题的原因是怕回答错了让别的同学笑话。大部分学生不爱问老师问题，原因有：老师比较忙经常找不到老师，课间休息时间又太短问不了；问老师题的人多，在旁边等的时间比较长（他们认为问同学更方便）。大部分学生反映老师授课进度快，遇到听不懂的中文不能及时赶上讲解的内容。

（5）大部分学生能及时地修改作业中的错题。个别学生不改错题的原因主要受中文水平的限制，但绝大部分学生已经通过课后请教老师或同学加以改正。

（6）学生最喜欢的学习方式是"讨论式"学习而非在线学习。学生希望老师在课堂上留 15～20 分钟的时间做练习。

（7）学生对老师提出的意见主要有：希望老师说话慢一点，让学生理解一下，再往下讲；希望老师把选做的作业多留一点；希望老师按时下课；希望老师上课讲一些难一点的题；希望老师下课后多辅导较差的学生。

（四）学情分析的建议

（1）教师要深入钻研教材，熟练地拿捏教学内容（重点、难点）。

（2）启发学生独立思考，引导学生开拓思维。

（3）循循善诱、调动学习主动性。

在整个教学设计中，只有做好学生分析，才能真正把学生的主体地位显现出来。

第五节 教学方法分析

一、教学方法的概述

(一)教学方法的定义

教学方法是教师和学生为了实现共同的教学目标,完成共同的教学任务,在教学中所运用的手段和方式的总称。

传统的教学方法有讲授法、讨论法和提问法;现代的教学方法有发现教学方法、探究性学习教学方法、自主学习教学方法、合作学习教学方法、程序教学方法、掌握学习教学方法、基于解决问题的学习教学方法及基于信息技术的教学方法。

(二)传统教学方法

1. 讲授法

讲授法是教师通过简明生动的口头语言向学生传授知识,以发展学生智力的方法,强调教师的"教"。一般设计过程为:①制订课程计划;②进行有效讲解;③唤起学生兴趣;④呈现教学材料;⑤归纳和总结。

这种教学方法要求教师擅长语言方法,能将复杂抽象的概念用具体形象、浅显通俗的语言表达出来;要求学生有一定的接受能力。有利于大幅提高课堂教学的效果和效率;有利于充分发挥教师自身的主导作用,使学生不仅学到书本上的知识,还能学到书本外的知识,有利于其他教学方法的实施和开展。缺点是讲授法容易使学生产生"假知",导致知识与能力的脱节。容易让学生产生依赖心理,从而抑制了学生学习的独立性、主动性和创造性。

2. 讨论法

讨论法是在教师指导和监督下,以学生集体为中心,学生相互间启发、相互学习与交流的一种教学方法,是一种以学生自己的活动为中心的教学方法,强调学生的"学"。

这种方法要求讨论的问题具有吸引力,讨论时,教师要善于启发引导学生自由发表意见,讨论之前应明确设定讨论的程序规则,讨论结束时,教师应在学生总结基础上进行小结,概括讨论的情况,使学生获得正确的观点和系统的知识。

讨论法的一般设计过程为：①准备阶段：教师根据教学内容和学生的初始知识设计预习思考题，学生根据预习内容阅读教材，发现问题并提出问题；②讨论阶段：教师根据教学目标或者子目标和学生预习中存在的问题设计课堂实验或者讨论题，学生相互讨论，回答对方的问题，相互质疑并在学生认知范畴内纠正错误；③整理阶段：教师只用引导和归纳，学生要自己学会写总结材料，得到完整的系统的知识；④巩固阶段：教师布置课堂作业和练习，学生讨论、板演或书面练习；⑤强化阶段：教师精编综合练习，进行批改和评价，学生完成课后复习和家庭作业。

3. 提问法

提问法是教师根据学生已有的知识和经验，提问学生，并引导学生进行思考，得出结论，从而获得知识、发展智力的教学方法。这种方法符合现代教学的理念、学科教学的要求，符合创新教学思维和素质教育的要求，符合学生潜意识上的需求，有利于帮助学生心理成熟，但是提问法会使学生学习效果达不到预期，部分学生因性格原因会表现出极大的不适应性，同时提问法会使教学重心发生偏移，也可能会使教师不好掌握教学进度和质量。

在用提问法时，教师应该加强自身修养，要适当做好引导工作，以多表扬、少批评、多肯定、少否定的论调进行教学，保证学生能适当、平衡地发展，继承性地采用新的教学模式。

（三）现代教学方法

1. 发现教学方法

发现教学方法是指教师根据学习的课题，给学生创设一个研究问题的情景，对研究的问题提出各种假设，组织学生从理论上和时间上对提出的各种假设进行试验、检验、补充或更正等探索性的活动，让学生自己探索、发现直至掌握科学结论。这种方法要求教师积极地鼓励学生探索和发现，提供直觉思维的榜样，发展学生的自信和勇气，鼓励学生大胆猜想，指导学生增强搜索及鉴别信息的能力，帮助学生假设新问题与已有经验间的联系，同时还要训练学生运用分析、综合、辨别等思维方式来验证假设、解决问题。此外，还要注意帮助学生积极地自我评价，提高其自信心和学习主动性。

发现教学方法的一般设计过程为：①铺垫设疑；②探索发现；③讨论总结；④实践应用。

2. 探究性学习教学方法

探究性学习教学方法是指学生在教师的指导下，从自然、社会和生活中选择确定的专题进行研究，并在研究中主动获取与应用知识和技能、解决问题、培养创新精神及科研素质的教学方法。

一般设计过程为：①创设情境，提出课题；②科学猜想，实验验证；③分析讨论，得出结论；④课题总结，培养能力。

3. 自主学习教学方法

自主学习教学方法的主体是学生，是指以学生自主学习为主，通过对信息的自主开发，培养学生独立学习和自主探究的能力。

一般设计过程为：①组织教学材料便于自学；②提出问题激发动机；③提出可选择的学习条件、情景和目标；④分组教学；⑤学生评价学习效果。

4. 合作学习教学方法

合作学习教学方法是指在教师的指导下，采取学生之间小组写作或其他自由合作方式，围绕教学中的某一主题和任务，让学生进行交流、讨论、协商、辩论等，使学生在交流、合作与竞争中建立团队精神、协作意识，掌握知识与技能的教学方法。基本要求为：成立异质小组，实现"组内异质，组间同质"，即小组内各成员间形成性别、性格、学习成绩和学习能力方面的差异，由于每个小组都是异质的，这样就使得全班各小组之间产生了同质性，老师在实践中尽量能够选择优中差组合（1A∶2B∶1C）或（1A∶3B∶2C），以便学习时发挥各自的特长和优势，使各个小组总体水平基本一致，确保全班各小组展开公平的合作与竞争；有明确的目标；小组成员之间相互依赖；教师作为监督者和信息源；学生有个人责任；奖励小组的成功；小组成员进行自我评价。

一般设计过程为：①创设问题情景，明确教学目标；②分组（一般按程序分组），确定分工；③观察指导，合作研究；④成果汇报及演示；⑤评价与反思。

二、选择教学方法的依据

如何选择合适的教学方法是提高教学质量的关键，从教学规律和对教学各个环节及要求来看，可以依据学科目标、学科的不同特点、教学内容的分类、学生的实际情况、教师本身的素养条件、各种教学方法的功能、使用范围和使用条件、教学实践和效率的要求及学校的办学条件来选取教学方法。归结起来，教师或者受训者在选择教学方法时，应考虑以下一些因素。

（一）教学方法本身的因素

表 8-5 是 8 种常见教学方法及其运用条件的归纳和总结，可供选择教学方法时参考。

表 8-5　8 种常见教学方法及其运用条件

教学方法利用条件	口述法	直观法	实际操作法	复现法	探索法	归纳法	演绎法	独立法
最适宜解决的任务	形成理论的和实践的知识	发展观察能力，提高学生对所学问题的注意力	发展实际操作技能和技巧	形成知识、技能和技巧	发展思维的独立性，形成研究性的技能和创造性态度	发展概括能力和归纳推理的能力	发展演绎推理的能力和分析现象的能力	发展学习活动中的独立性，形成学习技巧
最适宜解决的教材内容	教材以理论性为主	教材内容可以直观形式表达	课题的内容包括实际练习、进行实验及完成实践任务	内容过于复杂或过于简单	教材内容具有中等程度的复杂性	在教科书中，课题内容按归纳的形式叙述	在教科书中，课题内容按演绎的形式叙述	教材适合于独立研究
相应的学生特点	学生具有掌握文字形式知识信息的准备	学生能够接受直观教具	学生具有完成实际操作方向的作业准备	学生不具有以问题性方式学习该课文的准备	学生能以问题性方式学习该课文的准备	学生具有进行归纳推理的准备	学生具有进行演绎推理的准备	学生已做好独立学习课文的准备
教师应具备的可能性	教学掌握这一方法胜于其他方法	教师具备必要的直观教具或能够独立制作直观教具	教师具备组织实际操作练习的物质材料和教学资料	教师没有时间以问题性方式组织该课文的学习	教师以问题方式组织该课文的学习，熟练掌握探索性教学方法	教师能够较好地掌握归纳教学法	教师能够较好地掌握演绎教学法	具备在课堂上组织学生独立学习的教学材料和时间

在全世界范围内，不同的学校、教学体系都在使用不同的教学方法，其实教学方法可以因人及其他条件而异，众所周知，任何一种教学方法都不是万能的，每一种教学方法都有其适用范围和局限性，在具体教学中也有利有弊，可以为达到某一目标很好地服务，但同时又可能妨碍另一个目标的实现，在选择的时候要扬长避短。诸如以上提到的各种教学方法，教师只有在了解各种教学方法优缺点的基础上，才能根据具体的教学情境做出最佳的选择。

（二）学科特点和教学内容

学科性质不同，其适合的教学方法也不同。如语文、外语等语言类学科，着重于培养学生的口语交际能力，主要宜采用讲解法、谈话法和练习法；物理、化学涉及实验较多，则适合采用比较直观的演示法和实验法；而数学侧重于严密的逻辑推理，使用归纳法、演绎法和练习法可帮助学生更有效地达到教学目标。

即使是同一学科，也有不同的教学内容，所以教师在选择教学方法时还要考虑教学内容的差别。认知领域的教学内容比较适合采用发现法，而动作技能领域的教学内容采用示范模仿法和练习反馈法较好，情感领域的教学内容则更适合用欣赏法和强化法。

（三）学生的实际情况

教师选择教学方法的目的是促进学生更好地学习，所以要选择那些适合学生实际情况的教学方法。不同的学生，其智力、能力、学习态度、学习习惯，以及所在班级、学校的班风、校风各不相同，教师要从学生实际出发，选择那些能促进学生学习、发展学生智力和能力、培养学生良好学习习惯和正确学习态度的教学方法。

（四）教师本身的素养和个性特征

教师和学生一样也是千差万别的，不同的教师，其知识水平、文化背景、专业素质及性格气质不尽相同。由于自身的差异，不同的教师使用同一种教学方法其效果显然也不同。一个和蔼可亲、平常与学生打成一片的教师擅长使用游戏法、角色扮演法进行教学，可以使课堂气氛很活跃，让学生在愉快的心情和环境中学习，达到良好的效果，但如果是一个平常总是板着脸、表情严肃的教师用这种方法进行教学，那么学生可能根本无法放开手脚投入到活动中去，当然就无法达到预期的教学效果了。所以教师要正确认识自己的特点和风格，善于扬长避短，根据自己的特点选用能充分发挥自己优势的教学方法。

（五）教学周期和教学设备

课堂教学时间是有限的，教师需要在规定的教学时间内完成课程标准所规定的教学任务，达到教学目标。即使是教授同一内容，若采用不同的方法，所花费的时间也是不同的。因此，教师在选择课堂教学方法时应该考虑到教学时间的限制。同时，教学设备是选择教学方法的物质基础，也在一定程度上限制着教学方法的选择与实施。例如，在讲解生物课植物部分时，最好使用演示法，这就需要使用多媒体教室及其设备；若是用实物演示，也要有实际的物体，如叶子标本、种子标本、显微镜等实验设备。如果没有这些设备，就无法实施相应的教学方法。

三、教学方法的优化

众所周知，每一种教学方法都有其优势，也存在着一定的局限性。没有哪一种或哪几种教学方法可以适应所有的教学目标、教学内容和学生。所以教师在课堂教学过程中，要根据教学目标、具体的教学内容及学生的实际情况，将各种教学方法进行优化组合，使各种教学方法互相配合、互相支持，才能使这些方法在教学中发挥积极有效的作用，使教学达到最好的效果。那么怎样才能设计最优化的教学方法呢？在优化课堂教学方法时要遵循以下原则。

（一）以学生现有的知识经验为基础

教师教学的目的是促进学生的发展，为提高其学习能力和学业成就服务，而只有符合学生的实际情况，能够促进学生发展的教学方法才是最好、最合理的。教师教学的一个重要原则就是因材施教，即根据学生的实际情况，设计和实施自己的教学。教师在选择教学方法的时候要以学生的现有水平为立足点，要深入研究学生学习的特点、习惯和常用的方法，坚持以学生为主体、教师为主导的原则，真正起到激励、组织和引导学生学习的作用。

(二) 把智力因素和非智力因素相结合

中国心理学家燕国材教授提出，学生的学习不仅受智力因素的影响，还更多地受非智力因素的影响；在智力因素无显著差异的情况下，非智力因素就成为影响学生学业成就的重要因素。非智力因素是指除智力因素之外的因素，如动机、态度、兴趣、价值观等。学生是否有学习的动机和兴趣是影响其学习效果与学业成就的重要因素及关键所在。因此，教师在选择教学方法的时候，应当充分考虑到这些因素，选择和设计那些能够充分调动学生学习的积极性、激发其学习动机、提高其学习兴趣的方法。

(三) 着重培养学生的自学能力

古人云，"授之以鱼，不如授之以渔"。教师的教学不仅仅是为了学生在当前有学习成绩的提高，更重要的是要有助于学生以后的发展，因此要着重培养学生的自学能力。目前的课堂教学，尤其是中小学课堂教学中，由于多数教师仍然采用传统的教学方法，造成了学生对教师很强的依赖性。学生对于教师提出的问题，往往不动脑筋去思考，只是等待教师给出答案，这样就养成了学生思维的惰性，无法促进其自学能力的提高。教师应当以教会学生如何学习和如何思维为目标，在平常的教学中，应当有意识地教学生如何进行批评性的学习，如何进行分析、选择、筛选。这样，学生就算离开了学校，走上工作岗位，也有能力进行自我提高，不断地发展自己的知识和能力。

(四) 综合使用多种教学方法

如前所述，教学方法是多种多样的，每一种都有其优势所在，也有一定的局限性。由于有不同的教学内容、教学目标，所以在一堂课上，教师不可能只使用一种教学方法。例如，一堂英语课，可能既要用到讲授法（教师讲解一些基本的知识、规则），也要用到演示法（播放与教学内容有关的录像）及让学生进行口语交际的练习法等。教师应把各种教学方法结合起来，取其精华，去其糟粕。只有多种教学方法科学地结合运用，教学才能达到最好的效果，学生才能获得最大的提高。

教学方法的设计是影响教学成败、决定教学目标能否实现的一个关键因素。它是建立在教学目标分析、教材分析和学情分析基础之上的，所有微格设计中的教学方法不仅要满足教学目标、教材及学情分析的要求，还要跟上现代教育技术的发展步伐。教学方法之所以重要，是因为它是引导和调节教学活动的最重要的手段之一,同时它在教学内容的完成、教学目标的达成上起着中介、连接的作用。而现代教学活动中,教学方法是多种多样的,主要关注的教学目标有促进知识、技能掌握,培养智慧技能,培养创造力,注重情感发展和人际关系的发展等。

值得一提的是,注重情感发展和人际关系的教学方法,是指教师的教与学生的学是在师生之间的沟通中进行的,良好的师生关系是教学产生效果的关键。罗杰斯提出"以学生为中心"的口号,认为应该充分尊重和信任学生,不应把学生看成是知识的被动接受者,而应把他们看成是知识的主动探求者。而教师的主要任务是创造促进经验学习的课堂气氛。教师或者受训者应无条件积极主动地关注,这意味着教师关心学生是出自真诚,不以学生的回报作为交换条件,真诚就是表里一致,不装模作样。此外,对于学生自身的问题,教师要帮助学生树立"这个问题我要自己来解决,我可以通过自己的努力来解决自己的问题"这样的意识,协助学生了解自己的问题,并启发学生自己解决问题。

>>> 本章作业

一、问答题

1. 详述教学目标设计的 ABCD 模式。
2. 教学目标设计常见问题有哪些?
3. 教材分析的关键点有哪些?
4. 学情分析的基本要求是什么?
5. 什么是教学方法?简述 3 种教学方法。

二、思考题

1. 为什么要进行教学设计?
2. 教学设计、教材分析、学情分析和教学方法之间有什么关系?

第九章 微格教学教案

微格训练过程中，受训者在学习完每一项教学技能之后，紧接着要通过一个简短的微型课对所学的教学技能进行实践训练，使其理论在实践的过程中提高和完善。如何根据教学内容和技能训练目标，对微型课的教学方案和教学过程进行设计，将要训练的教学技能恰如其分地运用于课堂教学过程，这是微格教学训练中极其重要而艰难的工作。这项工作几乎贯穿微格教学训练的全过程，在教学实践中要求受训者从教学设计的高度认识并操作整个过程，从而使微格教学的训练方案更加科学有序。为此，根据教学设计的原理和方法，结合微格教学的特点和方法，本章将对微格教学教案的设计原理和模式进行阐述。

第一节 微格教案的特征

一、微格教案设计的要点

微格教学的特点用一句话概括就是"训练课题微型化，技能动作规范化，记录过程声像化，观摩评价及时化"。"微"，是微型、片段及小步的意思；"格"取自"格物致知"，是推究、探讨及变革的意思，又可理解为定格或规格，它还限制着"微"的量级标准（每"格"都要限制在可观察、可操作、可描述的最小范围内）。微格教学就是把复杂的教学过程分解为许多容易掌握的单一教学技能，如导入、应变、提问、媒体使用、学习策略辅导、学生学业成就评价等。对每项教学技能进行逐一研讨并借助先进音像设备、信息技术，对受训者或在职教师进行教学技能系统培训的微型、小步教学。

根据微格教学的特点，微格教案设计应该抓住以下几个要点。

（1）制定明确的微格教学目标。微格教学与传统的教学方法有明显的不同，就在于对教学过程进行分解，从简单的单项教学技能入手，制订科学的训练计划。每一项技能的达成目标要求翔实、具体，常用行为目标表述，具有可操作性。在对教学技能进行科学分类的基础上构成完善的目标系统。

（2）重视微格教学对象及教学效果。根据教材内容，在组织教学时，教师的教学行为和学生的学习行为要有机结合起来。在注重教学技能练习的同时，又要注意到这些技能在教学实际中的使用效果。如果只重视教师在微格教学课上如何演练技能，而不重视教学的对象及教学效果，就失去了微格教学的实际意义。微格教学学习规模小、参与性强，受训者应采取分组的方式分组训练，最多不超过 10 人，每人讲课时间一般 10～15 分钟，听讲人由指导教师和其他受训者组成。在教学的实施过程中，每一位受训者不仅有权登台讲课，展示自己对某项技能的理解、掌握及运用情况，感受作为教师的真实体验，同时又可作为学生学习其他人的讲课技巧，并参与对教学效果的自评和他评，不断总结经验。这种小组式教学机动灵活，并可穿插其他教学方法，从而使教学方法体系化。

（3）协调微格教学中的声像技术。随着计算机技术的发展，在设计微格教学时需注意协调好微格教学中声像技术与具体教学应用之间的关系。微格教学应该利用声像设备把每一位受训者的讲课过程如实客观地记录下来，为小组讨论及自评提供了直观的现场资料。受训者能及时看到自己的教学行为，获得自我反馈信息，有"旁观者清"的效果，产生"镜像效应"，同时也在一定程度上减轻了指导教师的教学负担，以便腾出更多的时间用于对学生教学行为进行评价和指导，提高了培训质量和效率。

（4）明确微格训练的教学技能。由于微格教学是"小单元"教学，在设计时应该让受训者明确待培训的教学技能是哪些，各单项教学技能的训练点必须清晰，也就是说，在哪个教学阶段使用何种技能都要一一说明和备注，不能有丝毫含糊之处，这样才能使培训取得好的效果。

二、微格教案设计的内容

按一般微格课堂教学的要求，微格教案设计应包括如下主要内容。

（一）教学的具体目标

教学的具体目标是微格教学教案的首要内容。教学目标的制定是备课的前提，制定教学目标要紧紧围绕微格课的教材内容进行，教学目标应包括以下各方面内容。

1. 行为描述

课堂教学目标中的行为描述通常以期望学生知道什么或做什么的形式来表述，即选择一个描述目标的动词，如"写"一篇关于奥巴马演讲的论文。学生的这种行为或表现要能被教师所观察，这样教师才能通过观察或评价，了解学生是否已经掌握了教学内容或技能。为此，教师应确定一个行为动词，这个行为动词描述了学生成功完成学习任务时教师将观察到的行为。在选择观察的具体行为的时候，教师要分析课程的目的、可利用的教学内容与材料、为学生准备的学习任务，以及教师期望学生保持以在将来的学习或工作中运用的技能或知识。

通常，教师在制定教学目标的时候，会想到一些通用的词汇，如知道、理解、欣赏或相信等，此类词汇并不具体。较为理想的词汇是具体性的词汇，如写出、背诵、辨别、区分、对比、列出或比较等。因此，教师应该以可观察的词汇来确定教学目标，而不是一些通用的抽象的词汇。总之，行为动词的选择应能明确表述期望学生表现的行为。

2. 情境描述

课堂教学目标是指学生完成教师给予的任务或作业时的情境或环境描述。这些情境或环境包括学生可利用的工具，例如，使用计算器，不使用书本；完成任务的时间限制，例如，15分钟之内，在2周的时间里；以及进行任务的地点，例如，在课桌上，在本小组内，在图书馆里。需要注意的是：如果要求学生列出临近本省区的其他省区，这就涉及是否可以利用地图回答问题，还是只能凭记忆回答。课堂教学目标中应将此类完成任务的情境描述清楚。

3. 标准描述

课堂教学标准是指评价学生成功达到目标的标准。例如，问题回答的正确率达到80%，围绕给定题目写一篇英语小作文，至少写5句等。这里确定的标准通常只是最低限度的理想表现，事实上，教师希望学生在更高的水平上达到目标，而不是最低限度地达标。

教学目标中标准的确定受到许多因素的影响，教师要综合考虑，保证标准的合理性。例如，有的材料过去已经接触过，但是如果这一材料是新概念或技能的铺路石，那么让学生加深对它的了解就很必要了。这种类型的材料通常被称为"必要信息"或者成功完成相关学习任务的基本信息。没有完全理解这一信息，学生就难以掌握新概念或技能及下一个或相关的技能。对于这类必要信息，教师可以规定至少95%，甚至100%的能力水平。许多教师在进入一个单元之前都要做课前测试，以确保学生的需要与目标相符。

（二）教师的教学行为

教师在授课过程中的行为包括板书、演示、讲授、提问等若干活动，这都要在教案中写清楚。教师的教学行为要预先经过周密设定，与教学时间一栏相对应，使自己的教案更具有可行性。年轻教师讲授微格课，因为没有经验，对教学过程掌握不好，有时扩大了预定行为范围，有时又缩小了自己的教学行为范围，这都需要指导教师事前提醒，提出一些应付课堂变化的建议。尤其是现代课堂教学，信息技术手段复杂，单就硬件的操作来说，如果事先不策划好，就可能影响教学进程。

（三）学生的学习行为

它是教师备课中预设的学生行为。学生的课堂行为主要有观察、回忆、回答、操作、活动等。在备课中预想学生行为是非常重要的，年轻教师备课往往一厢情愿，只顾自己怎样讲课，不注重对学生的组织与反应，结果在实际课堂教学中常出现冷场、偏离教学目标等现象，使得课堂教学失去控制，完不成教学任务。比如讲《我爱故乡的杨梅》一文，教师随便叫一个学生回答第一小节的节意，本来这是一个简单的导向性问题，学生回答后应立即转入下面的教学行动，可是这个学生支吾了半天也没回答准，拖延了教学时间，表面上看是课堂中出现的问题，实际上是教师备课中对学生的预想回答未予足够的重视，事先无准备造成的。在上课过程中学生怎样活动，参与活动的各种行为的每一个细微之处教师都应考虑到。

微格教学课的时间紧凑，环节衔接紧密，稍有不当就容易形成拖堂，影响授课任务的完成，在设计微格教案时一定要注意把握时间的"度"。

（四）训练的技能要求

在教学设计过程中，教师对拟训练的教学技能应具体、明确。在一节复杂的课堂教学中，教师的教学行为表现是多方面的，单就使用的教学技能来说也有若干分类，在教案中应注明目前主要培训的技能要素。如培训提问技能，就要注明教学过程中使用的提问类型及构成提问的要素。这样，从教案中就可以了解教师提问的思路与是否掌握了各种提问类型与提问是否流畅。

指导教师在审教案时，就可以针对存在的问题对受训者进行指导帮助，从而保证上课质量，做到防患于未然。

（五）准备的教学媒体

教案编写之前，指导教师应该考虑上课时，要求学生准备什么样的教学工具，并在教案中也要得到体现。学生应当标明在教学的哪一个环节需要出示何种教具和教学媒体，以何种形式出现，如何利用这些教学媒体等。这不仅可以给学生在训练中以提示，而且也体现了学生运用教具的技能。板书相关的教学媒体如黑板、粉笔也应在这栏中注明。

（六）需要的时间分配

由于微格教学所需要的人力物力较大，不可能以45分钟作为一个教学单位，它应以分、秒为单位严格控制教学过程的每一个环节，时间控制比较紧。学生需要合理地安排时间，应该对每一教学行为标明时间，确定其时间间隔和时间跨度，这也可以作为指导者考核学生对教学进度的把握能力，也是组织技能在时间上的隐形体现。一般在时间的分配上，要分单位来进行，在具体的教案中，可以结合具体的教学行为，综合加以考虑。本书中涉及的微格教案时长一般规定为10～15分钟。

三、影响微格教案的因素

如前所述，微格教学的目的是培养受训者的教学技能。因此，每一种技能学习以后，就要进行简短的微型课以训练所学技能，把理论与实践结合起来。如何根据教学目标，对教学过程的认识及所选择的教学媒体组织、设计微型课，并把所要训练的技能恰如其分地运用其中，是做好微格教学的一项重要工作。这就需要在准备微型课时，对教学中相互联系的各要素做出计划和安排，建立分析研究和解决问题的方法，并对预期的结果进行分析。这种用系统的方法计划微型课的过程，称之为微格教学的教学设计，编写的文字材料就称为微格教学的教案。而在进行教案设计时，还应该考虑受训者的认知因素。

（一）受训者的认知因素

微型课通常比较简短，教学内容仅为一节课的一小部分，作为某种教学技能训练的基础，因此不能像课堂教学设计那样仅从宏观的结构要素来分析。在微格教学设计中，应把学生学习的事实、现象、概念等当作一个过程，或者当作一套过程。微格教学把学习过程分成若干阶段，每个阶段进行着不同的信息加工活动。做好微格教学设计就要对以下每一个受训者认知的主要阶段做详细分析。

1. 动机阶段

学习期待是学习者所要达到学习目标的特别动机，这个学习目标可能是别人为他设置的，也可能是自己设置的，这种动机（期待）是学习者在进行学习前就应该具备的，没有这种期待，就不能很好地进行学习。

2. 领会阶段

学习者从环境中接受刺激，这种刺激推动感受器并转变为神经信息。学习的过程涉及"摄入"或理解与学习有关的刺激。这些学习的准备阶段包括对刺激的灵敏性，即注意。这时，这种转变了的信息将预备再经受转变(编码)，进入长时记忆中。

3. 获得阶段

为了使信息进入并储藏在长时记忆中，对听、学的材料必须进行编码。从学习的观点来看，当信息离开短时记忆而进入长时记忆时，信息便发生关键性的转变，这种转变过程称为编码。只有经过编码，才能使输入的信息转变为可得的及可记忆的。

4. 保持阶段

在编码形式中，信息被储藏在长时记忆里，这是已经学会的、新的知识技能。

5. 回忆阶段

为了使所学习的内容得到证实，必须能从长时记忆中检索出来，使所检索到的知识经常又回到短时记忆。学习的材料容易被学习者所接受，还可以与新输入的信息结合，成为新的实体（新的编码）。

6. 概括阶段

将所学习的知识应用于一个新的情境或一个新问题时，就会发生学习迁移的现象。

7. 激活阶段

这个阶段在于反应的激活，如果是学习使用某一种实验仪器的运动技能，那么，在实验中能够正确操作这种仪器时，这种运动技能的学习结果也就表现出来了。

8. 反馈阶段

反馈是一个学习过程的结束，是由学习者对其动作的观察所提供的，动作的效果向学习者证明他的学习达到目标要求的程度。反馈的主要后果对学习者来说显然是内在的，它是用来检查、巩固的，使学会的知识技能可持久应用。

（二）训练者指导的因素

学习阶段的理论从本质上来讲，是一个信息的"输入—加工—输出"的过程。如何为这一过程特别是内部加工过程提供良好的外部条件，这是训练者在教学设计中必须认真进行的重要工作。其应该考虑以下问题。

1. 激发动机

使学生明确学习的目标是发挥其积极性和主动性的基础。学生只有明确和理解了学习目标，才会引起学习某种知识的需要；只有了解了活动价值，才会激发起学习的积极性。动机是学习的动力，是学生在学习活动中的一种自觉能动性，积极性的心理状态。因此，教学过程或某一学习事件开始的第一步就是引起动机，激发起学生学习的兴趣，指引学生的学习目的。有经验的教师常常利用学生的好奇心、好胜心及内部意志力等各种动机，来引导学生进入课题的学习。

2. 变化刺激

教师所提供信息信号的种类经常影响学生注意的选择。为引起学生的注意，在教学中教师除了改变语调、语速变化等刺激外，还经常用图表对重要的内容进行分析说明等方式引起注意。

3. 刺激回忆

无论在什么情况下，只要所学习的是一种新的能力，那么某些先学会了的能力就会从长时记忆中检索出来，以支持新的学习。学生把新旧知识有机地联系起来，这就需要教师有意识地进行提示，启发学生进行回忆，并在已学过的知识基础上来教授新的内容。

4. 提供指导

为了使信息进入长时记忆中，编码过程开始后，就可以使用分析、综合等各种不同形式指导学习。

5. 减少遗忘

保持和遗忘是矛盾的两个方面，要想增强保持就必须减少遗忘。影响保持和导致遗忘的因素很多，为了巩固学生所学的知识，要教师创造有利于保持的条件，使遗忘降低到最低程度。减少遗忘的方法有：提供有意义的学习材料及数量；材料的组织结构是否为信息和检索提供线索。

6. 促进迁移

迁移是指已获得的知识技能、方法和态度对学习新的知识与新技能的影响。促进迁移的条件主要有：掌握基础知识、触类旁通；培养分析问题解决问题的能力；提高概括水平，了解客观事物之间的关系；加强练习指导，改善学习。

7. 引出动作

引出动作即学生对所学的知识做出反应，通过各种形式来表明对知识记忆、理解的程度，或把知识应用于新的情境。其方法：设计各种问题，创造情境，以口头或书面的形式进行反应；进行实验、实习等实践活动，以动作方式进行反应；综合应用多种知识，解决社会实践的问题。

8. 提供反馈

反馈是由学习者对其动作效果的观察或教师对其反应的分析评价所提供的，用来表扬先进的学生和促进落后学生的学习，为学生提供准确的评价反馈，对其学习起到强化作用。

9. 设计情境

微格教学程序中的每一阶段都是为学习者安排外部教学情境，以支持他们每一学习阶段的学习。这个程序开始于激发动机和提出具体的期待，结束于动作的形成和反馈。

第二节 微格教学的模式

一般而言，微格教学设计过程模式主要有以下三大类：以课堂为中心的教学设计过程模式；以产品为中心的教学设计过程模式；以系统为中心的教学设计过程模式。结合微格教学的特点，本节主要介绍以课堂为中心的教学设计过程模式。这种模式一般以课堂教学为焦点，已有的教师、学生、课堂计划、设备、设施和资源都是进行设计的前提条件。设计的目的是解决教师在这些条件下如何做好教学工作，完成预期的教学目标。这类模式的设计重点是选用合适的教学策略，选择、改编和利用已有的媒体材料，而不是从头开发。这种模式通常由教师来完成设计任务，供受训者参考使用。

一、微格教学的典型模式

目前，对微格教学设计过程模式有很多研究成果，就以课堂为中心的教学设计过程模式而言，较为成熟的是国外的微格教学模式理论，下面介绍两个经典的以课堂为中心的教学设计过程模式。

（一）格拉奇和埃利模式

格拉奇和埃利模式从开始便强调确定教学内容和阐明教学目标之间的交互作用；然后根据目标、内容对学习者的初始能力进行评定；在此基础上再确定教学策略，安排教学组织形式，分配时间和空间及选择合适的、已有的教学资源。模式中将这些方面的工作并列起来是为了表明它们之间的相互联系和相互制约，即一方面的决策会影响另一方面可能的决策范围，所以设计时应该同时协调、考虑和完成。

在程序上看，它表明设计过程有 4 个环节：目标、学习者、策略和评价。接着，对学生行为做出评价，一方面要以目标为目标、为标准进行评价；另一方面评价提供了关于教学效果的反馈，从而对模式中所有步骤重新审查，特别是检验目标和策略方面的决定。如图 9-1 所示，这种模式的优点在于执行的教师很容易借助模式描述的过程来识别和确定自己的任务。缺点是它可能无意识地强化教师和管理人员保存现有的组织结构和人员的配备，而不会去重新检查学校赖以运行的整个基础。

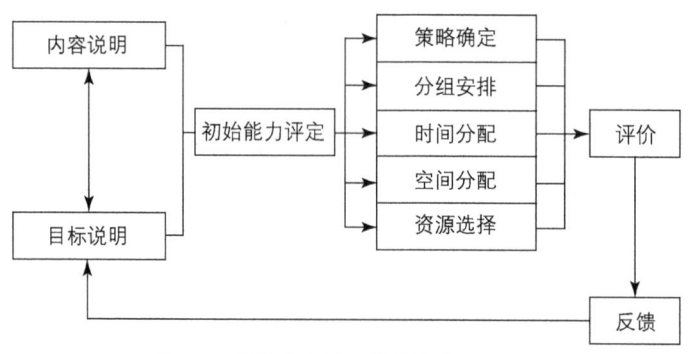

图 9-1　格拉奇和埃利模式教学设计关系

（二）康普模式

在康普的早期模式中，他使用线条把各个要素按顺时针连接起来，但在他后来的研究与实践中，他看到教师和设计人员所面临的问题与实际情况千差万别，实际的设计并不完全按照一定的顺序进行所有步骤，因此，康普对原模式做了改进，提出了由十要素构成的椭圆结构模式，如图9-2所示。

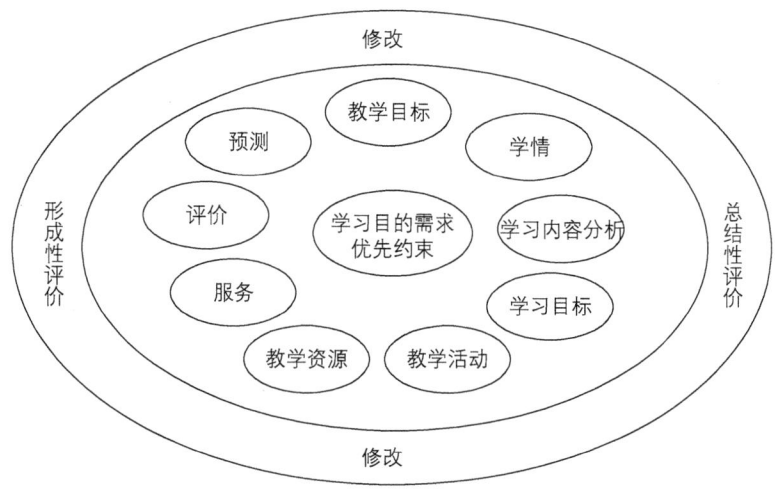

图9-2　康普模式教学设计关系

康普模式的主要特点体现在以下几个方面。

（1）强调了10个要素间的相互联系与相互作用，一个要素采取的决策会影响到其他要素的决策。

（2）要素之间没有线条连接，表明在有些情况下也可以不考虑某一要素。

（3）学习需要和学习目的在这个环境结构的中心，说明它是教学设计的依据与归宿，各个要素都要围绕它进行设计。

（4）表明教学设计是个连续的过程，评价和修改作为一个不断的活动与其他的所有要素相联系。

（5）教学设计是一个灵活的过程，可以按照实际情况从任何地方开始，并可以按任何顺序进行。教师可以根据实际情况在模式中寻找自己工作的起始点，按具体需要编排设计顺序。

康普模式要素归纳于表9-1。

表 9-1　康普模式要素归纳

序号	特征要素	模式中出现的用词
1	学习需求分析	分析、确定问题、问题分析、目标锁定
2	学习内容分析	教学分析、任务分析、内容详尽说明
3	学习目标说明	目标详尽说明、陈述目标、确定目标、缩写行为目标
4	教学对象分析	教学对象活动、策略确定、方法说明
5	教学策略定制	安排教学活动、策略确定、方法说明
6	教学媒体选择与运用	教学资源选择、实验设备选择、教学媒体开发
7	教学设计成果评价	分析结果、形成性评价、总结性评价、行为评价、反馈

康普的这一模式是以学科教学、课堂教学为中心的，教师可以根据实际情况在模式中寻找自己工作的起点，按具体需要编排顺序。在他的著作中对学科内容、目标的确定和资源的选择等方面的阐述对教师很有吸引力。但是他对教学活动、形成性评价和修改的说明不够详细。

后期，康普等人又做了进一步的改进，如强调设计过程中对教学问题的确定；在内容顺序、教学策略制定以外，又提出信息设计和教学传递的重要性。另外，还列出了设计中对评价工具的开发及学习支持服务系统和项目管理也是教学设计中的重要因素（图 9-3）。

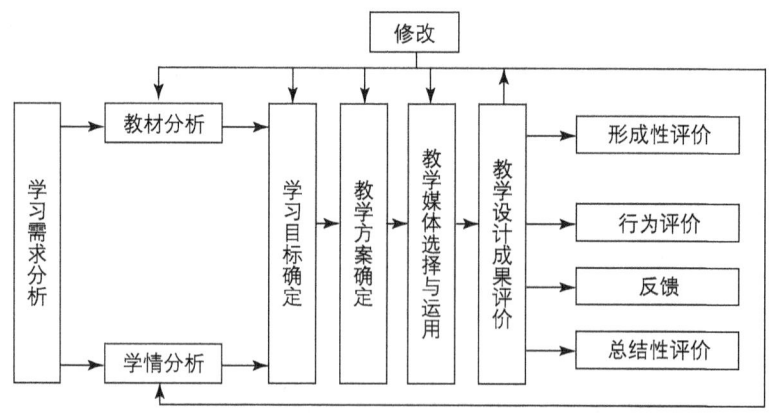

图 9-3　改进康普模式教学设计关系

二、微格教学设计的模式

关于教学设计过程，尽管设计中涉及的教学背景、参加设计的人、课程范围及实践中任务的针对性，对教学设计的理解和认识都不同，各种名称表达也不同，但它们是教学设计过程都有的某些基本组成部分。这些基本组成部分就是设计过程的共同特征要素，如学习需要分析、学习内容分析、学习目标的阐明、学习者分析、教学策略的制定、教学媒体的选择和利用及教学设计成果的评价。

这7个共同特征要素可以构成教学设计过程的一般模式，如图9-4所示，可以清楚地看到这些要素之间的关系及它们在设计过程中的地位和作用。归纳这些共同特征要素，可将教学设计过程分为3个组成部分（也可称为3个阶段），即分析、策略和评价，分析阶段是进行教学设计的前期工作，分析结果是要回答教学目标是什么；策略阶段是解决如何实现目标的问题；评价阶段主要进行形成性评价，以获取目标达成度的信息，对设计方案做进一步的修改与完善。

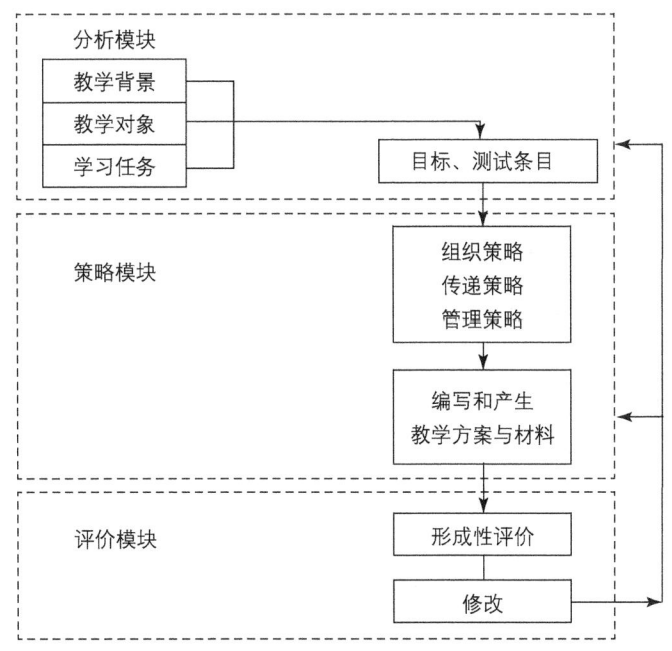

图9-4 教学设计共同特征要素的关系

教学设计过程的一般模式描述了教学设计的基本过程。这个过程可以分为4个阶段，即设计之前的分析阶段、目标及试题的编制阶段、教学策略的制定阶段和设计成果的评价阶段。

（一）设计之前的分析阶段

前段分析是美国哈里斯（L. Harless）在1968年提出的一个概念，指的是在教学设计过程开始的时候，先分析若干直接影响教学设计但又不属于具体设计事项的问题，主要指学习需要分析、教学内容分析和学习者特征分析。现在前段分析已成为教学设计的一个重要组成部分。

（1）学习需要分析：就是通过内部参照分析或外部参照分析等方法，找出学习者的现状和期望之间的差距，确定需要解决的问题是什么，并确定问题的性质，形成教学设计项目的总目标，为教学设计的其他步骤打好基础。

（2）教学内容分析：就是在确定好总的教学目标的前提下，借助于归类分析法、图解分析法、层级分析法、信息加工分析法等方法，分析学习者要实现的总的教学目标，需要掌握哪些知识、技能或形成什么态度。通过对学习内容的分析，可以确定出学习者所需的学习内容的范围和深度，并能确定内容各组成部分之间的关系，为以后教学顺序的安排奠定好基础。

（3）学习者特征分析：学习者特征是指影响学习过程有效性的学习者的经验背景。学习者特征分析就是要了解学习者的一般特征、学习风格、分析学习者教学内容之前所具有的初始能力，并确定教学的起点。其中，学习者的一般特征分析就是要了解那些会对学习者学习有关内容产生影响的心理的和社会的特点，主要侧重于对学习者整体情况的分析。学习风格分析主要侧重于了解学习者之间的一些个体差异，要了解不同学习者在信息接收加工方面的不同方式；了解他们对学习环境和条件的不同需求；了解他们在认知方式方面的差异；了解他们的焦虑水平等某些个性意识倾向性差异；了解他们生理类型的差异；等等。

（二）目标及试题的编制阶段

通过前段分析确定了总的教学目标、教学起点、教学内容的广度和深度及内容间的内在联系，这就基本确定了教与学的内容框架。在此基础上，为了明确学习者在学习过程中应达到的学习结果或标准，这就需要阐明具体的学习目标，并编制相应的测试题。学习目标的阐明就是要以总的教学目标为指导，以学习者的具体情况和教学内容的体系结构为基础，按一定的目标编写原则，如加涅、布鲁姆等的分类学，把对学习者的需要转化为一系列的学习目标，并使这些目标形成相应的目标体系，为教学策略的制定和教学评价的开展提供依据。同时要编写相应的测试题以便将来对学习者的学习情况进行评价。

（三）教学策略的制定阶段

教学策略的制定就是根据特定的教学目标、教学内容、教学对象及当地的条件等，来合理地选择相应的教学顺序、教学方法、教学组织形式及相应的教学媒体。教学顺序的确定就是确定教学内容各组织部分之间的先后顺序；教学方法的选择就是要通过讲授法、演示法、讨论法、练习法、实验法等不同方法的选择，来激发并维持学习者的注意和兴趣，传递教学内容；教学组织形式主要有集体授课、小组讨论和个别化学习3种形式，各种形式各有所长，须根据具体情况进行相应的选择；各种教学媒体具有各自的特点，须从教学目标、教学内容、教学对象、教学媒体特性及实际条件等方面，运用一定的媒体选择模型进行选择。决策的制定是根据具体的目标、内容、对象等来确定的，要具体问题具体分析，不存在可用于所有目标、内容、对象的教学策略。

（四）设计成果的评价阶段

经过前3个阶段的工作，就形成了相应的教学方案和媒体教学材料，然后实施，最后要确定教学和学习是否合格，即进行教学评价，包括以下几个方面。

(1) 确定判断质量的标准。

(2) 收集有关信息。

(3) 使用标准来决定质量。

在教学设计成果的评价阶段，就是要依据前面确定的教学目标，运用形成性评价和总结性评价等方法，分析学习者对预期学习目标的完成情况，对教学方案与教学材料的修改和完善提出建议，并以此为基础对教学设计各个环节的工作进行相应的修改。评价是教学设计的一个重要组成部分。

教学设计的4个阶段之间是相互联系、相互作用、密不可分的。需要说明的是，人为地把教学设计过程分成诸多要素，是为了更加深入地了解和分析，并发展和掌握整个教学设计过程的技术。因此，在实际设计工作中，要从教学系统的整体功能出发，保证"学习者、目标、策略、评价"四要素的一致性，使各要素间相辅相成，产生整体效应。

另外，还要清楚地认识到教学系统是开放的，教学过程是个动态过程，涉及的诸如环境、学习者、教师、信息、媒体等因素都处于变化之中。因此，

必须掌握教学设计工作灵活性的特点，在学习、借鉴别人模式时，掌握好公共特征要素，根据不同的设计背景，创造自己需要的合适模式，因地制宜地开展教学设计工作。

第三节　微格教案的设计

在实施微格教学时，确定了受训者所训练的教学技能内容以后，编写教案则是一项重要的工作。教案是课堂教学组织、设计的具体方案，是实施教学过程的依据，又是完成教学计划的重要保证。没有一个好的教案，就不可能上好微格教学。设计微格教学的教案，必须考虑微格教学的课堂特点，微格教学课以培训受训者教学技能为目的，以训练受训者的"诊断"教学能力为目标，要求把课堂教学活动变得更加实际，特别重视师生双方活动的两个变量的影响和变化，以促进学习。

微格教学的根本目的是提高受训者的教学技能，如导入、讲解、对话等，但其实质是使受训者学会运用教学技能，激发学生的学习兴趣、促进学生思维及掌握知识，从而提高教学质量。换句话说，它更注重教学的"诊断"及诊断后采取的"药方"，即措施。从理论上看，微格教学所设计的教学是人类学习技能的 5 种类型：智力技能、认知策略、语言信息、运动技能和态度。微格教学授课内容少、课时短，受训者进行一小段的教学训练，加涅称之为一个"学习事件"。这个教学事件又可分为若干阶段，每一个阶段是一个信息加工过程（信息输入—加工—输出过程），信息加工是学习的关键，教师必须懂得如何为信息内部加工创造良好的外部条件，促进学习者内部因素发挥作用，知道这一点，就掌握了微格教学说的基本宗旨。

总之，微格教学课堂系统是由相互联系、相互作用的多种要素构成的，如何组织、设计一堂微格课，把各要素协调起来，形成一个有机的整体，并通过反馈给予完善和改进，这是微格教学备课时必须把握的关键点，也是微格教学教案设计的特点。

一、微格教案设计的概念

微格教案设计是根据课堂目标和教学技能训练目标（双目标），运用系统方法分析微型教学问题和需求，建立解决教学问题的教学策略微观方案，试行解决方案、评价试行结果和对方案进行修改的过程。微格教案设计以优化教学效果和培训教学技能为目的，以学习理论、教学理论和传播理论为理论依据。

教案可以使教师明确课堂教学的目的与任务，明确教学内容、方法与步骤，因此，它是顺利完成教学任务的先决条件，是优秀教师教学经验的总结。多年积累的教案，就是教师长期教学实践的记录，可成为教学研究的重要资料。实施教案后，可对教案中不妥之处进行修订，有利于教学工作的不断改进，编写教案是教师最经常的劳动，也是一项重要的教学技能和基本功。

微格教案设计与一般的课堂教案设计既有联系又有区别，总的概括为：一般的课堂教学教案设计对象是一个完整的单元课，教学过程完整地包括导入、讲解、联系、总结评价等教学阶段。微格教学教案通常比较简短，教学内容只是一节课的一部分，以便于对某种教学技能进行培训，因此，就不能像普通教案设计那样从宏观的结构要素来分析问题，要把一个事件、概念、原理或方法当作一套过程来设计。

二、微格教案设计的意义

微格教案设计是微格教学过程中非常重要的环节，是介于受训者学习微格教学理论、观看示例和微格教学实践及评价的中间环节，其意义主要体现在以下几个方面。

（一）揭示受训者对理论基础的学习情况

在实施微格教学之前，受训者要学习关于微格教学特别是教学技能相关的理论知识，如果这些理论理解不够深刻，就不能把微格教学的所有技能呈现在教案设计中，在这种情况下，受训者把不相关或没有联系的教学技能随意地揉在教案中，最后不但不能达到微格教学的目的，也不能体现出受训者对微格教学理论的掌握程度，也不可能掌握教学所需的各种技能。

（二）揭示受训者对教学技能的把控程度

在讲解了各项技能之后，一般会给受训者播放微格标准示范课，供其观摩。在这个过程中，最关键的是要求受训者要去理解和把控与教学内容相关的各项教学技能，并对其做相关研究甚至提前反复演练。如果受训者没能把握好每一个教学技能的特点和要领，仅将注意停留在教学内容上，或者一味地模仿示范课而放弃了对教学技能的分析和把握，那么他们在教案的编写上就会出现偏差从而影响到教学技能的发挥。

（三）决定受训者微格教学实践的效果

微格教学实践是受训者将所学内容加以实施的过程，它直接体现了受训者对微格教学的认识。教案编写的好坏对于微格教学实践有直接影响。

（四）教师指导受训者教学技能训练的依据

事实上，受训者完成教案后会将其递交给指导教师进行批阅，教案编写的好坏，指导教师一目了然，教案就是评价受训者学习效果的重要依据，直接影响微格实训。指导教师对教案的评价是对受训者进行评价的体系中的一部分。

三、微格教案设计的原则

（一）目标控制原则

教学目标制约着教学设计的方向，对教学活动起着指导作用，还是教学评价的主要依据，在进行微格教学训练时，任何一项待训练的教学技能，针对任何一项简短的教学内容都必须受到教学目标的控制。如前所述，微格教学的目标具有课堂教学和技能培训的双重目标。

（二）系统设计原则

微格教学过程包括了指导教师、受训者、课程（教学信息要素）和教学条件（物质要素）4个最基本的教学系统构成性要素，涉及教学目标、教学内容、教学方法、教学媒体、教学组织形式、学习结果和评价等过程性要素及其相互关系，是包含各种教学要素的、复杂的、微观的课堂教学子系统。

实际上，就是在微格教学的系统设计过程中，通过系统分析技术（微格教学目标分析、微格教材分析、微格学情分析和教学方法分析）进行流程制定、选择教学方案或策略；通过解决问题的策略优化技术（教学策略的制定、教学媒体的选择等）及评价调控技术（试验、形成性评价、修改和总结性评价）逐步形成复杂教学问题的最优微格教学方案，取得最佳的学习效果。

（三）可行最优原则

教学方案是对完成特定的教学目标而采取的教学活动的程序、方法、形式和媒体等因素的总和，它具有知识性和灵活性，可以较好地发挥教学理论具体化和教学活动方式概括化的作用。要将微格教学设计变为现实，必须具备两个可行性条件：一是符合主客观条件和客观条件，主客观条件指学生的年龄特点、已有知识基础和师资水平；客观条件指教学设备、地区差异等因素。二是具有可行性，微格教案应能指导具体的微格实践。

对于微格教学来说，没有任何单一的方案能够适用于所有的情况，最好的教学方案或策略是在一定情况下达到特定教学目标的最有效的方法论体系。为了达到既定的教学目标，必须充分考虑多种不同的教学方案，包括选择和设计课堂教学过程和教学媒体等，优选出具有实际可操作性的微格教案，力争使用最佳的教学策略于特定的教学情境。

（四）反馈评价原则

教育传播理论认为，反馈是教育传播过程中最重要的因素，没有反馈，就没有有效地评价。它可以使教育传播过程成为双向交流系统，使教育者了解信息的传递效果，并对学生的学习情况做出及时准确的评价，对自身的传播行为做出改进。

微格教学运用的是现代科技手段真实地模拟教学片段，进行信息反馈。当微型课结束后，受训者可及时观看到自己的授课记录（录像），并与指导老师和同行进行讨论及评价，在广度和深度上获取评价反馈信息，找出改进教学效果的方法和提高教学技能的对策。

（五）修正性原则

修正性原则是指在微格教案设计过程中，受训者应当综合各方意见和具体实践，对教案存在的问题及时修正和完善。微格教学的一个重要特点是其诊断性。通过微格教学，受训者在实践中对未掌握的、不够熟练的或运用错误的技能进行评估诊断，经由多次反复训练，以形成教学技能，在教案的编写中，受训者还可通过录像、小组讨论或教师指导，对原来教学中存在的问题加以修正。这一原则是微格教学特点在教案编写中的最好体现。

四、微格教案设计的步骤

按照微格教学的规律和教学的基本原则,结合微格教学的目标要求,微格教案设计及编写大致分为以下3个具体阶段。

第一阶段是前期分析,包括教学目标和训练目标分析;钻研教学大纲和教材;教学内容分析和学情分析。

第二阶段是教学策略确定,涉及课堂教学策略和教学技能方案的设计(其中包括了教学方法的选择和组织、教师活动的设计、教学技能训练的设计、学生学习活动的设计、教学媒体的选择和制作)。

第三阶段是微型课的教学设计成果试行、评价、修改,也就是微型课的训练,对各科教学方案和技能运用进行评价和修改。

根据微格教学训练的需求,教学过程一般有:复习、引入、新授、练习、小组、作业布置等,教学过程中还可经常安排自学、尝试、反馈、操作、质疑等环节。但不管拟定什么环节,都要规划出具体的活动内容、教学步骤、教学方法和板书设计,即"做什么""何时做""怎样做"都要计划好,包括时间分配和安排。微格教学设计给出了微型课的框架,为付诸实践,特别是考虑到便于训练,还要把它落实为具体教案。具体步骤如图9-5所示。

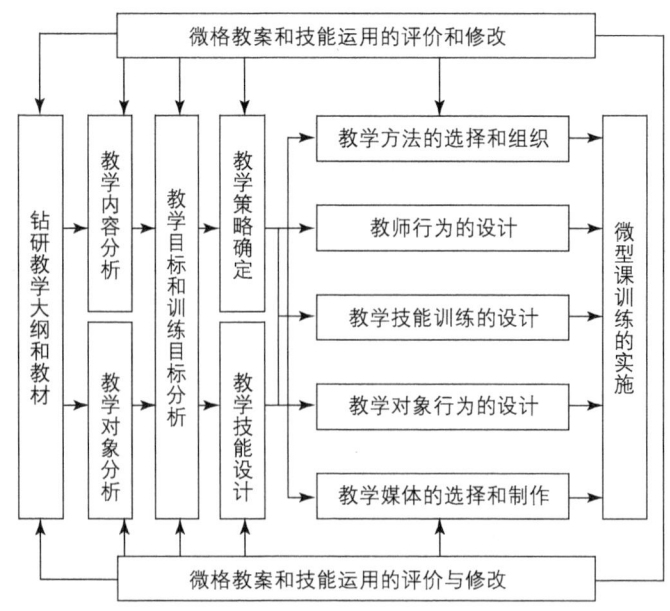

图9-5 微格教案设计框架

根据图 9-5 微格教案设计框架，下面简述微格教案设计时各阶段的具体内容。

（一）教学大纲及教材的研究

微格教学的技能训练，虽然是通过某一简短的教学内容来训练若干教学技能，但这一简短的教学内容必须以教材内容为客观依据来组织。微格教案设计的优劣取决于受训者对教材的理解、分析和研究的透彻程度。

（二）教学内容的分析

教学内容就是教师依据教学大纲，结合教学对象的实际情况，在钻研教学大纲和教材内容的基础上，确定学生所应掌握的知识体系结构，突出教学重点，明确教学难点，以使教学更有效果。微格教学训练的教学内容虽然只是某个事件、概念、问题或过程，也须明确这一简短教学内容在整个课程知识体系中的地位和关系，并分析这一教学内容的微观结构和内容组织。

（三）教学对象的分析

教学对象分析是微格教学的起点，主要分析的是学情、学生，是决定目标体系、选择教学策略、设计教学活动、制定评价方法和工具的重要依据。微格实训时的学习者由受训师范生的同班来扮演，模拟训练课堂内存在着师生相互作用，学习者分析的重要性不亚于一般的课堂教学设计，进行微格教学训练时，主要引导受训者从其特征和初始知识与技能基础来分析（见前述相关内容）。

（四）教学目标和训练目标的分析

教学目标是教师和学生通过教与学的活动所预期要实现的学生行为的变化，是教学过程所依据的指标，同时也是评价教与学活动的依据。微型课技能训练有着双重目标，一个是确定每个知识点要达到的学习水平等级并用行为动词加以描述；另一个则是确定要训练的技能目标，一般采用结合班级特点和教学内容的方法来确定待训练的教学技能，要求受训者必须根据微格教学过程中可能出现的问题和各种情形做出灵活的处理设计，必要时可变换、增加、删减教学技能，尽量做到优化微型课教学过程。

需要指出的是，在确定目标时应该遵循以下几个要点。

（1）教学目标和训练目标都必须明确、具体。

(2) 教学目标和训练目标都必须便于指导教师或同行观测和评价。

(3) 教学目标和训练目标都必须具有可行性和可操作性。

设计教学目标要符合课程要求，切合学生实际，确定得具体细致，以便随时检查这些教学目标的完成情况，目标不可定得太高以免挫伤学生积极性。

与普通教学目标不同，微格教学目标必须是外显的，不应定为内隐目标，这是由微格教学的特点所决定的。

（五）教学策略的确定

教学策略或教学方案是对完成特定的教学目标而采取的教学活动、程序、方法、形式和设备等因素的总和，教学策略主要回答教师"如何教"，学生"如何学"，是教学设计的重点和难点。

微格教学的目的是通过微观研究的方法培训课堂教学技能，因此微型课的教学策略除了要考虑一般课堂教学设计的教学方法、过程、设备等策略因素外，还要具体考虑教师的教学行为和学生的学习行为，以及如何具体训练各项教学技能，才能促使受训者的思维和行为方式收到微观具体的训练上。

（六）微格教案设计成果的实施

假设经前段分析和教学策略的制定，受训者已设计和编写好了微格教案，接下来就要在教学情境中进行教学方案的试行和教学技能的实际训练了，这也就是微型课教学设计成果的试行、评价和修改。它们既是教学设计过程中的主要内容，也是微格教学技能训练的中心内容。

（七）微格训练结果的反馈、评价及修改

通过试行和评价，受训者以角色扮演的方式参与微格实训，在试讲之后又通过录像反馈的方式与指导教师和同学进行讨论及评价，从而获得微格教案、试讲和教学技能训练的反馈信息，在试行评价的基础上，受训者修改教案、反省自身的教学行为、筹划重教训练，教学设计能力和教学技能得以进一步提高。

第四节　微格教案编写的要求

如前所述，教案是教师为顺利而有效地开展教学活动，根据教学大纲和

教材要求及学生的实际情况，以课时或课题为单位，对教学内容、教学步骤、教学方法等进行的具体设计和安排的一种实用性教学文书。教案包括教材简析和学生分析、教学目的、重难点、教学准备、教学过程及练习设计等，主要涉及以下3个教学计划：学期教学计划、课题（单元）教学计划和课时计划。其中，课时计划就是通常所说的教案。编写微格教学的教案与编写常规教学的教案没有本质上的区别，但由于微格教学本身的特点，其时间上的安排缩短为5～10分钟，为了集中运用一至两种教学技能，教学只能是片段，不能是全过程，因此它也不是通常所说的课时计划。微格教学的教案注重对教学过程的设计，更注重展现不同种类的教学技能与一般的教学设计在目的上有很大的不同。在日常的微格训练中，受训者往往把微格教学教案错误理解为一个完整教学单元的缩影，例如，受训者在微格教学的10～15分钟内既要训练导入技能，也要训练结束技能，这样的做法是不合理、不可行的。

一、微格教案编写的内容

根据教案的设计步骤和具体要求，编写微格教学的教案时必须包括以下内容：教学目标、教师的教学行为、拟训练的教学技能、学生的行为、教学媒体和时间分配。教案格式不限，但要简洁、有层次。具体内容和要求简述如下。

（一）微格教学的目标

微格教学教案设计的首要内容。教学目标的制定是进行微格教学设计的前提。教学目标要紧紧围绕微格教学的内容要求进行，教学目标表达应细致、具体、具有可操作性，不贪大求全，便于评价。此外还要避免参照教师用书来定目标，须顾及课堂的实际情况。指导教师必须对教学目标的制定给予指导，帮助学生理解课程标准，深入分析教材和教学对象，引导学生正确地使用教学技能。

（二）教师的教学行为

教师在授课过程中的行为包括板书、演示、讲授、提问、实验、举例等若干活动，这都要在教案中写清楚。教师的教学行为要预先经过周密设定，与教学时间相对应，使自己的教案更具有可行性。受训者在讲授微格课时，常因经验不足对教学过程掌握不好，有时扩大了教学行为范围，有时又缩小了自己的教学行为范围，这都需要指导教师事前提醒，给出一些应付课堂变化的建议。

（三）学生的反应行为

它是指教师能估计到学生的回忆、观察、回答、操作时的预想行为，对于学生行为的预先估计是教师在教学中能及时采取应变措施的基础。在进行教学设计时预想学生行为是非常重要的。在设计教案之前，必须对学生进行分析和安排。在编写教案的过程中，也必须合理考虑学生这一角色可能出现的各种行为，以考虑应对的措施，使教学活动能有条不紊地进行。教师在提问之后，应做相应记录。

（四）拟训的教学技能要素

微格教学的主要目的在于使受训者掌握教学所需的各项技能。因此，这些技能在教案中应当得到体现。在微格教学过程中，教师的某种行为可以归入某类技能，应在对应处注明。对重点训练的技能应注明其构成要素，这样便于检查受训者教学技能的训练效果，可以训练受训者对教学技能的识别、理解和应用的能力。一般来说，一种教学行为对应的技能可能是一种也可以是多种，受训者必须能够意识到这些，并将这些技能都写下来，如果行为对应的技能太多，则要对行为进行更细的区分，以表明具体技能。

（五）教学媒体或设备的使用

教案编写之前，受训者对所需的教学工具要准备妥当，在教案中也应该得到体现。受训者应当标明在教学的哪一个环节需要出示教具和教学媒体，以何种形式出现及如何利用这些教学媒体等。这不仅可以给学生在教学活动中以提示，而且也体现了学生运用教具的教学技能。

（六）教学时间的控制及分配

由于微格教学是某个完整的教学实践的子集，其时间通常较短，为10～15分钟。在进行设计时，要仔细估算每一教学行为所用的时间，这对于受训者尤为重要，便于他们今后掌握好课堂教学进度。这也可以作为指导教师考核受训者对教学进度的把握能力的指标，同时也是组织技能在时间上的微格教学训练中的隐性体现。教案设计的时间分配可以结合具体的教学行为，按"分"为时间单位加以考虑。

二、微格教案编写的过程

（一）微格教案设计的准备工作
进行教案设计之前，受训者必须做好相关的准备，具体要求如下。

1. 熟练掌握教学内容

由于一般的受训者缺乏授课经验，为防止可能存在的怯场和冷场，要求受训者在微格实训前，对教学内容要做到熟练把握，教师应加强对受训者上讲台前的指导和引导，大量观看不同水平的微格录像，让受训者提前有心理准备，逐步实现情感和价值观的转化。

2. 灵活选用教学技能

教学技能的选用要以内容为载体，做到恰如其分。对于初学者而言，首先必须对各种技能有全面的认识和理解，在理解的基础上再选择符合内容的教学技能，有的初学者可能因为技能掌握得不够熟练，而不知道为教学内容选用何种教学技能；有的初学者可能为了炫耀自己对某项技能的掌握，而主次不分，乱用一气，使内容和技能不匹配。这些都是不可取的，必须要为教学内容选择最佳的技能。

3. 有效选择教学工具

教学过程中，除了教材外，可能需要一些特殊的辅助工具。受训者在设计之前，对这些工具应当有所了解，并确保在教学实践中能够充分运用，必要时应当对其进行检查和修复。如果材料特殊、需要自己设计，那么在编写教案之前必须先设计这些教具。

4. 选择微格教案设计的模式

教案有以下3种分类：一是简单的、提纲式的教案；二是详细全面的教案；三是介于以上两种之间的教案。

对于微型课，最好写一份详细的教案，因为它是某个教学单元的子单元，写得过粗不宜实施，然后再从其中写出一份提纲式的简案，供上课时作为提示和参考之用。对于经验丰富、熟悉教材，而又有教学技能改进要求的教师，可以写成介于详简之间的使用型教案，但无论是什么水平的老师，都应该有一套详案。

（二）受训者的相关准备工作

根据对某理工大学汉语国际教育专业的学生训练情况看，大学的师范生、准师范生都是教学的新手，微格教学要进行录像，而学生初登讲台容易出现以下4个问题：一是衣着问题：受训者都是学生，大部分穿着运动装、牛仔裤上课，有失正式和庄重；二是举止问题：因为要录像，大部分受训者举止不自然，有不雅动作或多余的习惯动作，有的动作幅度偏大，速度过快；三是言语表达问题：这方面问题最为突出，具体是发音不准确、普通话不标准、语言表达不够流利、语速过快，中介语（中文或外语）使用不当，大部分受训者的语言缺乏幽默感和生动性；四是授课内容问题：主要表现为内容繁杂、不完整或缺失，内容次序混乱，板书不规范、缺少互动等。

基于以上存在的问题，受训者必须在执行微格教案之前做好相关准备工作。在衣着方面，服饰应整洁得体；举止方面应自然，做到无不雅动作或习惯动作，控制好动作的幅度和速度；语言表达方面应做到发音准确、标准、流利、幽默、生动，控制好语速语调；授课内容方面应尽量做到相对规范，有条不紊。

（三）教案的修改和完善

教案编写完毕之后或在具体的教学实践后，受训者必须对教案进行不断修改和完善。以下是教案修改的一些建议。

1. 目标分析

教案的编写者在设计教案时，一定要谨记教学目标，不可偏离目标，随意设计，至少要有一定的教学目标体现在教案中，不能为训练教学技能目标而忘了教学目标。教案中所设计的教学过程，必须是围绕着教学目标展开的，教案中所运用的教学技能训练应当是恰到好处、能够实现预定的教学目标的。

2. 内容分析

受训者在教学过程中，由于时间的限制，可能所需要的授课内容不多，但是依然需要对这些内容进行分析，确定重点、难点，避免以偏概全，挂一漏万。在对教案修改完善过程中，就必须明确短短几分钟所需要讲授的内容是否有层次、有重点；这些内容是否与学生已有的知识存在联系；教案中教师的行为是否能在所教内容和学生的知识结构之间建立桥梁；这些内容中所表现的教学技能是否妥当，是否能体现受训学生的水平。

3. 评价和指导

教案编写完毕，经过自己的修改后，需要交给其他同学进行评价，以发现其中自己难以发觉的缺点，加以完善。在正式进行微格教学前，还需要经由指导教师过目，提出修改建议。

4. 微格实训后的改进

由于种种原因教案的瑕疵并不能在课前呈现。在微格教学后，受训者不能因为活动已经结束就松懈，应当总结和反思教学过程中的诸多令人遗憾的地方，提出改进方案。对于属于教案不够完善而导致的问题，应当对教案进行再次修改，以作为自己的经验总结，给自己一份满意的答卷。这一完善的教案也能给其他受训者提供借鉴。

三、微格教案批改的事项

（一）微格教案的批阅

受训者制作好微格教案后，需由指导教师批阅，批阅过程中应注意以下几点。

1. 对教学技能的识别

有的受训者由于不能识别应掌握的技能，造成上课的盲目性现象时有发生，指导教师应予重视。

2. 应明确课堂评价内容

指导教师应在受训者设计微格教案时，言明受训者须具有评价意识、上课就能做到心中有标准，还有助于提高编写教案质量及上课后对教案的再修改，容易做到自我监控。

3. 教案设计的科学性

受训者编写教案不是走过场，教案对教师上课行为具有约束力。原则上，设计教案的每一步都应有科学的依据，所以，受训者必须明确编写教案的每一个细节要求，做到心中有数。

4. 教案编写的实效性

微格教学的特点在于"微"字，所谓注重实效性是指对课堂教学的教案编写不要贪多、贪大、求全。也就是说，应把握教学过程的整体性与阶段性。微格教学是讲授一小部分内容、整篇文章的一小段，它只是教学过程中的一个小阶段。另外，编写教案还要把握讲授知识的完整性与掌握知识的局限性。某一个知识，如中心思想只有讲完全文才能归纳出来，某一重点词，有时需要前后文联系才能讲透，而微格教学却只完成一小阶段教学目标。抓住上述

特点设计教案，才能使微格教学训练趋于科学和合理。

（二）微格教案的改进

如何指导受训者改进教案呢？由于指导教师听课时以教案为依据，所以要充分了解教案的执行情况。评价课也要与教案和课堂实际教学对照，这就为指导受训者改进教案提供了充分条件。改进教案要以受训者为主，指导教师指导为辅，多启发受训者自己动脑动手，提高教案设计和编写的能力。

动手修改教案可从以下几点入手。

（1）教学目标是否准确：指导教师应针对受训者制定的教学目标加以审视，目标过大或过小都要在第二次上课之前给予纠正。

（2）教学技能是否恰当：不适合课堂实际的教学技能要纠正，尽量合理有效地使用教学技能，便于提高微格教学的效果。

（3）学生的估计是否失实：对学生回答问题的反应失实之处应给予重新估计，并拟出相应对策。

（4）教学媒体准备是否恰当：教学媒体使用是否科学、规范，如有不当之处应在教案中加以修正。

四、典型微格教案的列举

微格教学教案设计的具体格式可以是各种各样的，但大致应该包括教学目标、教师的主要教学行为、对应的教学技能、学生的学习行为、演示器材、媒体和时间分配等项目，指导教师可以设计好模板，发给学生用于教案设计，模板如下。

_____微格教案设计

一、教学对象

二、教学目标

三、重点、难点

四、教学方法

五、教学环境、材料准备

六、教学设计

时间控制	环节	教师行为	学生行为	教学技能	媒体/工具

第五节　微格教案编写的实例

根据以上微格教学设计的原则和要求，本节选择某理工大学汉语国际教育专业学生在微格教学训练时编写的真实教案设计案例，供读者学习参考、体会和模仿。

案例1　语言教学技能训练（辅助技能：讲解教学技能）

<u>"计划"的概念和含义微格教案设计</u>

（学科门类：中国语言文学）

一、教学对象

高级汉语进修班学生（外国留学生）。

二、教学目标

（一）掌握计划的概念和含义。

（二）通过对"计划"的理解，能够使学生对自己今后的生活、学习有所计划，能够在以后的日子里实现自己的理想，树立积极健康的学习、生活态度。

三、重点、难点

（一）重点："计划"的两种含义。

（二）难点："计划"两种含义的区别。

四、教学方法

讲授法、举例法。

五、教学环境、材料准备

（一）教学环境：多媒体教室。

（二）材料准备：教材，笔记本；要求学生预习课本71～75页的内容。

六、教学设计

时间控制	环节	教师行为	学生行为	教学技能	媒体/工具
2分钟	导入	在现实生活中，生活环境日新月异，人们常常会以"计划赶不上变化"为理由而不做计划。实际上，不管是组织还是个人，无论是生活还是工作都需要计划，越是面对快速变化和无法预知的环境，越要主动掌握自己的命运。计划很重要，下面我们来看看计划的概念和含义	听讲、思考	提问技能	无
3分钟	计划的概念	用准确、易懂的语言解释"计划"的概念：计划是根据社会的需要及组织的自身能力，通过计划的编制、执行和检查，确定组织在一定时期内的奋斗目标，有效地利用组织的人力、物力、财力等资源，协调安排好组织的各项活动，取得最佳的经济效益和社会效益	听讲	语言技能	多媒体、PPT
4分钟	计划的两种含义	用准确、明了的语言有先后顺序（由易到难）地阐述计划的两重含义，其一是计划工作，是指根据对组织外部环境与内部条件的分析，提出未来一定时期内要达到的组织目标及实现目标的方案途径；其二是计划形式，是指用文字和指标等形式所表述的组织及组织内不同部门和不同成员，在未来一定时期内关于行动方向、内容和方式安排的管理事件（在讲解计划的含义与概念的区别时注意语调的调整）	听讲	语言、讲解技能	多媒体、PPT
1分钟	小结	学习了计划的含义，不知道大家有什么感触。计划是成功必不可少的，希望在以后的日子里各位同学对自己的生活有所计划。今天的作业是，请写一份自己对毕业以后的计划，规划自己的人生，争取离成功更近一步	思考	语言技能	无

案例2　提问教学技能训练（辅助技能：讲解教学技能）

<u>名词"以前""以来""以内""以后"的区别微格教案设计</u>

（学科门类：中国语言文学）

一、教学对象

汉语国际教育专业大学一年级学生。

二、教学目标

（一）理解每个名词所表达的意思。

（二）能够发现"以前""以来""以内""以后"的不同之处，加以区分，能熟练运用。

三、重点、难点

（一）重点：学会运用这4个词语。

（二）难点：学会区别运用这4个词语。

四、教学方法

演示法、讲解法、直接法。

五、教学环境、材料准备

（一）教学环境：普通教室。

（二）材料准备：教材、黑板、粉笔。

六、教学设计

时间控制	环节	教师行为	学生行为	教学技能	媒体/工具
30秒	导入	各位同学：看看黑板上这几个句子，有谁能告诉老师有什么特殊的地方吗？	回答问题	提问技能	黑板
1分钟	问题情境	1. 画线的词语有什么不一样？ 2. "以前"都指"过去"吗？"以后"都是表"将来"吗？	思考、回答问题	提问技能	黑板
2分钟	新课讲解（时段、时点）	1. 分析上例给出来的句子，找到其特殊的地方，总结问题。 2. 同学们有谁知道什么是"时段""时点"吗？ 3. 这个问题是解决前两个问题的根本，所以，我们要先弄清楚"时段""时点"两个概念。时段是指一段时间，如6年、5个月、3小时等，"时点"是指具体的时间点，也就是什么时候，如2014年、5月、10点等。	听讲	讲解技能	黑板
1分钟	问题情境	同学们看看以上的句子，看看句子里说的是时段还是时点？	回答问题，积极配合	提问技能	黑板
30秒	问题情境	同学们看看以上的句子，看看句子里说的是时段还是时点？	回答问题，积极配合	提问技能	黑板
2分钟	进一步讲解时段	利用水平坐标图，画出"以前""以来""以内""以后"的位置，从中很容易发现：在没有别的时间参照点的时候，"以前""以来"表示的是说话前的时间；"以内""以后"表示的是说话之后的时间（举例说明）	听讲、思考	讲解、板书技能	黑板

续表

时间控制	环节	教师行为	学生行为	教学技能	媒体/工具
1分钟	进一步讲解时点	同样,黑板上画出水平坐标系,清晰明了"以前""以来""以内""以后"的区别。"以前""以后"还可以单用;"以来""以内"不可以;等等	听讲	讲解、板书技能	无
2分钟	巩固练习	大家看看以下这些练习题,请同学起来回答并用"以前""以来""以内""以后"填空: 1. 我现在出去一下,估计10点_____回不来。 2._____ 你可不能再这样下去了。 3. 我也不了解他_____是什么样的。 4. 今天是8月25日,3天_____,也就是28日_____,我一定答复你。 5.……	回答、练习	提问、示范技能	无
30秒	总结	这节课内容学完了,我们总结一下吧,大家再看看"以前""以来""以内""以后"这4个词明白了吗?有谁可以起来告诉大家一下吗?	回答问题	提问技能	无

案例3 板书教学技能(辅助技能:组织教学技能)

<u>计算机存储容量的换算方法微格教案设计</u>

(学科门类:计算机科学与技术)

一、教学对象

大学一年级本科生(外国留学生)。

二、教学目标

(一)计算机存储容量的基本概念。

(二)学会运用换算规则进行简单计算。

三、重点、难点

(一)重点:计算机存储容量级差(以二进制为基础)。

(二)难点:计算机存储容量的换算方法。

四、教学方法

举例法、讨论法。

五、教学环境、材料准备

(一)教学环境:普通教室。

（二）材料准备：黑板、粉笔、课本、草稿纸。

六、教学设计

时间控制	环节	教师行为	学生行为	教学技能	媒体/工具
2分钟	简介	同学们：计算机存储信息的大小，最基本的单位是字节（B），一个汉字由两个字节组成，字母和数字由一个字节组成。平时大家听的 MP3 多用兆字节（MB）来表示，移动硬盘常用 GB 和 TB 表示	听讲	导入技能	无
3分钟	计算机存储空间换算方法	计算机存储容量的单位从小到大依次是：字节（B）、千字节（kB）、兆字节（MB）、吉字节（GB）、太字节（TB）。它们之间的关系是（在黑板上写出）：1 TB=1024 GB；1 GB=1024 MB；1 MB=1024 kB；1 kB=1024 B	听讲、思考	板书技能	多媒体，PPT
4分钟	换算实践	在黑板上写出以下3个题目： 1. 256 K=？TG 2. 2.2^2 GB=？K 3. 1/16 MB=？K 组织3个同学到黑板上换算存储容量，其他同学在草稿纸上计算	讨论、课内实践	板书、组织技能	多媒体，PPT
1分钟	总结	对于换算不正确的学生，在黑板上写出正确的换算过程，并加以指导	思考	板书、演示	黑板

案例4　演示教学技能（辅助技能：提问教学技能）
颜色微格教案设计

（学科门类：中国语言文学）

一、教学对象

初级汉语进修班学生（外国留学生）。

二、教学目标

（一）从日常生活中的颜色入手，学生学会和掌握描述颜色的生词，能说出图片卡中对应的颜色是什么（红色、黄色、蓝色、绿色、黑色、白色）

（二）学生能准确读出每种颜色。

（三）教会学生运用"这是什么颜色？这是蓝色"句型，并能举一反三造句。

三、重点、难点

（一）重点

1. 会拼、会读描述颜色的生词。

2. 识别和准确说出演示的颜色是什么。

（二）难点

关于颜色的句型：问：这是什么颜色？

答：这是红色。

四、教学方法

演示法、谈论法、游戏法。

五、教学环境、材料准备

（一）教学环境：普通教室。

（二）材料准备：红色、黄色、蓝色、绿色、黑色、白色、粉色、橙色的纸或者卡片，吸铁石，粉笔，黑板。

六、教学设计

时间控制	环节	教师行为	学生行为	教学技能	媒体/工具
1分钟	导入	请大家说说在我们的日常生活中你知道的颜色有哪些	思考、回答	导入、提问技能	无
3分钟	学习生词	找一些教室里有颜色的物品，问学生这是什么颜色，然后告诉他们正确的读法，并把准备的颜色卡纸贴在对应的粉笔字上		演示技能	教具
2分钟	巩固生词	随机抽取一张有颜色的卡片，并让学生当场识别是何种颜色，谁最快就能赢得一面小红旗，最多小红旗的赢得奖励	游戏	演示、强化技能	卡片、小红旗
3分钟	学习句型	先学习"这是什么颜色"句型，分开是什么意思，最后把它连成一句话，这是什么颜色。让学生分组上台进行对话	讨论、实践	无	无

案例5 变化教学技能训练（辅助技能：组织技能）
暗示性的概念微格教案设计
（学科门类：心理学）

一、教学对象

大学本科一年级学生（公共选修课）。

二、教学目标

（一）通过课堂小实验，让学生了解暗示性这个心理现象。

（二）掌握暗示性和催眠之间的关系。

三、重点、难点

（一）重点：暗示性的基本特点。

（二）难点：影响暗示性强弱的因素。

四、教学方法

演示法、实验法。

五、教学环境、材料准备

（一）教学环境：普通教室。

（二）材料准备：两个空瓶子、水、餐巾纸。

六、教学设计

时间控制	环节	教师行为	学生行为	教学技能	媒体/工具
3分钟	课堂实验一	请3位同学到讲台上完成实验一：将两种无色液体放在准备好的瓶子中，事先告知全班同学：其中一瓶是蒸馏水，另一瓶是食醋。要求3位同学通过闻瓶口判断哪瓶是水，哪瓶是醋。记录实验结果	观察、讨论	组织技能	瓶子、水
2分钟	课堂实验二	请2位同学到讲台上来完成甩手实验：先向学生演示甩手动作，并告知同学当老师说停的时候，双手就定格在停的位置，记录实验结果	观察、思考、讨论	变化、组织技能	无
3分钟	课堂实验三	请1位同学到讲台上来完成皮肤实验：在受试者的皮肤上贴一片湿纸，并声称这是一种具有特殊功效的纸，能使皮肤局部发热，要求受试者用心感受那块皮肤的温度变化。十几分钟过去之后，将湿纸取下，受试者被贴处的皮肤果然变红，摸上去还发热	观察、讨论、思考	变化、组织技能	餐巾纸、水
2分钟	总结	揭示3个实验结果：实施心理暗示后，都有同学不同程度地接受暗示，实验一中的两个瓶子中其实放的都是自来水；实验二中叫停后，部分同学还会一直做甩手动作，直至完全反应过来后才停下动作；实验三中的湿纸是一张普通纸，是心理暗示的作用使皮肤发生了变化。从而引出暗示性的概念	思考	讲解技能	无

案例6 强化教学技能训练（辅助技能：讲解、组织教学技能）

"又……又"的语法分析微格教案设计

（学科门类：中国语言文学）

一、教学对象

中级汉语班的泰国学生。

二、教学目标

（一）学习并熟练掌握"又……又"的使用方法，并可以用其描述苹果、头发等事物。

（二）通过游戏的方式巩固学生的学习效果。

三、重点、难点

（一）重点："又……又"的用法。

（二）难点：用"又……又"造句。

四、教学方法

图片法、游戏法。

五、教学环境、材料准备

（一）教学环境：普通教室。

（二）材料准备：制作和准备带有所教学内容相关的卡片与教学图片、黑板、彩色粉笔和粉笔擦。

六、教学设计

时间控制	环节	教师行为	学生行为	教学技能	媒体/工具
2分钟	导入	老师通过表达：今天早上老师没有吃早餐。今天早上老师没有喝水。来引出老师现在又饿又渴。从而引出"又……又"	回答	导入技能	板书
3分钟	讲解	将相关图片示意给学生观察，配合手势和教具。老师说出大、漂亮、黑、长等形容词，学生根据提示举出例子	识记、回答	讲解、组织技能	手势运用，板书
3分钟	游戏	把写有漂亮、可爱、大、小等词的卡片发给同学，老师同时说可爱和漂亮，拿到卡片的同学站起来一齐说又漂亮又可爱等	游戏	强化、组织技能	卡片
2分钟	巩固练习	同学间相互练习、造句，带领学生一起复习"又……又"的知识	巩固练习	强化技能	无

案例7　导入教学技能训练（辅助技能：导入、板书技能）

巴甫洛夫经典反射原理微格教案设计

（学科门类：教育心理学）

一、教学对象

汉语国际教育专业大学三年级学生。

二、教学目标

（一）理解并掌握经典反射原理，能应用条件反射原理解释、解决生活中实际问题。

（二）培养学生善于思考、善于发现问题、解决问题的态度。

三、重点、难点

（一）重点：如何应用条件反射原理解释生活中的学习现象。

（二）难点：掌握经典条件反射的3个阶段。

四、教学方法

演示法、举例法、实验法。

五、教学环境、材料准备

（一）教学环境：普通教室。

（二）材料准备：粉笔，经典条件反射原理的实验图片、案例。

六、教学设计

时间控制	环节	教师行为	学生行为	教学技能	媒体/工具
1分钟	复习	提问式简单复习反射的概念	思考、回答	导入技能	粉笔、黑板
3分钟	实验	步骤一：老师请一位同学到黑板前，当老师说"写"时要求该同学用粉笔在黑板上画一横，同时老师说"写"时，会拍学生一下；步骤二：动作重复20次；步骤三：第21次，教师不说"写"只是拍学生一下；步骤四：观察学生的行为（依旧多画了一横）	实验同学按老师指导步骤操作，其他同学观察、思考	导入、演示技能	粉笔、黑板
4分钟	分析	分析学生的行为：1."写"：无条件刺激；写字：无条件反应；教师拍学生：中性刺激无反应。2.无条件刺激（"写"）+（中性刺激）拍——（无条件反应）写字。3.条件刺激（拍）——条件反应（写）	听讲、理解	导入、板书技能	粉笔、黑板
2分钟	启发环节	1.教师讲解某明星戒毒案例；2.启发学生自己分析经典条件反射的阶段；3.请同学来写出分析；4.教师评价	思考、讨论、回答	讲解、强化技能	无

案例 8　讲解教学技能训练（辅助技能：语言、PPT 制作技能）

韵母学习微格教案设计

（学科门类：中国语言文学）

一、教学对象

初级汉语进修班学生。

二、教学目标

（一）掌握汉语拼音韵母的正确发音。

（二）运用韵母进行熟练的认读。

三、重点、难点

（一）重点：a、o、e、i、u、ü 语音认读。

（二）难点：区分 a、o、e、i、u、ü 的发音方法。

四、教学方法

听说法、视听法、练习法。

五、教学环境、材料准备

（一）教学环境：多媒体教室 PPT。

（二）材料准备：白板、彩色粉笔、拼音卡。

六、教学设计

时间控制	环节	教师行为	学生行为	教学技能	媒体/工具
2分钟	导入	向学生讲解学习韵母的重要性，并简单提问，用 PPT 向学生展示 5 个韵母的样子	听讲、记忆	导入、PPT 制作技能	PPT
6分钟	讲解	根据 PPT 带领学生认读拼音，打开 PPT 里面的多媒体，让学生听，每次听一个记一个	跟读、记忆、模仿发音	讲解、演示技能	多媒体、板书
2分钟	游戏	组织分小组训练学生迅速记忆拼音读写方式，采取奖励惩罚模式提高学生学习兴趣	参与游戏	组织、强化技能	多媒体、拼音卡

案例9 组织教学技能训练（辅助技能：语言、PPT制作技能）

数字"1"到"10"的发音与运用微格教案设计

（学科门类：中国语言文学）

一、教学对象

初级汉语进修班泰国留学生。

二、教学目标

（一）认读并熟练掌握数字从1到10的汉语读音。

（二）运用"一"到"十"进行简单交际。

三、重点、难点

（一）重点："二、三、四、六、七"的准确发音。

（二）难点：熟记汉语数字的读音。

四、教学方法

试听法、游戏法、演示法。

五、教学环境、材料准备

（一）教学环境：普通教室。

（二）材料准备：粉笔、黑板、粉笔擦。

六、教学设计

时间控制	环节	教师行为	学生行为	教学技能	媒体/工具
2分钟	导入	1. 在黑板上写上阿拉伯数字"1"到"10"； 2. 问学生泰语的读音是什么？	回答、思考	板书技能	黑板、粉笔
3分钟	领读	1. 在阿拉伯数字下面写上汉字的"一"到"十"，然后进行对比教学； 2. 带读汉语的数字，带领全班齐读； 3. 教授数字一到十的对应手势动作	观察、模仿发音	组织、演示技能	黑板、粉笔
3分钟	练习	1. 指着数字，学生齐读，先读汉语再读泰语； 2. 抽点学生起来单独读出数字（3~6人）	回答、模仿	组织技能	黑板、粉笔
2分钟	游戏	用手势比出数字，学生根据老师手势读出相应数字的汉语读音，老师比手势的速度会越来越快。过关的同学给予表扬	游戏	组织、强化技能	无

案例 10 结束教学技能（辅助技能：提问、组织教学技能）

代词 all、both、either 和 neither 的用法微格教案设计

（学科门类：外国语言文学）

一、教学对象

初中二年级学生。

二、教学目标

（一）掌握 all、both、either 和 neither 的基本词意，分析其在语句中所要表达的含义。

（二）举一反三，运用 all、both、either 和 neither 造句。

三、重点、难点

（一）重点：all、both、either 和 neither 的区别。

（二）难点：all、both、either 和 neither 的区别和用法。

四、教学方法

演绎法、讲授法、练习法等。

五、教学环境、材料准备

（一）教学环境：普通教室。

（二）材料准备：粉笔、黑板、粉笔擦、讲义、图片。

六、教学设计

时间控制	环节	教师行为	学生行为	教学技能	媒体/工具
2分钟	导入	1.通过图片、教具等材料表达句子意思以突出所讲授词语的区别； 2.提问学生句子意思是否有差别	跟读、观察、思考、回答	讲解、组织技能	教材、板书、图片
3分钟	讲解	通过板书强调所学内容；举出更多例子进行分析，促进学生理解和加强记忆	做笔记、思考、提问	讲解技能	板书、教材
2分钟	练习	安排学生在规定时间内运用所学知识进行造句，可讨论交流	思考、讨论、提问、回答	强化、变化技能	板书、教材、课堂作业本
2分钟	反馈	安排学生上交造句的结果；抽取部分典型作业进行点评	课堂作业	结束技能	课堂作业本
1分钟	总结	复习本节课所学内容	复习	结束技能	无

>>> 本章作业

一、问答题

1. 微格教案设计的要点有哪些?
2. 微格教案设计的主要内容有哪些?
3. 微格教案还应考虑哪些因素?
4. 微格教学设计的一般模式包括哪 7 个共同特征?
5. 微格教案编写的具体内容是什么?
6. 微格教案设计的具体步骤有哪些?
7. 按教师要求,编写一些教案,并进行训练。

二、练习题

1. 按教师要求编写课堂教学能力训练微格教学教案。
2. 按教师要求编写课堂调节能力训练微格教学教案。
3. 按教师要求编写课堂扩展能力训练微格教学教案。

第十章 微格教学的实施

微格教学是教学技能技巧培训的实践活动,是在现代教育理论指导下实施的特殊教学实践环节,所以在实施微格教学之前,受训者自身必须先学习有关微格教学基本原理、现代教育教学理论、课堂教学技能、教学方法和教学设计等方面的一系列知识,分析教学目标、教材和学情等。特别是要搞清楚微格教学与传统教学的区别。微格教学把完整的教学过程分解为提问、导入、板书、演示、讲解、组织和结束等简单的单项教学技能,并把这些作为微格教学的训练目标,使它与传统的课堂教学录像也有本质的区别。受训者做好了理论知识的储备之后,头脑中便形成一定的认知结构,这有利于以后微格教学有效地实施。本章将对微格教学的实施现状、一般过程、实施中存在的问题及实施策略做相关阐述。

第一节 实施微格教学的现状

因研究的角度、标准不尽相同,研究的国情背景不同,微格教学实施存在不同的类型。微格教学是一项细致的教学工作,要有效地提高受训者的教学技能,首先必须掌握中国微格教学实施的现状,其次分析微格教学实施的一般过程,依据微格教学训练教学技能的特点和要求,设计组织微格教学的实施程序和具体的训练步骤。

一、微格教学实施的情况

从20世纪60年代微格教学产生以来,中外专家学者依据不同的标准进行了微格系统研究和实验,形成了几种具有代表性的微格教学类型:完善行为型(如斯坦福模式、动力技能模式、芝加哥模式)、技能细部构成型(如悉尼模式）、社会心理学型（如新乌斯特大学模式）、认知结构型（如新斯坦福模式）。由于各国大学进行微格教学的培养目的不同，所依据的理论观点和理论基础不同，各种类型之间也就存在着一定的差异，但在斯坦福模式中的教学技能划分和微格教学中体现的科学方法论及相关做法，在各国实施微格教学的过程中被保留下来。

自微格教学传入中国以来，微格教学在中国不断普及和发展，已然成为师范生、准师范生和教师基本教学技能培训的重要方法之一。目前，中国各师范院校都开设了微格教学课程，不少师范院校已经成为教师培训课程的必修课程。以某理工大学为例，学校为汉语国际教育专业本科开设了《微格实训》课程，该课程属学科专业实践课，并把该课程确定为该专业培养方案中的核心实践课程。此外，在教师的继续教育方面，微格教学也广泛应用在各级各类的教育学院和进修学院的教育机构中，并且微格教学在各学科方面进行了深入的研究与探索。

经多年的探索和实践，目前中国师范院校对微格教学的实施过程可归纳为如下7个步骤（简称经典7步式）。

（1）微格理论学习：通过理论学习形成一定的认知结构，利用学习内容的同化，提高学习效率，以促进学习的迁移。对未参与过教学实习的师范生来说，需要研究学习的内容主要有：教学技能分类理论、现代教学理论、微格教学理论、教学设计及教学评价等理论。

（2）确认训练目标：在进行微格教学之前，指导教师应该向受训者讲清楚本次教学技能训练的具体目标、要求，以及该教学技能的类型、作用、功能、典型事例运用的一般原则、使用方法及注意事项等。

（3）微格示范观摩：为了增强受训者对所培训的技能的形象感知，应提供生动、形象和规范的微格教学示范影片或由教师现场示范。示范可以是优秀的典型，也可利用反面教材，但应以正面示范为主。要注意培养受训者勤于观察、善于观察的能力，吸收、消化他人的教学经验的能力。

（4）微格教案编写：在整个微格教学过程中最重要的步骤莫过于设计微格教案，它为试教过程提供良好准备，在确定了教学计划和目标之后，受训者就应该根据自己设计的目标、方法、对象和内容来实施教学设计并编写教案。

（5）微格教学训练：即角色扮演，这是微格教学实践中的重要环节，学生按一小组3～5名成员组成微型课堂，模拟课堂教学，一名学生扮演教师

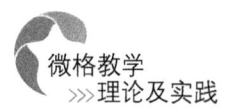

角色，登台授课，其余的人扮演学生角色，配合试教者进行课堂教学；同时，通过摄像设备记录微型课堂的教学实况，具体讲课时间根据教学技能的要求而定，一般 10～15 分钟。

（6）师生反馈评价：反馈评价是微格教学中最关键的一步，在试教结束后由指导老师和受训者自己观看被记录的教学录像，从中找到优点和不足之处，对此做出客观真实的评价。若能达到预期的目标，则进入下一阶段训练；若没有达到目标，则根据实际产生的问题，重新训练，之后再次反馈评价，直至达到训练目标为止。

（7）技能综合训练：在完成各单项教学技能之后，要将各单项技能结合起来形成综合技能，而综合技能的展示是一位老师的综合素质的体现，努力提高综合技能就要对其进行综合训练，综合训练是将各单项技能灵活运用的一种训练方式，促进受训者的整体水平的提高。

经典七步式微格教学实施模式的优点：一是人数少，便于控制和管理。教学班级人数少，最多不超过 10 人，保证每个学生都有充分的机会得到训练和个别辅导。二是学习规模小、参与性强。每次上课的时间在 10～15 分钟以内，容易完成预定计划。三是受训者均有机会登台讲课，体验作为老师的感受。并可以灵活调节老师和学生之间的角色，学习其他受训者的教学技能优点和长处。四是微格教学具有可重复性。通过录像反馈和小组评价，受训者容易发现自己的不足，扬长避短。

二、微格教学存在的问题

从 40 多年各学校实施微格教学的实践经验看，中国微格教学实施过程中存在以下问题。

（一）对新兴教学技能的研究不够充分

目前，大部分微格教学的技能训练还只限于导入技能、板书技能、讲解技能、结束技能、演示技能等传统的技能训练框架，缺少现代教育教学的特色，如云端操控技能、PPT 制作技能等，无论是在微格训练教材还是在训练内容上都没有体现，同时传统的微格教学技能体系强调的是教师为本位的训练内容，与当前的要关注学生的新兴理念和日常学习技能要求是不相适应的。相当一部分师范学生不能适应新的教学要求，在教学工作中往往考虑不到学生的感受，自己讲自己的，忽略学生的感受，不具备指导学生开展探究式、合作式学习的教学技能，不具备合理地运用现代教育技术组织教学的技能等，所以，必须结合当代教育技术和理念，对微格教学的教学技能内容进行重新开发与建立，才能够适应当前的教育现状。

（二）对微格教学理论的指导不够重视

这个问题的存在主要是由于对微格教学安排的学时太少，有些高等师范院校甚至直接不开设相关课程。例如，某些师范学院只开设34学时的《微格教学实践》课，学生们没有足够的时间进行实践，更不用说理论的学习。相反，欧美等一些国家和中国微格教学学时数形成鲜明的对比。例如，英国的周学时为5个、总学时为210个，澳大利亚悉尼大学的周学时为4个、总学时为52个等。提高教学技能是一个缓行的过程，不可一蹴而就，因为学时紧张，导致教师不能花费大量的时间进行具体的理论指导与观摩，学生们也不清楚微格教学的真正目的与内容，甚至不了解微格教学的基本环节及关键因素，就匆匆走上讲台。由于没有深入理解微格教学的实质，导致学生在微格教学初期只体会到录像很有意思，而没有得到真正的教学训练。也由于时间限制，许多学生对讲课只是处于一个模仿的阶段，对具体的技能理论并不了解，只有依葫芦画瓢，微格教学实践流于形式，走过场，训练结果差强人意。因此，只有重视微格理论基础，安排足够的学时和教师加强指导，才能够保证实践教学水平的提高。

（三）对学生在训练中的权利不够尊重

当前微格教学的训练方式大多数还是学生在台上讲自己对文本的理解，讲得明白、透彻就是好课，这是传统的以教师为中心的授课思想的体现，与学生的互动较少，对引导学生创新与体验缺乏指导。在传统教学中，这种微格教学的训练模式对于培养合格的"一言堂"的教师是有效果的。但是，当代新兴的课程观发生了转向，倡导自主、合作、探究的教育理念；教材只是教师执教的范例，师生教学对话的一种辅助材料而已，这就意味着在课堂上师生有权力对教材上的文本进行重新诠释；师生之间是平等的关系，教学过程是共同解读文本的过程。现行的微格教学，使学生的教学技能训练不足，难以生成教学经验，感受不到一个真正的教师应该具有的素质和应尽的职责。因此，必须改变以教师为中心的训练方式，多从施教对象的角度考虑问题，才能够保证微格实践教学水平的提高。

（四）对实施微格教学的模式不做变化

传统的微格教学的教学技能体系的构建是在"教师传授，学生接受"的教学框架下形成的，主要以经典七步式为主，师范生为达到知识积累和基本技能训练的目的，在教师的指导下反复练习，然后循环，再强化，最后总结。这种只在一段时间内集中进行微格教学，会使学生有一种疲劳感，使微格教学陷入模式化、单一化的泥潭，培训效果差强人意。所以，微格教学的实施应该分阶段、分层次、理论与实践相穿插，这样具有变化的微格教学才会更有效果。

（五）对新理念教学策略不太了解

学生在训练的初期，因为受经验的限制和自己以前教师授课的影响，有唯教材、教参是瞻的倾向，主要体现在学生设计的微格教学教案中，把教材或教参上推荐或参考的教学过程照搬过来，而在执行的过程中，更是依据传统理念，没有个人的体验与感悟，纠结于知识的灌输与答疑。学生根本没有进入到文本中去，看不到他们独特的分析与解读。在这种情况之下，微格教学流于形式。因此，微格教学的教学策略迫切需要和新的教育教学环境相适应，也就是需要对学生进行当代教育思想教育和新教学技能及教学策略的指导，这样才能使学生更快地接受新理念，成长为适应时代的教师。

（六）微格实验器材不够先进

目前部分院校的微格教学实验硬件设备陈旧，教学环境不佳。随着科技的不断发展，微格教学实验硬件设备应给予提升和改造，淘汰陈旧设备，引进先进技术，特别是"智能实验室""云处理"等新技术，避免造成微格实验条件与微格教学实践的脱节，无法完成基于现代高端教育技术的各类教学目标，从而制约了微格教学的进一步发展。

第二节　实施微格教学的策略

微格教学是教师教育微观研究的产物，是在集中了20世纪60年代以来教师教育中各种教学技能训练优点的基础上，灵活地运用现代科学技术、遵循教育教学规律，不断地对教学进行研究和设计，逐步丰富、完善和演变而成的。它是一种行之有效的教师职业技能培训方法，微格训练吸收了新的教育观念、思维和方式等，能对受训者产生潜移默化的作用。

但是，由于历史的原因和受传统教育思想与教学观念的束缚，特别是微格教学的实施要涉及多种教育理论课程、教学内容、教学方法、现代化教学手段等一系列因素的改革及教学计划和教学时间的调整，其中既需要大批熟悉微格教学的师资力量，又需要从事教师教育的教师和学生积极自觉地参与及配合，同时还要有现代化的科技手段和仪器设备的投入。可见，任务艰巨，责任重大，困难不少。为了真正实现培养当代合格教师的目标和规格，培养出既有扎实的专业基础知识，又熟练掌握教学技能，适应未来教学工作需要的教师，高等师范院校必须重视对学生进行严格的教师技能训练，重视对微格教学的组织、协调和实施，激发全体师生参与教学的全过程，这是微格教学取得成功的关键和保证。

一、微格教学的注意事项

从具体情况看，学校的财力、物力和人力明显制约着微格教学及其基础设施的投入。同时，微格教学课时的短缺也成为影响微格训练的重要因素之一。从客观上讲，一时还不能改变外部环境对微格教学的影响，因此，微格教学的实践则更多考虑如何利用有限的教学资源通过激励内部机制，处理好以下关系来提高微格教学质量和效果。

（一）处理好理论学习和技能实践的关系

微格教学实践表明，必须在教学中坚持以理论学习为先导，技能训练为主线的实用方法，才能取得技能培训的最佳效果。理论学习是技能训练的基础，而技能训练又是将理论与实践相结合的重要环节，处理好这两者的关系，是提高微格教学质量的关键。

所以在微格教学中，绝不能把理论束之高阁，要把理论与训练实践紧密结合起来，突出技能训练这一主线。技能训练的本质是人类改变自身的自然素质而进行的一种有目的的活动和实践，教师或师范生要熟练掌握和灵活运用教学技能，实现从多方面改进自身的教学素质，离不开在理论指导下有目

的、有计划和具有特定技能目标的训练过程。

（二）正确把握教学法与微格教学的关系

微格教学作为新型的教学技能训练方式，对学科教学法的实践环节训练有举足轻重的作用，但教师也会因此盲目地将大量的教学法理论学习时间用于微格教学的训练，忽视了教学法本身基础理论的重要性，使得师范生在进行微格训练时缺乏必要的理论支持；在修正错误时，缺乏确切的理论依据，从而造成训练效果不稳定，训练内容不深入，所以，一定要处理好学科教学法与微格教学的关系。

（三）厘清教师主导与学生主体的关系

学生是微格教学的主体，但是，学生实际的教学经验、技巧比较缺乏，教学内容的选择、教学进程的安排、训练效果的反馈评价都离不开指导教师的帮助，所以指导教师必须发挥主导作用，从学生实际情况出发，遵循学生的学习规律，在训练前期指导学生完成各个教学技能的理论学习；在训练过程中，指导学生进行训练；在训练后期，引导学生完成反馈评价和方案再修改、再训练工作。

从微格实训全过程来看，学生在教师的指导下，始终处于自觉主动的训练当中，并形成深刻的体会，逐步掌握各种教学技能。教师从学生具体情况出发，与学生一起讨论，指导学生进行科学、合理的教学设计，让学生自己去尝试、训练、分析评价，在相互合作、讨论过程中获得思路和灵感。

（四）处理好信息技术与教学技能的关系

微格教学系统是一个科学化、信息化的有机整体，要发挥好信息技术在微格教学实施过程中的作用，就要合理地处理教学技能与信息技术之间的关系，进一步优化教师技能训练的效果。

未来的微格教学已经脱离了时空的限制，甚至国外某些高校已经实现了智能化的微格教学系统，指导教师和学生实施微格实验不一定在物理受限的实验室内完成，微格训练期间要求训练的教学技能呈现方式多元并无固定模式，只有将现代信息技术和教学技能有机地结合在一起，整个微格教学系统的功能才能得到充分的体现。

（五）利用好教师评价与学生自评的关系

在微格教学评价过程中，教师的点评很重要，它能够突出重点，找准关键和要点。教师对学生在微格教学训练中的成绩也要言明，肯定优点，指出缺点，提出改进方案措施，增强学生的信心，以进一步完善方案。但是，教师的评价绝不能代替学生的自评，学生自评是学生在亲身体验的基础上做出的，它可能是正确的，也可能是错误的或片面的，教师对正确的评价要肯定，对错误、片面的评价要耐心说服，讲清道理，使学生口服心服，并由此提高学生的评价意识和对教学效果的观察评价能力，使受训学生充分了解认识自己，从而进一步提高自己的教学水平和能力。

二、微格教学的实施策略

在实施微格教学时，有多种因素会制约微格教学的组织实施，其主要包括外部环境和内部机制两个方面。外部环境即影响微格教学有效实施的教学场地和硬件配备，课时比重等；内部机制则是指师生在试教经验方面所表现出的素养问题，包括师生对微格教学基本理论的掌握程度；师生对微格教学内容、教学技能的熟悉、熟练程度；受训学生的师生观；受训学生的教学情境创设能力；微格教学中教师的指导水平及评价指标体系的合理性和科学性。因此，在微格教学训练准备时，应该考虑以下的基本策略。

（一）要构造微格教学的全系统框架

教学过程再复杂，也是由许多环节和因素构成的一个整体活动，它是一个多因素动态运行的系统。由于微格系统教学采用片段练习方式，极易使之零碎、不成系统，搞得不好，会只见环节，不见链条。它在传统上通过教师的指导，运用先进的现代媒体与信息技术，记录学生的教学行为。用微格教学的方法是受训者认识课堂教学行为的过程，首先着眼于教学过程的感性认识（观摩），再到理性认识（教学技能应用），最后综合应用于实践中。从宏观上，我们使教师、学生、教学环境相互联系，构成动态的有机整体，在系统组织过程中，学生学习相关教学理论，结合各项原则达到各部分的最优化，实现课堂教学的总目标。从微观上看，每种具体技能的熟练掌握促进整节课高效率进行。教学技能的微型结构涉及理论学习、示范观摩、编写教案、具体演练、反馈评价、分析改进、再次演练的分层训练。再从结合出发，组织学生开展试教，构建整体联结途径，应采取整—分—合的方法，通过观察、训练、反馈、再循环、试教几个环节，逐渐塑建教师教学能力的完整体系。

（二）要构建基于网络的数字化评价平台

网络环境强大的交互性、广泛的共享性、数据收集管理的便捷性，为数字微格教学技能评价创造了传统评价环境不可比拟的优势。首先，基于网络技术的评价突破了评价主体的限制，将传统教师及组内学生的简单评价转变为多维度、多层次的交叉式评价。其次，网络平台的开放性，消除了时空限制，评价主体可选择自己最适合的时间，在办公室或网络教室等任何可接入网络的地点进行评价，并在评价过程中与学生网上交流，保证评价质量。再次，评价主体与评价客体的准分离状态克服了传统面对面评价中碍于面子、避重就轻的弊端。学生可以坦然地面对同班同学的训练实况，发表自己的感悟，保证评价的有效性。

（三）要形成科学的评价体系

目前微格教学技能评价中，大部分教师不使用规范的评价表，学生之间的互评更是缺乏具体教学技能评价标准的引导，有的教师用自己临时设计的评价表进行评价，但学生没有参与评价表的设计过程，又缺乏对教学技能评价标准的学习和准备，导致对评价表的把握难免有偏颇。这样一来，评价就缺乏目的性，也不能充分调动学生参与评价的主观能动性。

此外，教学技能必须经过一系列的示范、练习、巩固、运用等方式才能最终形成，而形成技能的最终评价不是依靠经验或印象加以主观猜测，而是要追求科学的客观的评价标准，依靠形成性评价鼓励学生尽快建立教学技能体系。微格教学在遵循现代心理与教育测量的理论基础上，把每一个教学技能根据目标分类，制定评价标准，然后对每一位受训者的一系列教学行为进行分析评价，评价的目的不是对行为打分，而是指出改进的地方，这种评价执行性、操作性强。定量分析与指导教师的定性分析相结合，改变评价的单一性，提高精确性，又体现教学的整体性和艺术性。

（四）要提升反馈及反思力度

强调反思论主要是不断反思教育教学理念与行为，不断自我调整、自我构建，从而形成持续不断的专业成长，体现反馈和思辨的特点。反馈是现代化自动控制的重要概念，运用控制论达到对教学过程的最佳控制，是20世纪初苏联兰达提出的。他认为，教学目的在于使学生形成一定的心理过程和特性，心理过程是有规律的、可控制的，控制对象不仅是受控体，还是有高度自我组织能力的自控系统。这个反馈系统明确经过目的、控制程序、良好的反馈、决策等步骤。行为主义的代表人斯金纳说："教育就是塑造人的行为，有效的教学和训练的关键是分析强化的结果及设计精密的操作过程的技术。"

反思是微格教学技能评价的一个重要环节，多数学生都希望能看到自己和同学的评价结果，以进行课后反思。因此，可以利用网络省时省力等特点进行资源管理，为每位学生建立评价档案袋，收集并保存评价过程中的有关信息。评价档案袋全面收集评价资料，记录学生自我反思的历程，在横向和纵向比较中发现不足，在反思中寻找解决方法。

（五）要调整师生的教学状态

教学状态是教师的精神状态、教师仪表、教学语言、眼神、动作举止等的综合体现。由于学生缺乏教学经验和课堂管理经验，所以在微格教学实施过程中，往往会凭自己对教学的感性认识和原有的思维定式，不自觉地偏重对知识的讲解与灌输，而忽略了自身的教学状态在教学中发挥的作用。在实际的课堂教学中，教师饱满的精神状态往往会感染学生的学习热情，教师有效的肢体语言则更会展现教师的教学能力，如教师在启发、引导学生时，教师的情绪中充满着热情，眼神中饱含着鼓励，动作的停顿表达着期待，这些自含情感的肢体语言无形中会对学生产生激励的效果。

为了使这一策略得以落实，在教学实践中，指导教师在学生试教前可以先与学生交流，以激发他们的表现欲望和热情；试教后，指导教师与学生们一起对试教学生的试教录像进行回放，在学生自评的基础上，师生共同对其进行点评，并提出必要的建议，以引导试教学生对教学过程的改进与反思。

（六）要尽可能调动相关教学资源

随着高等教育的迅速发展，教师教育专业班级人数的增加，仅凭指导教师一人之力不能实现对全班学生有针对性的指导与反馈。教师或管理者可以通过调动相关的资源，顺利并有效地组织实施微格教学。

（1）选派"导生"参与微格教学指导，导生的加入无疑会为微格教学注入新的活力，不仅将同班微格教学成绩优异学生的表现展示给其他同学，还

使学生感受到一种新意和压力,同时也为微格教研提供了一个多元化的平台。

(2)结合要训练的教学技能,有效地调动微格教学场地中的各项教学资源,特别是一些新兴的教育技术,让学生在体验传统的学习方式之余,接触并接受适合未来微格教学发展的新技术,使微格系统中的各要素功能可以最大限度地体现出来,跟上信息化时代发展的步伐。

总之,微格教学只是有效培训教师和师范生的一种方法,并没有严格规定的步骤和程序,上面所描述的只是微格教学的一些基本问题。事实上,所有的模式都不是一成不变的,其理论的抽象程度和概括程度比较高,应用于实践时必须要坚持一个原则:具体情况具体分析,不同问题区别对待。

>>> 本章作业

一、问答题

1. 什么是微格教学的经典七步式?
2. 目前微格教学存在哪些主要问题?

二、思考题

1. 怎样看待微格教学实施的基本策略?
2. 实施微格教学应该注意哪些事项,遇到问题应怎样处理?

第十一章　现代多媒体教学手段

高等教育人才培养目标的实现需要借助于一定的技术手段。教育技术的变革势必会带来教育理念、培养模式、教学方法上的改变。纵观高等教育的发展过程，新技术、新媒体的出现都会引起教育的革命：造纸术和印刷术的出现、广播和电视技术的发展、计算机和网络技术的普及都引起了教育尤其是高等教育在量和质上的巨大变化。

第一节　课堂教学现代化综述

教学手段是师生教学相互传递信息的工具、媒体或设备。随着科学技术的发展，教学手段经历了口头语言、文字和书籍、印刷教材、电子视听设备和多媒体网络技术 5 个使用阶段。现代化教学手段是与传统教学手段相对而言的。传统教学手段主要指一部教科书、一支粉笔、一块黑板、几幅历史挂图等。现代化教学手段是指各种电化教育器材和教材，即把幻灯机、投影仪、录音机、录像机、电视机、电影机、VCD 机、DVD 机、计算机等搬入课堂，作为直观教具应用于各学科教学领域。因利用其声、光、电等现代化科学技术辅助教学，又称为"电化教学"。

一、现代化教学手段的发展

人类从传统教学模式过渡到现代化电化教学模式是在具备了相应的几个基础条件后才实现的：①社会发展基础。19 世纪末以来，世界人口激增带来巨大的入学压力；人类知识总量的激增与老化周期缩短对教育提出了挑战；高涨的民主运动对普及教育的要求等成为促进教学手段现代化的社会因素。②科学发展基础。神经生理学家 Brodmann 认为人的大脑功能分为 52 个功能区，Sprey裂脑实验研究中发现人的左右脑各有分工（左脑半球主要管理语言、逻辑思维；右脑半球主要管理形态结构、时间与空间）。心理学家Trechler关于感官与学习的关系研究发现，通过视觉、听觉、嗅觉、触觉、味觉而获得的知识分别是83%、11%、3.5%、1.5%、1.0%。这表明，各种感官都与知识的获得相关联，教学中应当调动学生的一切感官特别是视觉、听觉，最好的教学手段是视听结合，兼用形象与声音来呈现教学内容。③技术基础。自19世纪末以来，幻灯、电影、电视机、计算机等相继发明，并不断地在教学领域推广使用。这些现代化的科学技术直接地为教学手段的现代化提供了技术基础，正是这些现代科技把教学手段现代化变成了现实。

二、现代化教学手段的影响

由于现代化教学手段具有设备电子化、兼用形声呈现教学信息、对教学内容做一定的变换"处理"、教学的时间与空间适应性强等方面的特点，因此它的出现对教育产生了深刻的影响。

（1）冲击传统的教育结构、制度，促使现代教育体系的确立；拓展了教育的时空，使传统阶段教育向现代终身教育发展成为可能。

（2）引起教育内部的深刻变革，促使教育思想、教育观念的转变；引起教师与学生的教学行为的变化；把传统的教师—学生教学系统发展成为教师—教学机器（媒体）—学生的新型教学系统。

（3）发展教育内容的表现形式，增强教育、教学的吸引力；改变教科书的概念；提高了教育、教学的质量；降低了教育成本，增进了教育的效率。

由此可见，教学手段现代化是一种历史的必然，它对促进教育现代化具有重要的作用。因此，应当重视教学手段现代化的理论研究与实践运用，特别是在实践上如何卓有成效地推进教学手段的现代化进程。

三、积极应对教学的现代化

从辩证的角度看，传统教学手段与现代化教学手段各有优点与不足。现代化教学手段多长于知识的传授、智力发展，而短于品德、情感、审美教育，师生之间缺乏人际交往、情感交往，学生难以从教师那里受到思想、情感、人格、审美方面的熏陶和感染；现代化教学手段的使用还存在短于具体的技能、技巧的培养，对眼、耳的过度刺激有害学生的感官。因此，应当根据教学对象、教学科目、教学内容和教学条件等因素，具体情况具体分析，确定应该采取怎样的态度对待现代教学手段。

（1）正确看待教学手段现代化。对待传统教学手段与现代教学手段的态度应该是不可偏废，应当使传统教学手段与现代化教学手段有机整合协调发展；应当对传统教学手段与现代化教学手段做出科学的分析，对应当或必须使用现代化教学手段的课程内容做出硬性规定，要求教师必须使用现代化教学手段；而在需要教师运用传统教学手段的课程内容则要求教师尽可能使用传统教学手段。这样，不但可以起到发挥教师引导学生科学地利用现代化教学手段进行自学、学会自学的作用，而且也使教师能够对学生自学中由教学机器不能够回答的特殊问题进行个别的解答，也可预防学生利用现代化教学手段进行非常事件甚至犯罪活动等不良行为的发生。

（2）积极推进教学手段现代化。与早发内生型现代化的由下而上、通过漫长的自然演化使教育完成现代化有所不同，中国教育现代化是与社会后发外生型现代化相联系的，如若依靠民众的觉悟、资金的缓慢积累来完成教育现代化则势必延误教育现代化的时机。因此，必须走由上而下、强化政府行政主导或教育机构推进作用的道路。因此，应当从宏观政策方面，在政策导向、投资规划、项目实施、过程管理和项目检查等方面发挥政策性、权威性的指导作用。

四、加强现代化教学的策略

要推进教学手段的现代化，必须使人们更深刻地认识现代化教学手段的特点和强大的功能。中国传统文化精神向来以"大道无形""重神轻巧"为特征。因此，要克服定式思维，摒弃传统教学中形成的行为陋习，改变教师用一本书、一张嘴、一支粉笔加一块黑板就可以"打天下"的认识和行为习惯，采取有效措施用好现代化设备。

（1）制定现代化教学的管理制度：对教学手段现代化建设中的资金投放、项目选择、进展情况、岗位编制、质量效益等方面按照制度、准则进行具体管理，使得教学手段的现代化能够落到实处。

（2）加强教师教育技术培训：教师在是否乐意采用现代化教学手段和使用现代化教学手段的效果如何等方面具有较大的能动作用。故应当开展对现行教师、师范学校学生的现代化教学手段使用培训工作，使教师懂得使用现

代化教学手段的理论准则，掌握现代化教学手段使用的技能。

（3）加强教学硬件设备管理：加强现代化教学硬件设备的检查与维护，设备管理和维修人员的配备、培训和指导；教学软件的选择、开发和应用；扩大现代化教学手段使用的频率，保证现代化教学设备的正常运行，提高现代化教学手段的使用率。

电化教学技术的发展可分为：使用传统教学媒体的时期，如使用幻灯机、胶片投影仪、电影机、录音机、录像机和电视机等教学设备；使用现代化教学的设备和手段的时期，如计算机、计算机投影仪、摄像机、监控系统、网络系统和移动互联网等技术手段。现代化教学手段的发展与进步是和整个社会的物质条件及技术条件发展分不开的。总体来看，目前现代化教学手段的发展又分为两个阶段，即多媒体及计算机网络阶段和移动互联网阶段。

第二节　计算机及网络教学

一、计算机多媒体教学

（1）多媒体教学的发展：多媒体教学其实古已有之，教师除黑板和书写工具外，已经在借助文本、声音、图片来进行教学。在20世纪80年代开始出现将多种电子媒体如幻灯、投影、录音、录像等综合运用于课堂教学，这种教学技术又称多媒体组合教学或电化教学。90年代起，随着计算机技术的迅速发展和普及，多媒体计算机已经逐步取代了以往的多种教学媒体的综合使用地位。因此，人们通常所说的多媒体教学是特指运用多媒体计算机并借助于预先制作的多媒体教学软件来开展的教学活动过程。它又可以称为计算机辅助教学（computer assisted instruction，CAI）。多媒体技术迅速兴起、蓬勃发展，其应用正在对人类的生产方式、工作方式和教学方式乃至生活方式带来巨大的变革。

因为多媒体具有图、文、声并茂甚至有活动影像这样的特点，具有许多对于教育、教学过程来说是特别宝贵的特性与功能，这些特性与功能是传统教学媒体（如幻灯、投影、电影、录音、录像、电视等）所不具备或是不完全具备的。多媒体技术是以计算机为中心，把语音处理技术、图像处理技术、视听技术都集成在一起，而且把语音信号、图像信号先通过模拟信号—数字信号的转换变成统一的数字信号,这样做以后,计算机就可以很方便地对它们进行存储、加工、控制、编辑、变换,还可以查询、检索。充分发挥多媒体教学的优势,对于培养学生的创造思维具有重要作用。

众所周知,在传统的教学过程中一切都是由教师决定的。从教学内容、教学策略、教学方法、教学步骤甚至学生做的练习都是教师事先安排好的,学生只能被动地参与这个过程,即处于被灌输的状态。而在多媒体计算机这样的交互式学习环境中,学生则可以按照自己的学习基础、学习兴趣来选择自己所要学习的内容,可以选择适合自己水平的练习,如果教学软件编得更好,连教学模式也可以选择,比如说,可以用个别化教学模式,也可以用协商讨论的模式,使计算机像学习伙伴一样和你进行讨论交流。也就是说,学生在这样的交互式学习环境中有了主动参与的可能,而不是一切都由教师安排好,学生只能被动接受。按认知学习理论的观点,人的认识不是外界刺激直接给予的,而是外界刺激与人的内部心理过程相互作用产生的,必须发挥学生的主动性、积极性,才能获得有效的认知,这种主动参与性就为学生的主动性、积极性的发挥创造了很好的条件。

人机交互、立即反馈是多媒体技术的显著特点,是任何其他媒体所没有的。多媒体计算机进一步把电视机所具有的视听合一功能与计算机的交互功能结合在一起,产生出一种新的图文并茂的、丰富多彩的人机交互方式,而且可以立即反馈。这样一种交互方式对于教学过程具有重要意义,它能够有效地激发学生的学习兴趣,使学生产生强烈的学习欲望,从而形成学习动机。交互性是多媒体计算机所独有的,正是因为这个特点使得多媒体计算机不仅是教学的手段方法,而且成为改变传统教学模式乃至教学思想的一个重要因素,也是微格教学可以实现的前提条件。

(2)多媒体教学的定义:多媒体教学是指在教学过程中,根据教学目标和教学对象的特点,通过教学设计,合理选择和运用现代教学媒体,并与传统教学手段有机组合,共同参与教学全过程,以多种媒体信息作用于学生,形成合理的教学过程结构,达到最优化的教学效果。

(3)多媒体教学的特点及功能:多媒体计算机辅助教学是指利用多媒体计算机,综合处理和控制符号、语言、文字、声音、图形、图像、影像等多种媒体信息,把多媒体的各个要素按教学要求,进行有机组合并通过屏幕或投影机投影显示出来,同时按需要加上声音的配合,以及使用者与计算机之间的人机交互操作,完成教学或训练过程。所以,多媒体教学通常指的是计

算机多媒体教学,是通过计算机实现的多种媒体组合,具有交互性、集成性、可控性等特点。它是现代多种媒体中的一种类型。

(4) 多媒体系统的组成:一个完整的多媒体计算机系统是由硬件和软件两部分组成。其核心是一台计算机,其外围主要是视听等多种媒体设备。多媒体系统的硬件是计算机主机及可以接收和播放多媒体信息的各种输入/输出设备,其软件是多媒体操作系统及各种多媒体工具软件和应用软件。典型的多媒体系统的硬件可以分为5个部分。

①主机:主机是多媒体计算机的核心,用得最多的还是微机。目前主机主板上可能集成有多媒体专用芯片。

②视频部分:视频部分负责多媒体计算机图像和视频信息的数字化摄取与回放。主要包括视频压缩卡、电视卡、加速显示卡等。视频卡主要完成视频信号的 A/D 和 D/A 转换及数字视频的压缩与解压缩功能。其信号源可以是摄像头、录放像机、影碟机等。电视卡(盒):完成普通电视信号的接收、解调、A/D 转换及与主机之间的通信,从而可在计算机上观看电视节目,同时还可以 MPEG 压缩格式录制电视节目。加速显示卡:主要完成视频的流畅输出,是英特尔公司为解决 PCI 总线带宽不足的问题而提出的新一代图形加速端口。

③音频部分:音频部分主要完成音频信号的 A/D 和 D/A 转换及数字音频的压缩、解压缩与播放等功能。主要包括声卡、外接音箱、话筒、耳麦、MIDI 设备等。

④视频/音频输入输出设备:视频/音频输入设备包括摄像机、录像机、影碟机、扫描仪、话筒、录音机、激光唱盘和 MIDI 合成器等;视频/音频输出设备包括显示器、电视机、投影电视、扬声器、立体声耳机等;人机交互设备包括键盘、鼠标、触摸屏和光笔等;数据存储设备包括 CD-ROM、磁盘、打印机、可擦写光盘等。

⑤其他设备:随着科技的进步,出现了一些新的输入/输出设备,如用于传输手势信息的数据手套、数字头盔和立体眼镜等设备。

(5) 多媒体软件的层次结构:多媒体软件系统按功能可分为系统软件和应用软件。多媒体系统软件主要包括多媒体操作系统、媒体素材制作软件及多媒体函数库、多媒体创作工具与开发环境、多媒体外部设备驱动软件和驱动器接口程序等。应用软件是在多媒体创作平台上设计开发的面向应用领域的软件系统。多媒体系统的层次结构与计算机系统的结构在原则上是相同的,由底层的硬件系统和其上的各层软件系统组成,只是考虑多媒体的特性各层次的内容有所不同。各层的作用为：最底层是直接和多媒体底层硬件打交道的驱动程序，在系统初始化引导程序作用下把它安装到系统 RAM 中，常驻内存；第二层是多媒体计算机的核心软件，即视频/音频信息处理核心部件，其任务是支持随机移动或扫描窗口下的运动及静止图像的处理和显示，为相关的音频和视频数据流的同步问题提供需要的实时任务调度等；第三层是多媒体操作系统，除一般的操作系统功能外，它为多媒体信息处理提供设备无关的媒体控制接口，如 Windows 操作系统提供的媒体控制接口；第四层是开发工具/著作语言，用于开发多媒体节目，如 Authorware 等；第五层是多媒体应用程序，包括一些系统提供的应用程序，如 Windows 系统中的录音机、媒体播放器应用程序和用户开发的多媒体应用程序。

二、移动互联网的教学

移动互联网，就是将移动通信和互联网二者结合起来，成为一体，随着 4G 智能手机的普及，手机上网的速度越来越快，价格越来越便宜，手机这个终端媒介将在消费者的日常生活中扮演着更重要的角色。据相关统计，中国手机上网用户已经突破亿量级别，而且用户数量还将不断上升，这就对移动互联网的发展和普及奠定了基础。

在多媒体及计算机网络阶段，PC 电脑及计算机网络是进行多媒体教学的不二选择，到了移动互联网阶段，智能手机端（或者平板电脑端）与个人 PC 电脑一起，成为当代课堂教学的最主要的学习终端，并且二者之间通过交互，可以更加丰富原有多媒体课程的呈现方式，取得更好的教学效果。在移动互联网阶段，人们可利用计算机技术、网络技术、通信技术及科学规范的管理，对学习、教学、科研、管理和生活服务有关的所有信息资源进行整合、集成和全面的数字化，以构成统一的用户管理、统一的资源管理和统一的权限控制。而在此阶段，多媒体技术侧重于学生可随时通过 WiFi 接入校园网及互联网，方便地获取学习资源，教师可利用无线网络随时随地查看学生的学习情况、完成备课及进行科研工作。其核心在于无纸化教学的实施及校园内无线网络的延伸。

随着移动互联网技术的迅猛发展，现代化多媒体教学技术也得到了快速的发展，教学方式也将发生巨大的改变。为此，本章介绍两种前沿的多媒体技术和授课形式。

第三节　云平台智慧教学系统

随着现代信息技术的不断发展，特别是云计算、物联网技术的兴起，现代课堂教学在教育形式、教学方法、学习方式上都在发生着前所未有的变化。云平台智慧教学系统将云计算、物联网技术和教学过程完美地结合起来，改变了以往以教师讲授为主的单一的课堂教学模式，给教育带来了新的机遇。云平台智慧教学系统将整合先进的云计算技术、物联网技术、移动学习技术，集"云""场""端"服务于一体（图11-1），提高学生、教师、教室的互联度，实现现场的展示及资源与精品课程在云端的自动存储的同时，还将录制的精品课程自动碎片化为以每页PPT、课件为颗粒度的微课程，并通过微信端进行传播，有效提高学校精品课程建设和传播的效率，促进学校微粉丝的聚集和品牌形象的设立。此外，云平台智慧教学系统能够充分依托信息技术环境和手段，改善传统式教学模式，切实做到为教师和学生提供丰富的教学资源，满足差异化学习需求，促进教育均衡发展。同时，教育信息化的实施，能够实现"随时随地、快速学习"，有效提高学生的学习效率，实现教师教学工作的科学性、灵活性、高效性。

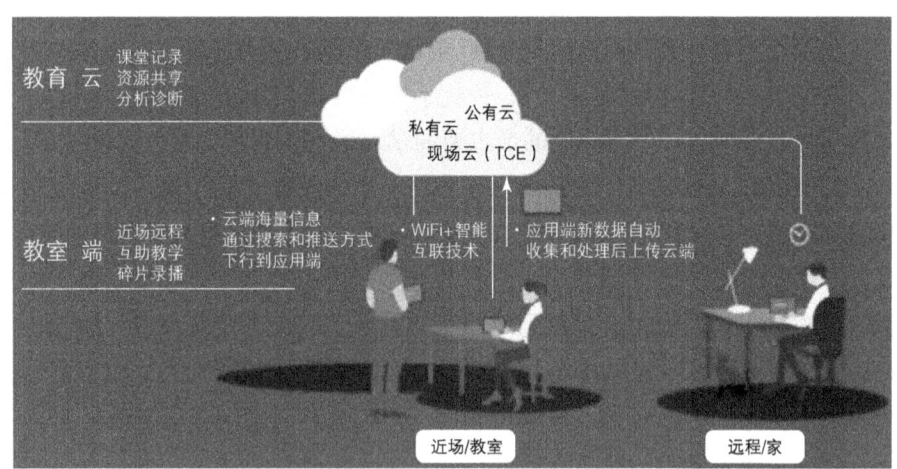

图11-1　云平台智慧教学系统

一、云平台智慧教学系统

云平台智慧教学系统将带来如下几方面的变革。

（一）提高教育信息化水平，促进学科的教学信息化

在学校，课堂教学环节是学生接受系统教育最重要的一环，是教育核心环节。做好教学互动环节，是掌握好教学环节的质量、提高教学水平的关键。

云平台智慧教学系统将教学从"粉笔＋黑板"或"PPT＋电子白板"的传统教学模式中解放出来，借助技术的优势，实现翻转课堂、个性化教学，课程资源可实现自动录播和自动分发，有效促使教师迅速转变教学理念和教学习惯，创新性地应用于教学，促进学科与信息技术的深度融合，促进学科的信息化。

云平台智慧教学系统在教学领域开创性地率先采用云教育技术、多屏互动技术、移动终端技术等高科技手段，创新性地开始应用崭新的教学模式、学习模式、学科研究模式等，做到捷足先登，占尽领先优势，该技术成熟后，再组织示范应用，并进行区域推广，成就学校、学院教育整体水平的跨越式发展。

（二）促进教学研究，提高教学效率

云平台智慧教学系统能够更好地协助高校进行教学规范化及标准化，减轻教师的教学负担，提升教师的教学效率，提高学生的学习效率。云平台智慧教学系统利用先进的互联网技术，将考前评测、阶段性考核、日常作业与练习等纳入信息化系统，系统实现自动出题、阅卷、个性化解析及学习建议，作为教师课堂教学的有益补充，从而大大减轻教师的工作负担。同时，全面的数据统计与分析，将为教师研究教学、制订教学计划等提供有效的数据基础，有效地提高科研教学水平。

（三）开启并加速精品课程的录制与微传播

云平台智慧教学系统中改变了传统教育的弊端。它具备智慧录播功能，能有效促进学校各学科精品课程的录制。在教师课堂授课的同时，智慧教学系统能将教学精品课程进行实时录制，不仅会录制教师教学、学生学习的现场视频，同时会保留教学课件等信息，保证记录了完整的教学流程和教学内容，这样完整的教学内容才是学习者需要的，才能感受到原汁原味的课堂学习氛围。还可以结合其他设备，适时地将这些精品课程合理保存，积聚成为学校的知识储备，同时对外有效传播，让更多的学生得以获益，发挥更大的价值。

此外，课程资源建设系统对课堂现场的同步录制，不需要进行烦冗的二次编辑或者格式转换，就可立即上传云端，用户在云平台中可实时观看，并进行课后课程的复习及分享，有效提高学校精品课程的建设、扩大课程的影

响力和微传播的效率，对于学校"微粉丝"的聚集、国际品牌的设立及传播也将起到极大的促进作用。

（四）开展未来教学大数据的收集与应用

随着大数据时代的来临，教育大数据深刻改变着教育的理念与方法。利用传统的教学模式，不具备收集大数据的条件。传统的备课模式、课堂教学模式、复习作业及评测模式，由于缺乏相应的条件和收集渠道，造成大量的师生数据信息的流失。

如今，云教育技术、移动互联网技术的成熟，可从根本上改变教学数据的收集方式。在汉语国际教育云平台智慧教学系统中，学生与教师的一言一行，都可以转化为数据。学生在使用终端设备学习、测试、做作业时，都将成为未来大数据的来源。

在数据分析的基础上，进行数据的深度相关性挖掘。目前，教学界还尚未有对教学数据收集、汇聚、统计、分析、挖掘的应用案例。但是，这一工作具有非常大的价值，主要体现在以下几个方面。

（1）便于教学管理：通过数据，可以实现对教学活动进行评价，对教学规律进行总结，对教学问题进行预警。

（2）提升教师队伍教学水平：可指导教师提升能力，提高师资培训的科学性、针对性。

（3）切实提高教学质量：可对学习者的学习方法、能力发展路径、习得规律、学习类型、困难与障碍进行总结、评估、判断。

（4）建立教材研发基础：可对学习结果提供预测，以此为研究结果作为参照，开展教材编写、教学产品的研发；可为研究者提供有价值的研究方向，为研究提供数据支撑。

（5）支撑院校科研：改变以往学科研究因为样本不足等局限导致的粗放式的研究现状，推动学科研究向更科学、更精准的研究方法迈进，实现学科理论研究的变革。

云平台智慧教学系统既支持教师应用云平台题库、作业库、资源库及相关HSK试题进行教学，也能将教师在教学过程中利用智慧教学系统录制的大量精品课程即时碎片化上传至云平台中；它可通过平台学习、转发及管理，实现网络教学资源建设，促进教学资源的生产、存储、传播的良性循环。智慧教学系统集互动教学、智慧录播、移动在线教学于一体，通过集

"云""场""端"服务于一体的信息化手段实现网络教学资源建设,形成的教学资源可即时碎片化上传到云端存储,并可通过平台学习、转发及管理,方便教师利用信息化手段开展启发式、探究式、讨论式、参与式教学,建立以学习者为中心的教学模式,提高教学水平。同时,为学生搭建利用信息手段自主学习的环境,满足个性化学习需求(图 11-2)。

图 11-2 集"云""场""端"服务于一体

现在常用的慕课教学形式在视频采集—视频编辑—资源网络化等每一个阶段都要花费大量的人力和物力。据了解,每一门慕课都要花费 10 余万元,而且制作周期长,过程复杂。而使用该平台,可以把所有的几个阶段工作都通过硬件"集成化"完成,实现周期短,大量节省人力物力。二者对比如表 11-1 所示。

表 11-1 慕课(MOOC)与云平台智慧教学系统的比较

比较对象	实现步骤	资源投放速度	成本	趋势性
慕课(MOOC)	视频采集—视频编辑—资源网络化等多个步骤	过程漫长	每门课 10 万元左右	计算机互联网的架构模式,上一代教学模式方法
云平台智慧教学系统	只一个步骤,并且由硬件"集成化"完成,快速高效,节省人力、物力	实时生成、高效快速	理论上"0"成本,开设课程门数越多,注册学习的学生越多,分摊下来的成本就越低	计算机互联网+移动(手机)互联网架构模式,可以在计算机、手机、平板电脑等所有终端上进行学习,采用"云计算""大数据"等最新一代技术,是最新的学习模式方法,是未来趋势

二、云平台智慧教学系统的组成

智慧教学系统由硬件设备编码器、TCE、教师端、学生端和其他配套展示应用、显示设备组成，基于不同的教学场景，系统可以TCE为核心，选择不同应用、设备自由组合（图11-3）。

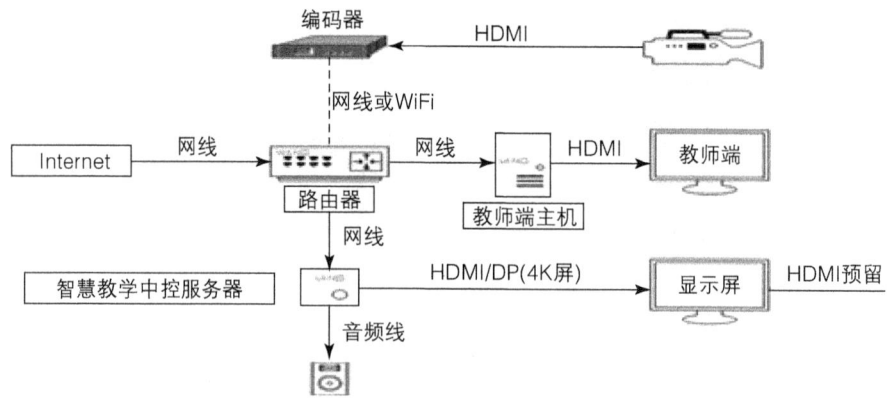

图11-3 智慧教学系统

（一）TCE

TCE作为硬件设备，用户只需将TCE部署在网络中，连接好线缆，开机即可使用。TCE内建无线路由，支持30个用户并发使用，如果用户人数过多，只需更换更高配置的路由器即可，其他硬件及系统均不用做修改。

（二）教师类应用

（1）导入资源。教师移动授课端可以从本地导入各种资源包（包括PPT、Word、PDF、图片或音视频），通过设定权限在课堂上与指定学生进行分享，帮助教师随时向课堂中灵活加载各种资源，达到灵活教学、发散学生思维的目的。

（2）讲解资源。教师移动授课端支持PPT、Word等课件，并支持在课件中插入音频、视频等多媒体资源（图11-4），界面简洁，易于操作，能有效丰富课堂，激发学生学习兴趣，达到更好的教学效果。教师在课件中随时可以根据需求动手圈画重点、添加注释、截屏、快照等（图11-5）。智慧教学系统将传统的课堂授课过程转化为富含科技感的信息化多媒体教学，不仅能提高学生的学习兴趣，还能促进师生之间的互动，达到更好的教学效果。

第十一章　现代多媒体教学手段

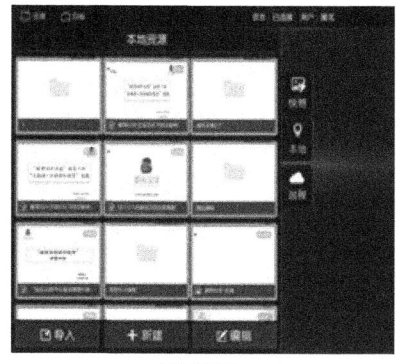
本地资源

远程资源

图 11-4　教师可使用的教学资源

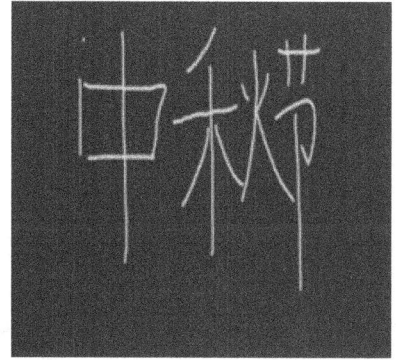

图 11-5　教师进行手写标注

（3）无线投影。使用教师移动授课端能够将整个教师移动授课端界面或桌面上的任何操作无线投影至大屏进行展示，完成讲解演示任意类型的资源及操作过程，教师在进行课件资源讲解时，可以使用无线投影来展示 Surface 中的资源（图 11-6）。

（4）设备切换。教师移动授课端具有电容屏／电磁屏切换功能，使教师移动授课端在屏幕材质不同的设备上都有良好的触控和书写体验，这项功能提供了可靠的设备兼容性，无论是掌上使用的电容屏 Surface Pro，还是大尺寸的电磁屏设备，教师移动授课端都完美支持。

（5）书写圈画。使用教师移动授课端支持当前资源、照片或 Surface 桌面上进行书写圈画操作，并推送或无线投影至大屏进行展示，随时记录板书与所有学生分享，流畅的书写体验和方便的圈画功能让传统教学得到了延续和发展。

(6) 导出资源。使用教师移动授课端可以导出教师在课堂上使用的各种资源包至指定位置保存（图 11-7），用于回顾或再次使用，教师可以在课后分析学生学习状况，总结教学效果。

图 11-6　教师操作电脑界面的无线投影

 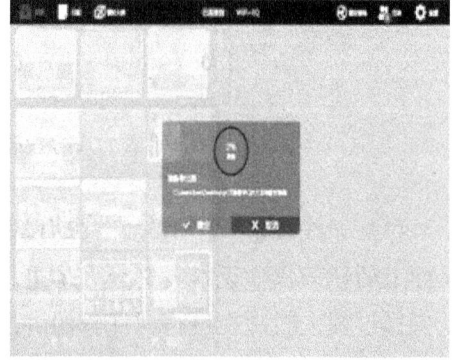

图 11-7　资源导出

（三）学生类应用

智慧教学系统微信教学扩展端是基于微信开发的学生听课应用，用高科技的体验操作完成预习、听课、复习的全流程学习，有提高学生学习兴趣、促进师生双向沟通的作用。微信教学扩展端的主要功能如下。

（1）浏览资源。使用微信教学扩展端可以浏览已学习过的课程，并在选择一个课程后，观看课程音视频、上课时老师讲解的 PPT 等资源，以便对已经学习过的课程进行复习。

(2) 跟随资源。使用微信教学扩展端可以跟随浏览教师正在讲解的内容，跟进课堂内的讲解进度，保证学生能随时跟进教学进度。

(3) 下载资源。使用微信教学扩展端可以保存课堂上老师使用的 PPT，帮助学生将需要的内容下载至本地保存，方便离线查看，供学生课后复习，预习新内容使用。

(四) 云平台

授课过程存储于云端，教师、学生及教学管理者均可回看。利用现代教育技术手段的支持，调动尽可能多的教学媒体、信息资源，构建一个良好的学习环境，在教师的组织和指导下，充分发挥学生的主动性、积极性、创造性，使学生能够真正成为知识信息的主动建构者，达到良好的教学效果。

第四节　雨课堂智慧教学系统

一、雨课堂智慧教学系统

"雨课堂"是另一种智慧教学系统，它是相对于云平台智慧教学系统而言，取其大数据从天而降，进入课堂之意。简单来说，雨课堂智慧教学系统就是将复杂的信息技术手段融入 PowerPoint 和微信，在课外预习与课堂教学间建立沟通桥梁，让课堂互动永不下线。使用"雨课堂"，教师可以将带有 MOOC 视频、习题、语音的课前预习课件推送到学生手机，师生沟通及时反馈；课堂上实时答题、弹幕互动，为传统课堂教学师生互动提供了完美解决方案。

二、雨课堂智慧教学系统的功能

(1) 教师在计算机端打开原有 PPT 课件，不做任何修改，点击"开启雨课堂授课"按钮，系统自动将 PPT 课件推送给学生手机端（学生加入课程后，可以扫二维码或输入课堂暗号），学生自主学习。

教师计算机端呈现如图 11-8 所示。

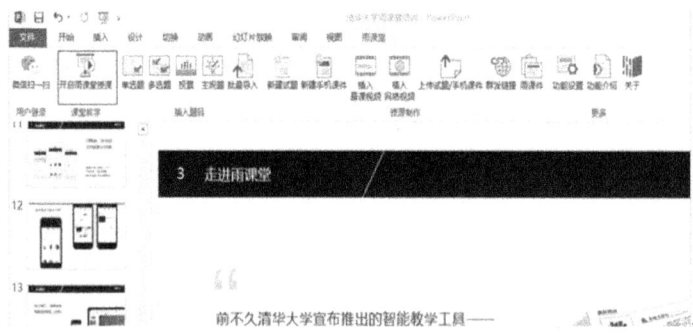

2 使用雨课堂授课

图 11-8 雨课堂教师计算机端界面

教师新建班级后,学生要在手机端操作加入班级,如图 11-9 所示。

1. 扫码加入课堂,同步接收课件

授课教师先在电脑端开启雨课堂授课,待大屏幕上出现本节课二维码时,各位同学就可以拿出手机,打开微信扫一扫,加入本次课程啦。随着授课教师 PPT 的翻页,同学们可以在手机上同步接收课件。

温馨提示:手机端的 PPT 供课后及期末复习使用,课堂上请跟随老师的指示,随时提防老师的粉笔头哦!

图 11-9 雨课堂学生端界面

(2)学生加入课程后,教师可在手机端查看学生签到情况,以及发试卷、开弹幕、看投稿。教师手机端界面如图 11-10 所示。

图 11-10　雨课堂教师手机端界面

（3）学生手机端投送弹幕和投稿如图 11-11 所示。

图 11-11　雨课堂学生手机端界面

（4）教师可以随堂在原有 PPT 中插入题目，并推送给学生手机端，学生限时答题后发送给老师，老师可以在手机上查看答题情况。

教师计算机端和手机端界面如图 11-12 所示。

图 11-12　雨课堂教师计算机端和手机端界面

学生手机端界面如图 11-13 所示。

图 11-13　雨课堂学生手机端界面

（5）教师也可以制作新的课件，并推送给学生手机端。

教师计算机端和手机端界面如图 11-14 所示。

图 11-14　雨课堂教师计算机端和手机端界面

学生手机端界面如图 11-15 所示。

（6）教师可以在计算机端制作试卷，推送给学生手机端，学生做题后回传给老师。

教师计算机端和手机端界面如图 11-16 所示。

图 11-15　雨课堂学生手机端界面

图 11-16　雨课堂教师计算机端和手机端界面

学生手机端界面如图 11-17 所示。

图 11-17　雨课堂学生手机端界面

雨课堂智慧教学系统科学地覆盖了课前—课中—课后的每一个教学环节，为师生提供完整立体的数据支持、个性化报表、自动任务提醒，让教与学更明了。可以说，雨课堂的出现，让更多教师跑步进入了"智慧教学时代"，让教学从"经验驱动"变成"数据驱动"。

第五节　虚拟现实技术的应用

20 世纪末，现代信息技术快速发展，新的媒体不断涌现，继多媒体之后，教育技术领域又出现了虚拟现实技术（Virtual Reality，VR）。VR 技术是一门综合性的信息技术，它融合了仿真技术、计算机图形学、人机接口技术、多媒体技术、传感技术及网络技术等多种领域技术。VR 技术能够创建并让用户感受到原本只有在真实世界才会拥有的体验。简单来说，VR 技术能够将用户的感知带入由它创建的虚拟世界，并让用户以为眼前的一切都是真实的。VR 技术与教育有机地结合，发挥 VR 本身对客观现实的模拟特性，构建一个虚拟三维立体学习环境，将使多媒体教学从二维平面变成三维立体交互。

一、虚拟教学系统

（1）虚拟教学的定义：虚拟教学就是利用虚拟现实技术，构建一个虚拟学习环境，学生充分利用自己的视觉、听觉、触觉等感官接受信息，激发学生的学习兴趣和创新意识，启发学生发挥自己的想象能力，开展创新思维活动的一种教学方法。

（2）虚拟教学的意义：利用虚拟现实技术，教师可通过"借用""移植""仿真""模拟"等新型教学方式，使教学媒体逼近客观事实，并用于教学过程，向学生揭示事物的现象和本质、事物运动的形式和规律、事物间的联系及相互作用。进行虚拟现实教学，能有效地发挥学生的各种感官作用，使学生接受更多、更具体、更完整的信息，从而更加深刻地认识事物，更加牢固地记住所学的知识，更加熟练地掌握专业技能。VR技术打破了传统单纯地依靠语言、文字、表情、神态等手段来影响学生的思想情感、传授知识的方式，取而代之的是综合性信息技术的运用。以虚拟教学为代表的教育高度技术化态势已对学生的认知结构、知识结构、情感结构、意志结构及整个身心结构产生影响，也大大丰富了教育的实践领域和条件。

二、虚拟教学的应用

虚拟现实技术为人们提供了一种理想的教学手段，目前在国内外已被广泛应用在军事教学、体育训练、医学实习和一些普通中学的实际教学中。

在美国东卡罗琳那大学成立了虚拟现实技术与教育实验室（VREL）。该实验室的目的是确认虚拟现实技术在教育方面是否适合应用，评价虚拟现实的硬件和软件，考察虚拟现实技术对教育的影响及其在真实世界中的应用，将虚拟现实与其他教育媒体的效果进行比较。在英国是诺丁汉大学的VIRART项目，其目标主要在于探索桌面VR的输入设备。此外，VIRART小组还和学校紧密合作，把桌面VR系统用于学习上有困难和身体严重残疾学生的教育上。

国内各高校在VR许多领域都进行了相关的课题研究。例如，北京航空航天大学在分布式飞行模拟方面的应用；浙江大学在建筑方面进行的虚拟规划、虚拟设计的应用；哈尔滨工业大学在人机交互方面有很好的成果；清华大学在临场感的研究颇具特色。此外，西安交通大学、上海交通大学、北方

工业大学、西北工业大学、华东船舶学院、安徽大学等都有诸多科技研究的应用。

三、虚拟教学的方式

虚拟教学是实践性、创造性很强的教学活动,根据具体的教学环境选择相应的教学方式。目前,使用的虚拟教学方式主要有以下几种。

(一)计算机仿真教学

计算机仿真教学主要是通过影像、图片、声音、文字等介绍客观事物各方面的信息;通过软件开发、人机对话等方式虚拟客观事物的状态、运动方式及过程。学生在校期间,不可能参加所学专业的各项实践活动,也不可能亲自去安装、操作、维修先进的仪器设备。但是,可以把相关的具有教学示范意义的人类实践活动复制出来,制作成由影像、图片、声音、文字等组成的虚拟环境,让学生去感知、体验。对于一些人的视觉无法接触到的事物,也都可以通过计算机虚拟来实现教学的目的。计算机仿真教学信息量大、教学效率高、可重复性强、对教学环境的适应性强、学生的参与性也高,是一种重要的虚拟教学手段。

(二)模型演示教学

在虚拟教学过程中,通过模型来演示具体的教学内容,使学生直观地了解所学知识及知识之间的相互关系,认识其现状与发展规律。通过模型的建立、求解、分析、检验来认识对象、把握对象,如交通模型、生态模型、生理模型、经济模型、社会模型等,都可以通过虚拟模型进行演示教学。

(三)虚拟互动合作学习

虚拟教学可以充分利用虚拟情景,让学习者进行探索和研究,在虚拟世界中进行互动合作学习。美国中佛罗里达大学开发了一个二维网络虚拟环境 ExploreNet 为学习者提供一种能够在其中进行探索研究的情景,同时也给学习者提供了广阔的想象空间。其允许学生扮演在不同人文环境中的不同角色,能够与虚拟现实中的人物、角色、状态进行交互和交流,为处于不同文化环境中的学生提供均等的交流机会。

（四）技能虚拟训练

虚拟教学可以对学生学习过程中所提出的各种假设模型进行虚拟，直接观察这一假设所产生的结果或效果。例如，利用虚拟实验系统，学生可以进行温室效应、电路设计、建筑设计等方面的探索学习。虚拟现实的沉浸性和交互性使得设备与环境更接近于真实，有利于学生的技能训练。

以上介绍的是多种智能教学系统中的2种，随着科技的进步，新的硬件和软件的产生，课堂教学的手段还将会得到更大的发展。作为一名教育一线的基层工作者，只有不断地学习，才能掌握这些新技术，并将这些新技术更好地运用到教学中，提高教学效率和教学质量。

但是必须牢记，不管教学手段如何更新和变化，教学呈现模式如何的丰富，它始终只是辅助教学实施的工具，教学中老师的主导地位是永远不变的，传统的教学方法仍然有存在的基础，教师们应该做的是将传统的教学方法和新的教学手段结合起来，以一种全新的课堂教学形式呈现给学生，达到教学的最终目的。

参考文献

[1] 刘宗南，李清臣，张相乐. 微格教学概论 [M]. 天津：天津大学出版社，2011.
[2] 张大均. 教育心理学 [M]. 北京：人民教育出版社，1991.
[3] 孟宪恺. 微格教学基本教程 [M]. 北京：北京师范大学出版社，1992.
[4] 孟宪恺. 微格教学与小学教学技能训练 [M]. 北京：北京师范大学出版社，1998.
[5] 潘菽. 教育心理学 [M]. 北京：人民教育出版社，1980.
[6] 金井平. 微格教学教程 [M]. 长春：东北师范大学出版社，1995.
[7] 胡淑珍等. 教学技能 [M]. 长沙：湖南师范大学出版社，1996.
[8] 查有梁. 系统科学与教育 [M]. 北京：人民教育出版社，1996.
[9] 陈传锋. 微格教学 [M]. 广州：中山大学出版社，1998.
[10] 高艳. 现代教学基本技能 [M]. 青岛：青岛海洋大学出版社，2000.
[11] 荣静娴，钱舍. 微格教学与微格教研 [M]. 2 版. 上海：华东师范大学出版社，2012.
[12] 何克抗，郑永柏，谢幼如. 教学系统设计 [M]. 北京：北京师范大学出版社，2003.
[13] 孙菊如. 课堂教学艺术 [M]. 北京：北京大学出版社，2006.
[14] 郑金洲. 新编教学工作技能训练 [M]. 上海：华东师范大学出版社，2007.
[15] 李志河. 微格教学概论 [M]. 北京：北京交通大学出版社，2009.
[16] 李如密. 教学艺术论 [M]. 济南：山东教育出版社，1995.
[17] 雷玲. 听名师讲课 [M]. 南宁：广西教育出版社，2004.
[18] 蔡高华，袁光华. 初中语文课堂教学研究 [M]. 长沙：湖南师范大学出版社，1999.
[19] 胡志刚. 化学微格教学 [M]. 厦门：厦门大学出版社，2007.
[20] 孙家镇. 中学地理微格教学教程 [M]. 北京：科学出版社，2000.
[21] 彭保发. 微格教学与教学技能 [M]. 南京：南京大学出版社，2011.
[22] 王凤桐，李涛，王丽霞. 微格教学在中国：微格教学的实践 [M]. 北京：新华出版社，2012.
[23] 尹合栋. 数字化网络微格教学平台的构建与应用 [J]. 中国远程教育，2012（5）：

69-75.

[24] 刘明月. 微格教学在高级商务汉语教学中的应用及特点 [J]. 现代语文（语言研究版），2012（8）：111-112.

[25] 李红，吴泓. 对外汉语教学能力与微格教学 [J]. 中国科技博览，2009（31）：153-155.

[26] 刘巍. 微格教学在对外汉语师资培训中的作用 [J]. 新课程（教研版），2010（4）：100-102.

[27] 曹现娟. 微格教学中对外汉语教室初登讲台最容易出现的四个问题 [J]. 青春岁月，2013（21）：256-257.

[28] 朱虹. 微格教学视角下高校师范生的培养 [J]. 职业与教育，2012（27）：77-78.

[29] 俞婷. 英语教师教育中的微格教学 [J]. 当代教育与文化，2013（6）：71-77.

[30] 赵芳，党玲. 微格说课：提高高校青年英语教师教学技能的模式研究 [J]. 华章，2013（24）：137-138.